閱讀社會學

周慶華◎著

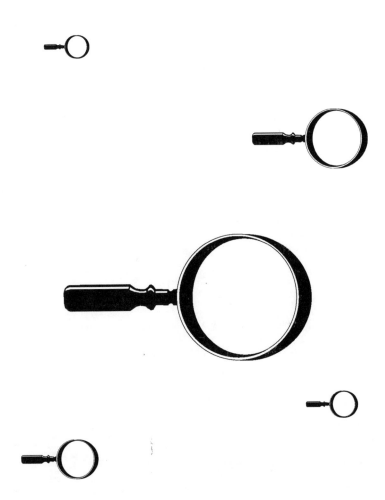

序

　　如果說寫作本身的目的在終極上是為了參與文化的創新，那麼閱讀就是促使這種創新成為可能的憑藉。因為一個人除了偶發的靈感而寫出傑作，他想要持續性的開啓新意，勢必得深入傳統去辨識舊規、探索出路，而閱讀就在這個時候顯現出它的重要性。

　　再換個角度看，閱讀的實踐處，就是一種寫作的姿態，它跟寫作的關聯為一「過程」一「成果」，彼此並沒有什麼質上的差異。以至閱讀和寫作在這裡就有了「辯證的關係」或「一體的兩面」一類現象可以認知。這是我所能為閱讀找到定位的概況，也是我試圖重建一套閱讀理論的關鍵性前提。

　　當今談論閱讀的篇章和專書並不少見，但總感覺都沒有搔到癢處，無法找出閱讀所以可能或閱讀必須一談再談的癥結點，而使得一門閱讀學還停留在「等待圓構」的階段。這影響所及，是實際閱讀行動的無從借鑑而得著突破性的開展以及文化創發更新上的乏力。面對這種情況，不是呼籲重視閱讀或設法改善閱讀環境，就可以「塞責」得了；它還得重新構設相關的閱讀理論，作為汰換閱讀體質的指引。

　　整個的思路是這樣的：閱讀的意義從促成文化的進取上延伸出來，它要置入社會情境去發揮作用，一方面條陳閱讀行為的社會性和閱讀活動的社會化現象；一方面強調閱讀主體的社會性認知和閱讀客體的社會化創新途徑。而不同的社會有不同的文化背景，所有的閱讀行為和閱讀活動還要導回對特殊文化

系統的塑造，以完成一趟完整的「閱讀之旅」。這當中需要細辨的事項，都以扣緊社會的影響和對社會的回饋為準的；特別是對社會的回饋部分還要多留一點空間給閱讀去使力，才能了卻一段我們對閱讀一事的關懷。

不論從那個立場評估，閱讀都不只是一個心理的歷程，它所需要考慮的每一層面或每一程序，都關聯著外在環境中的人事物，導至一個化約式的「閱讀心理學」說帖嫌不足，還得有統整性的「閱讀社會學」框架予以取代說滿。這個道理已經在內文中明訂布列，所舉證也都鮮明可按。倘若還有疑義，那麼一定是限於體例、不便恣意揮灑以至於語偶有未盡曉暢，而不關整套理論的正當性或位格性。換句話說，在閱讀社會學可以「擴展」閱讀心理學而閱讀心理學不能「擴展」閱讀社會學的情況，大體上我個人已經把它們區別開來又再將它們合論了；即使不便自誇說「了無餘韻」這樣的話，至少也毋須擔心多「遺人口實」了。

要專論閱讀的課題，我已經有《文學圖繪》、《秩序的探索——當代文學論述的省察》、《佛學新視野》、《臺灣當代文學理論》、《臺灣文學與「臺灣文學」》、《兒童文學新論》等討論詮釋或批評的著作可以用來奠定基礎；還有《思維與寫作》、《作文指導》、《故事學》等討論寫作的著作可以用來相互發明。此外，另有《語言文化學》、《佛教與文學的系譜》、《新時代的宗教》、《中國符號學》、《後宗教學》、《死亡學》等討論文化的著作可以用來坐標參照。現在我再窮盡餘力綱舉目張閱讀的「全程性」樣態並試作深入的抉發論析，所完構的《閱讀社會學》這本專書，既是相關學識經驗的統匯，又是展演研發新學的開端。當中所得自我檢視的不只是理論的自足性，還

得保證接受的無礙性。前者，我已經自加信心了；後者，則有待讀者的響應，這裡就「暫不奢議」。

　　在大家普遍不怎麼看書而出版社也紛傳所出書滯銷的當今，出版這本專談閱讀的學術書就有點滑稽。但我無力寫教人賺錢或免於困乏挨餓的商業書或勵志書，只好對文化多一點措意，也許它可以填補我們精神生命中的一些匱缺。感謝揚智文化出版公司的發行人葉忠賢先生、總編輯林新倫先生、編輯顧問孟樊兄的慨允出版以及黃美雯小姐、晏華璞小姐等人的辛勤編務；如果沒有他們對文化事業的堅信執著，那麼也就沒有這本書的上市面世。現在書出版了，要把我的敬意和謝忱優先獻給他們。

周慶華

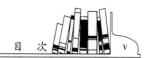

目　次

第四章　閱讀行為的社會性 93

第五章　閱讀活動的社會化現象 133

第六章　閱讀主體的社會性認知 175

第一章
緒　論

第一節　什麼是「閱讀社會學」

　　閱讀曾經被視爲是一個讀者和語言成品以及讀者和自己互動的歷程：「閱讀就是人們透過視覺器官接受符號所標記的意義的過程；這一過程的目的，就是交流思想、溝通情況」（洪材章等主編，1992：2）、「閱讀活動是一個人的心理要素整體能量的反映。在閱讀活動中，人的感覺、知覺、注意、想像、聯想、思維、記憶、言語等等因素，無不處於積極的活動狀況之中。另外，人的需要、興趣、動機、意志、情感、個性等還直接調節和控制著閱讀活動，加速和深化著各種心理因素在閱讀活動中的作用」（韓雪屏，2000：41）。這個歷程以「理解」爲中介，充分展現出閱讀本身受制於心理條件的特質。從表面上看，這種說法很順理成章；但往深層一點細想，恐怕就不盡是這麼一回事了。

　　首先，讀者的理解縱然是一個心理的過程，但在這個過程中卻得考慮許多非心理（純粹爲理解）的因素。所謂「讀者在使用文章裡的線索時，會帶來他們對世界的知識和認識，以幫助文章的理解。他們『猜測』文章接下來寫什麼，作預測並下推論；他們選擇性地使用文章線索，遇到相衝突的線索時會修正他們的『猜測』。因此，有效的閱讀並非精確地辨認單字，而是了解意義；而高效的閱讀是指依據讀者現有的知識，使用剛好足夠的可用線索去讀懂文章」〔古德曼（K. Goodman），2001：12〕，這就（無意中）點出了讀者在理解作品時所不得不顧及的自己跟作者、其他讀者、甚至整個世界互動的情況。倘

若這種互動不成（有困難），整個閱讀活動可能就會終止或不再持續。而這顯然不是一個閱讀「意願」的心理問題所能概括得了的。

其次，讀者的存在就是一個無盡的「變數」。他所化身的閱讀主體（詳見第六章）早已社會化了固然不必多說，就從他在理解作品的當下也不純然僅為滿足自己的求知欲一點來看，更可以窺見理解本身「別有意向」的一斑。有個案例說：「赫緒曼在他另一本討論近代思想的經典名著《激情與利益》中，提到一個猶太的古老故事。波蘭古都克拉科的一個猶太教士，有一天在講道的時候忽然說，他的通天眼讓他看到兩百里外的華沙的一個著名教士，就在當時突然過世。這麼厲害的視野讓他的信徒非常折服。不久之後，到華沙旅行的信徒發現，那位被看到已經過世的教士其實活得好好的。信徒回來之後開始質疑教士的通天眼能力，可是教士的徒弟卻如此為教士辯護：『雖然與事實不符，可是那畢竟是一個了不起的視野！』每次我看到以理性選擇理論來解釋政治和社會行為的論文，特別是所發展出來的複雜模型，我都會想起這個故事：這畢竟是一個了不起的研究」〔赫緒曼（A. O. Hirschman），2000：吳乃德導讀7〕。案例中的論者是要以該故事來為「反動的修辭」（反改革或反行動的言說）作印證，以便引起讀者對他「以情感認同來解釋現實政治和社會行為的高可信度」的共鳴。這時他的理解已經不再是「只關係自己」，而是延伸到「企圖說服他人」的層面了。而這也就是一般閱讀行為常見的現象。

再次，身為被理解的對象（也就是閱讀客體），也自有一些約定俗成的「外在的規範」，不是讀者所能任意趨入而展開他的「理解之旅」的。如「諾貝爾獎金獲得者楊振寧博士，1977年4

月20日在美國馬里蘭大學對理論物理專業的工作人員和學生作了一個專題演講。據新聞報導，這次專題演講的題目是〈規範場、單極子與纖維束〉。僅僅十個字，十個漢字，十個方塊字，或者準確地說，只有三個專門詞彙（科學術語）加上一個連接詞（與），就這樣使我們這些具有一般文化水準而沒有受過現代科學訓練的讀者，不得不瞠目結舌，望『詞』興嘆！『規範』，這個詞好懂，語言也有個規範化問題；『場』，也好懂，磁場的『場』。但『規範場』，天知道那是怎麼一回事。『單極』的『極』，就是陰極陽極的『極』；但『單極子』（或磁單極）又是什麼東西？至於『纖維束』（纖維叢）中的『纖維』，誰都知道，我們的衣服都是用纖維織成的。『束』（叢）就是『光束』的『束』。那麼纖維組成的『束』就是『纖維束』，但博士講的不是織布，他講的是理論物理學上的一個概念，你能簡明而又準確地告訴我這個『纖維束』講的是什麼東西嗎？至於把三個概念（科學術語）聯結起來，究竟講的是什麼科學現象，那就更加不知所云了。十個漢字似曾相識，而實際上只認得一個『與』字，其餘九個漢字所代表的三個概念，都一竅不通」（陳原，2001：7）。這不啻暗示著讀者沒有「相應」的知識或經驗，就無法理解一個對象（好比上述論者缺乏科學背景而不懂一些科學術語那樣）。而這也無異在破解閱讀只是一個跟作品作互動的迷思！

根據以上幾點，約略可以得出這樣的結論：閱讀不只是個人的行為，它還牽涉閱讀客體所在的情境以及整個閱讀活動所要施給或影響的他人。而後者已經不是一般的「閱讀心理學」所能解釋，必須過渡到「閱讀社會學」才有辦法說明清楚。所謂閱讀社會學，是比照普通的社會學而形塑的。普通的社會

學，指的是研究社會和社會關係的科學（學問）〔參見史美舍
（N. J. Smelser），1991：1〕。其中「社會」容許有不同的界定
（如有的說「社會是人類關係的整個組織；一切人和人的關係，
無論是直接的或間接的，有組織的或無組織的，意識的或無意
識的，互相的或敵對的，都包括在這個名詞以內」；有的說
「社會是互相聯繫和重疊的團體的一個複雜組織，它們一塊兒構
成一個較大的整體，共享一共同文化和一特殊的制度體系」；
有的說「社會是一個籠統的和多少特殊的以及包括男女和各種
年齡的人的自續團體的制度和文化」，紛紛紜紜，莫衷一是。詳
見龍冠海，1987：78-79），而「社會關係」也可以有多層次的
組合（如「個人和個人」、「個人和團體」、「團體和團體」、
「社會現象和社會現象」等等關係組合。同上，18）；同時整體
社會也無妨有廣狹特徵的認定（如有的說社會得具足「分子的
異質性」、「空間的佔有」、「心理的或精神的聯繫」、「文化的
創造」、「符號的傳訊方法」、「複雜的社會關係體系」、「很大
的變異性」、「具有導進或改造的能力和意向」等要素；有的說
社會要備有「明確的疆域」、「主要來自生殖的人口新血輪」、
「包羅萬象的文化」、「政治上的獨立」等條件，彼此互有寬窄
上的差異。分別詳見龍冠海，1987：79-80；史美舍，1991：76-
77），只要它所涉及的是超個人化的行為及其運作方式，都可以
為社會學探討的對象。而閱讀社會學，就是從（這種）社會學
的角度來研究閱讀的行為及其相關的模式所形成的學問。它對
於閱讀不只是個人的行為一點，可以給予心理學所不及的合理
的解釋；而對於閱讀客體的存在以及整個閱讀活動的意向等問
題，也可以提供超出心理學所能提供的解答，合而顯示一門學
科在方法論上的新樣態。換句話說，閱讀社會學是一種「方法」

的突破，目的在深化對閱讀的認知及其可能的期待，從而轉益於文化心靈的「日漸提升」。

第二節　「閱讀社會學」的緣起及其重要性

很多人都知道閱讀是一種文化活動（參見曾祥芹等主編，1992a：289-290；韓雪屏，2000：5-7；洪材章等主編，1992：6-7）；而這種活動也被推許為可以「對民族傳統的保存、傳播，對社會風氣的開創、形成，對民族精神和愛國精神的啟迪、發揚」等起著其他形式所不能替代的莫大的作用（詳見洪材章等主編，1992：7）。但對於這種活動究竟如何產生上述的功能卻又多含糊其詞（總不脫羅列一些「自覺」、「深體」、「勤力」等大而無當的說詞），不免耽誤了對閱讀本身的深入的了解以及它所可以助益文化發展的方案的規模。

現在所能看到的相關的著作，對於閱讀「心理」的揭發，總是不遺餘力（參見古德曼，2001；曾祥芹主編，1992b；黃葵等，1996；胡繼武，1991；張必隱，1992；蔣成瑀，1989）。這本來沒有什麼可以懷疑的地方（因為整個閱讀的過程都是在人的腦中進行；而它所要運用的理解能力也由人的內在發用）；但它一旦涉及「為何閱讀」、「如何閱讀」以及「果效評估」等一些有關閱讀策略的選擇問題時，就不能僅由一己「純為閱讀」的心理立場來理解了。換句話說，「為何閱讀」、「如何閱讀」以及「果效評估」等策略考慮，已經逸離為「自我受用」的範圍，而必須連到「關係他人」的層次。而所謂閱讀的文化功能，也就在這一「關係他人」的過程中慢慢地滋生了。

　　換個角度看，如果閱讀心理學的「專業性」還是有可以發揮功效的地方（而不會被閱讀社會學取代它的重要性），那麼大概就是對於理解本身、靈感或潛意識以及識見一類問題的解說了。在理解本身方面，它也得有一個「圖像化」或「心像化」的過程：「認識過程的普遍模型是：心智從感官接受的感覺刺激中加以處理，勉力學習中建構網絡或精神模型，從其蘊涵加以驗證。以這種方式，心智能夠建構出順利驗證的網絡或精神模型，也就是符合真實的網絡或模型。當接受外來感官刺激時，心智依據建構在先的層層網絡將它投射而成認識圖像（依據真實的網絡將客觀資訊的感覺刺激投射而成表徵客觀實在的認識圖像）」（蔡信健，1994：9）、「在一般思考歷程中，記憶心像最為重要。由記憶喚來的心像，可為人、事、物，也可為語言、符號。例如當參加過一個熱鬧的晚會之後，興奮之餘，躺在床上仍能在意識中想到參加者衣著、容貌，甚至似乎仍能聽到大家的歡笑聲縈繞耳際。每當我們回想曾去過的地方，各地的名勝、古蹟、建築、景物，有時覺得歷歷如在眼前。在我們彼此閒談時，所談到的事物，也會在意識中一幕幕的浮現。除了對具體的物體保留心像，我們更能保留語言符號的心像。讀者或許可能體驗到，當我們回憶一個數學或物理學上的公式時，我們似乎可以看到公式中各個符號及其關係。當我們試解一個幾何難題時，不但幾何圖形的印象甚為深刻，而且還可以在想像中去變化、去處理原來的符號圖形。心像的運用到達這個地步，它對思考的心理活動，就具有極重要的作用。試想假如建築師設計房屋時，倘若不能使用抽象符號以代替實物，他的思考將無從進行。再如小說家對人物的造型，畫家對畫面內容的構想，一定也是先有心像而後動筆；所謂『胸有成竹』

者，實則指預行有心像之意」（張春興，1989：177-178）。而在
「圖像化」或「心像化」之後，就是（將該圖像或心像轉成）集
中意識的流露。而這集中意識的「每個個別經驗並非孤立。在
正常的情形中，它們彼此之間以兩種方式互相連接：第一，它
們都依附於同一自我之上，這個自我在意識流的個別經驗中仍
維持不變；第二，它們彼此之間很明顯地互相連接。因此，以
比喻的說法，我們可以將意識視爲一種具有空間的容器；每一
個別經驗就是這一意識『容器』的內容。依意識清晰程度的不
同，我們可以分出意識的不同層次來。任何時期，只有一個對
象能呈現在意識中心（意識狹隘性），其餘對象只能微弱地呈現
在意識邊緣」〔布魯格（W. M. Burgger），1989：132-133〕。其
中「只有一個對象能呈現在意識中心」，就是理解本身的完形
化。雖然如此，在意識發用的過程中，還會有靈感或潛意識
「參與運作」的問題：

　　靈感有兩個重要的特徵：第一，它是突如其來的……第
　　二，它是不由自主的……因為靈感有這兩種特徵，古時學
　　者大半都把它看作神的啟示……依近代心理學家說，靈感
　　大半是由於潛意識中所醞釀成的東西猛然湧現於意識……
　　人於意識之外，還有潛意識。潛意識也可以作想像、思考
　　的活動，這是近代心理學上已成立的事實……靈感和這種
　　潛意識的活動是屬於一類的，所不同者在「人格的交替」
　　中潛意識完全把意識遮蔽起來；在靈感中潛意識所醞釀成
　　的意象湧現於意識中，而意識仍舊存在（朱光潛，1988：
　　211-212）。

而靈感或潛意識也就成了一種不可忽視的心理現象〔雖然這種
心理現象的實質，至今還是眾說紛紜。詳見林建法等編，
1987：338-360；佛洛伊德（S. Freud），1988：491-519；榮格
（C. C. Jung），1986：140-150；佛洛姆（E. Fromm），1988：50-
104；廚川白村，1989：21；梁濃剛，1992：157-164；周慶
華，2002a：252-257〕。至於識見方面，它是一種特殊的悟性的
表現，可以「見人所未見」；而具體的成果又能增長人的智識
或帶給人意外獲得新知的快悅。姑且舉一個例子來作說明：有
位論者在讀完蒲松齡《聊齋誌異》裡的〈畫皮〉一文後，有這
樣的析論：

〈畫皮〉的兩股故事：一是「外表美麗的東西是致命的根
由」；另一是「外表令人厭惡者是生機之所在」。從這兩種
不同的經驗，讀者不免會歸納出一個共同原則：外表和內
涵之間的不相稱，甚至相反。也就是「內」「外」（或「表」
「裡」）並無相應的關係，甚至只有相反的關係。如此一
來，原來儒道爭執的主題被調整到新的一個層面，指向
「內外相應」與否的問題。這個故事拆卸了傳統裡「內外」
一致，外表就是內心的表象的這種認知假設。它的哲學根
源可能是道家的「正言若反」式的悖論。例如老子所說
「巧言不辨」或「大巧若拙，大辯若訥」以至「和其光同其
塵」等。這可能也是大智隱於市的「瘋和尚」「邋遢仙」等
類人物的權威依據。（而）按照這樣的閱讀，則這個故事
可以看成是道家思想對儒家觀念的雙重解構（不僅道家的
邋遢仙救活了王生，而儒家所相信的「表裡相應相符」事
物觀也為道家的表裡相反所取代。但（西方的）解構的閱

讀策略，按照德希達的說法，其實必須在文本的肌理裡、從文字所累積的意義痕跡、從各種聯想甚至筆誤裡看到某種正反兩面兼具的矛盾，把握到這種矛盾並進行正反兩面的閱讀，以至最後文本裡呈現兩種相互衝突、不能協調的意義面或意義網絡，在意義上形成不穩定狀態和不可決定性（高辛勇，1997：27）。

在這裡我們看到了論者「層層分辨」的功力；他從〈畫皮〉一文的主題（外表和內涵的不相稱、甚至相反），聯想到道家思想對儒家觀念的解構；而又被他發覺這跟西方的解構理論「異曲且不同工」〔按：「不同工」部分，論者並未深入討論；它是指西方的解構理論的解構策略純為解構思想而顯現出對多元文化的嚮往，而道家的解構策略則為求逍遙自在所發展成的「泯跡」（消除差異）方法〕。這樣頗顯「綿密」的解析，就是識見的一種表現；而它所刺激人的「尋思」的空間，一時間又寬廣了許多（可以進到跨文化領域去思索、領悟當中的差異問題）。以上這些都可以合而形塑一套理論來作為解釋閱讀的依據，而使得所謂的閱讀心理學得以成立。但從整體上來看，這類知識即使都備齊了，也還無法了解一個閱讀行為的發生及其所要到達的終點；再說在這一心理活動的過程中，仍然有許多東西（如靈感或潛意識、識見等）難以掌握或沒有規則可尋，到頭來還是得以「存而不論」的方式去因應。

當然，這不是說有了閱讀社會學後，就可以解決閱讀心理學所要解決的問題（這時閱讀心理學就為閱讀社會學所涵蓋；但事實上閱讀社會學並不具備這樣的條件）；而是說除了閱讀心理學所解決的問題，還有很多更複雜且尚未碰觸解決的問題

就得仰賴閱讀社會學來「貢獻意見」了。這樣閱讀社會學的出現，就是為了讓大家對閱讀有更「完整」或更「全面」的了解；而它的重要性，除了可以跟閱讀心理學合為閱讀學的「雙璧」，還可以透過它來追躡文化發展的軌跡，進而有所裨益於整體文化的發展。後面這一點，是從閱讀活動實際上要在「社會網絡」中完成而拍板定案的。換句話說，文化的生發演變都在具體的社會情境中進行，而閱讀這一「接受」文化而再度「創造」文化的活動（這是說所有有能耐創造文化的人，也都要不斷經歷閱讀以充實相關資源的過程；而依前後的順差來說，彼此就有初度、二度創造的不同），就成了當中的「轉介」或「調節機制」。而由這一點來看，閱讀心理學所指出的那些「個別」的心理事實，只是閱讀行為的必要條件；至於它的充分條件，就得靠閱讀社會學所揭發的各種「社會」的心理事實了。

第三節 「閱讀社會學」的建構方向

到目前為止，閱讀社會學還不是一個已經成體系或有規模的學科，它毋寧仍在「等待建構」中。因此，前兩節所提到的「閱讀社會學」，在談論的當下就只是「虛擬」的，它的實質內涵還有待後續的建構。也因為要建構，所以自然就會涉及「如何建構」的問題。這總稱為「閱讀社會學的建構方向」；它所宣示的是閱讀社會學得有自己的面貌（以有別於其他的學科），此外還能提供一些可以權為展望這門新學科「未來發展」所需的資源。這在別的學科已經有「前例」可以依循（雖然不關「仿製」，但也難免會以它為「對照系」）；但在這裡就得另行開

發，困難度可以想見。

　　這不妨從一個案例談起：有位論者為了證明「幽默是人類最珍貴的才能」這個論點，而有底下這樣的論述：「有這樣一則小故事：三個垂死的人躺在醫院的病房裡。他們的醫生走到第一個病人面前，問他有什麼遺願。這個病人是個天主教徒，他喃喃地說：『我的遺願是，能見到一個神父並向他懺悔。』醫生保證他將會安排這件事，然後轉向第二個病人。第二個病人是新教徒，他說：『我的遺願是看到我的家人，向他們告別。』醫生保證說將把他的家人找來，然後轉向第三個病人。第三個病人是猶太人，他用微弱、嘶啞的聲音回答：『我的遺願是能見到另一位醫生。』——苦澀的詼諧。人類的幽默天性在這裡得到完滿的展現……幽默是人類最珍貴的才能，不啻是幸福的泉源。有了幽默，人得以學會用笑來代替悲淒和煩惱。藉著幽默的力量，我們將自己提拔到至高無上的位置。因為幽默說到底是一種精神結構，是深入領悟和體驗生活的眼光，是一種特殊的觀點；它使我們贏得起輸得起，使我們超越現實和幻想，品嚐到那種被稱為『解脫』的歡樂……一家保險公司有位職員正認真地教他妻子開車。車下坡時，煞車突然失靈。『我停不下來！』他妻子大叫，『我該怎麼辦？』『禱告！』他指示妻子說，『然後找便宜的東西去撞！』思維，何其怪異可愛！超越了人們親歷車禍時的恐懼。在一瞬間，我們擺脫世俗的、邏輯的、道德的束縛而贏得了對命運的勝利」（周安華，1993：5-7）。文中所嵌入的兩則笑話，經過論者的閱讀，變成是要勸人培養幽默才能的佐證。這在明顯可察的層次，是論者在閱讀的過程中所預設的權力關係（也就是要向人推銷他所領悟的「幽默」觀）；此外他所具備的有關「幽默」的認知架構

以及他所自擬的或外界所期待的「啟智者」角色，也隱約可見，直把一個看來再簡單不過的閱讀行為「妝點」得異常繁複。所謂閱讀社會學的建構方向，就是要勉強從這類比較容易感知的特定點開始。

這一般有所謂的「角色理論」、「強化理論」和「認知理論」等，可以用來解釋社會行為。其中「角色理論」，是指透過角色（角色是指在特定的社會結構中，處於某個特定的位置時，某人所執行的職能）、角色期望和需求、角色技巧以及透過群體和個體的相互作用和影響來解釋行為。而「強化理論」，是指透過刺激和反應之間的關係來解釋行為（這種刺激和反應之間的關係，用白一點的話說，就是：如果做某件事得到鼓勵，那麼做這件事的次數就會增加；否則就相反。而以這種強化原理去預見人的行為，還有所謂的社會學習理論和社會交換理論。前者在說明人的社會學習過程是透過對其他人行為的觀察和模仿而發生的；後者在說明人和人之間的相互作用取決於報酬和相應的成本）。至於「認知理論」，則是指透過認知結構來解釋行為（這也就是說，我們只要知道一個人怎樣看待世界，就可以理解他的行為）〔參見杜加斯（K. Deaux）等，1990：10-23〕。這三種理論固然彼此不一定能相容（如認知理論就跟角色理論和強化理論很不搭調），但它們在面對行為的相關面向時，還是各有一定程度的解釋效力（同上，23-26）。而閱讀行為既然也是一種社會行為，那麼比照一般的社會行為來看待而予以類似上述那樣的解釋，也就無不「恰如其分」了。而在這個基礎上，再加以細分「閱讀行為」、「閱讀活動」、「閱讀主體」和「閱讀客體」等範疇，然後一一的進行深入而體系化的討論和建構。最後，除了扣緊閱讀活動的社會化特徵，還會加強揭發這種社

會化的閱讀活動對文化的「貢獻」，以便能夠預期未來的發展方向。

在文學批評史上，有個案例常被提起，就是李察茲（I. A. Richards）於1929年出版的《實用批評》一書所記載的：李察茲在英國劍橋大學教書時，曾經做過一個實驗，給他的本科生一些除去標題和作者姓名的詩，然後讓他們進行評論。結果學生的判斷五花八門：久受尊重的詩人價值大跌，失名之輩卻受到讚揚。李氏在審查這些有種種缺憾的解讀結果時，一面指出每篇的偏差所在，一面提供一個「比較正確」的詮釋，最後提出「夠資格的讀者」這個觀念。李氏這項舉動，事後招致了不少批判的聲音；當中比較嚴厲的如「（在這個個案裡）李氏所扮演的角色當然是『夠資格的讀者』了。李氏究竟有沒有資格作個『夠資格的讀者』，我們往深一層去想，一定會發現：未必。但就這個個案的情況看來，無疑他的表現證實了他比他的學生較能接近作品的原意。但他所以能如此，其中最重要的原因是：他有了歷史的意識，就是（一）他掌握了詩人生存和創作空間某程度的歷史的認識，他的學生則被剝削了這方面的知識……（二）他掌握了語言的歷史面貌，如看出來某些字句是十八世紀的，某些是十九世紀的，某些形式和風格只能因怎樣一個詩人在怎樣一種歷史環境下才可以出現」（葉維廉，1988：23）、「然而，在我看來，這個研究項目中遠爲令人感興趣的一個方面，而且顯然是李察茲本人沒有看到的一個方面，恰恰是：在這些意見的具體差異下，竟然存在著如此一致的潛意識的價值標準。閱讀李察茲的學生對文學作品的闡述，人們會驚奇於他們自發地分享的認識和解釋習慣：他們期待文學應該是什麼，他們把什麼作爲一首詩的假定前提，以及他們想從這首詩中獲

得什麼滿足。實際上，這一點都不令人奇怪：因為這一試驗的
所有參加者據說都是上層或中上層階級的白人青年，是受過私
人教育的二〇年代的英國人，他們對於一首詩會發生怎樣的反
應遠非僅僅取決於純『文學』因素。他們的批評反應跟他們更
廣泛的成見和信仰深纏在一起。但這並非過失：任何批評反應
都有這種糾纏；因此根本就沒有『純』文學批評判斷或解釋這
麼一回事情。如果有人應受責備的話，那麼就是李察茲自己。
作為一個年輕的、白種的、中上層階級的、男性的劍橋大學導
師，他無力將他本人分享的那種利害關係結構對象化，因而就
無法充分認識到評價中局部的、『主觀的』差異是在一個具體
的、社會地結構起來的認識世界的方式之內活動的」〔伊格頓
（T. Eagleton），1987a：18〕。以上這些批判，在相當程度上展現
了現代人對閱讀一事的反省能力；但仍嫌不夠（參見周慶華，
1996a：149-150）。理由是它們除了只觸及一點認知架構，對於
當事人所預設的權力關係和背後的強化學習等問題，幾乎都未
搆到；自然離「泛泛之見」不遠，也不足以充當「研究的典
範」。而這也就是這裡要重新來建立一套閱讀社會學的一個原因
（為了彌補大家所不及論的缺憾）。而從另一個角度看，語言成
品有機會被人這樣「廣面」的閱讀（包含設計閱讀的方案、實
際閱讀的折衝以及閱讀結束的討較等等），無異開啓了一種「深
度」閱讀的範例，對於既有語言成品已經產生了「推廣」的作
用；同時又能夠回饋給創作心靈（不論是自己還是他人）自警
求變而別為尋找創新文化的契機。而這些也正是本閱讀社會學
所要盡力闡發，希望能夠兼顧論述本身的「自我完足」和指引
文化的「新變途徑」等兩面性。

第二章

閱讀社會學的範圍

第一節　概說

　　根據前面的界定，閱讀社會學是從社會學的角度來研究閱讀的行為及其相關的模式所形成的學問（詳見前章第一節）；而它的建構方向，則是針對閱讀行為、閱讀活動、閱讀主體和閱讀客體等對象進行深入而體系化的討論（詳見前章第三節）。這就圈出了本閱讀社會學所能或所要處理的範圍，不當再有所「游移」。但有關範圍的劃定並不是什麼「不證自明」的真理，它依然是權力／知識框架底下的一個案例。而這就得有多一點的說明，才能「交代」清楚。

　　這不妨從「範圍」說起。範圍在字面上跟界域或區域並沒有兩樣，理當是一個地理上的名詞；但有時它也會跨界而變成哲學上「範疇」的同義詞。所謂「什麼叫範疇？範疇是人們的思維對客觀事物的本質聯繫的概括和反映，是各個知識領域裡的基本概念。科學的範疇是在人們認識的歷史發展過程中，在實踐的基礎上產生的。它一經產生，轉過來又進一步指導人們的認識活動和實踐活動……在哲學中的一些基本的範疇，如對立和統一、質變和量變、肯定和否定、現象和本質、形式和內容、原因和結果、必然和偶然、可能和現實等等，各自從不同側面揭示了客觀世界的聯繫和矛盾……作為文藝美學，它的範疇如形象和典型、風格和流派、繼承和革新、內容和形式、抽象思維和藝術思維等等，都從不同側面揭示了文學藝術的本質特徵」（曾祖蔭，1987：1-2），這實際上要說的是科學、哲學、文藝美學等等的範圍，而它卻用了範疇這個詞。範疇

（categories），在哲學上是指各種不同方式的陳述；而且無論那種陳述都以某種方式陳述存有，所以範疇也是存有的各種不同樣態（參見布魯格，1989：104-105）。如亞里斯多德所說的十範疇（包括實體、分量、性質、關係、處所、時間、狀態、附屬、能動、所動等等）、康德所說的十二範疇（包括單一、殊多、總合等三個分量範疇；實有、非有、制限等三個性質範疇；實體、因果、交互作用等三個關係範疇；可能及不可能、存在及非存在、必然及偶然等三個樣態範疇，一共四綱十二目）（參見商務印書館編審部，1971：891-893）等都是。因此，範疇和範圍在不細加分辨的情況下可以等同看待；否則就得各別使用。在這裡自然是謹守範圍的字面意涵，絲毫不牽涉哲學上的範疇義。也就是說，「閱讀社會學的範圍」是指閱讀社會學這門學問所討論的課題分布的區域；而不是指閱讀社會學的陳述方式或存在樣態。

雖然如此，閱讀社會學這門學問所討論的課題分布的區域，並無任何的先驗性；它完全隨構設者的自由意志而轉移，以至可以有不同的圈定法。這當中的關鍵，就是權力。正如當代一些言說理論家所指出的：一切言說（論述或話語）都是意識形態的實踐。而這種實踐的方式，會隨著言說在它裡頭成形的各種制度設施和社會實踐的不同而有所不同，也會隨著那些言說者的立場和那些接受者的立場的不同而有所不同。因此，大家可以透過跟言說相關的制度設施、透過言說所出發的立場和為言說者選定的立場來確認言說的「意義」。而更深入或更貼切的說，一切言說無不是為了遂行言說者的權力意志（幾乎不可能只是為言說而言說）〔參見麥克唐納（D. Macdonell），1990：11-13〕。依照這個理路，可以把上面的話倒過來說，像傅

柯（M. Foucault）所組合的那樣：權力和知識是共生體，權力可以產生知識；權力不僅在言說內創造知識對象，而且創造作為實在客體的知識對象（參見徐崇溫，1988：253）。現實中擁有權力的人，只要涉及「訂定規範」、「左右視聽」、甚至「信口開河」或「指鹿為馬」等層次的，都屬於後一種情況；它未必需要一套意識形態來支持（只要擁有「權力」就行了），卻可以輕易的索得他人接受支配的承諾。這在本論述中並沒有這種「優勢」；剩下來就是前一種情況了。換句話說，本論述只能在一個特定位置發話，而冀望它可以形成一種支配優勢（而不是本身已經是支配優勢了）。但為了顧及這一權力意志的「合理性」，我個人寧可放棄所有的強制力，而把接受與否完全由讀者去決定。縱是如此，對於這裡所選定的特定位置我自己仍然需要多一點的反省，才能保證論述本身的「非虛發性」。這也就是用來支持我這套閱讀社會學的意識形態問題：首先是這套閱讀社會學所要處理的閱讀行為、閱讀活動、閱讀主體和閱讀客體等課題「合」起來就是一種意識形態了。而它所以「可能」是建立在「凡是涉及閱讀的問題都不出這些範域」的循環論證上；以至很難更換或再增添其他的課題。其次是建構這套閱讀社會學的背後還有「更新文化」或「促進文化發展」理想的制約。這是更高層級（或更優位）的意識形態；也是「真正」的意識形態（就支持這套閱讀社會學的建構來說）。因此，對這一點有所感應的人，就可以一起來「實踐」，以便早日看到成效。

當今所見類似的論說，大多只能泛談「閱讀」的社會化特徵，而不及分辨「閱讀行為」、「閱讀活動」、「閱讀主體」和「閱讀客體」等細目及其相關的價位，顯然難以跟本論述「等量齊觀」。如「閱讀是人類最普遍的一種社會活動，是讀者從作者

的精神產品中提取信息和加工信息的心智過程。它作為四大語文能力（聽說讀寫）之一，作為認識世界和改造世界的本領之一，愈來愈受到人們的重視；並從語文學、文章學中分化出來，逐漸形成一門獨立的學科（閱讀學）」（曾祥芹等主編，1992c：1）、「閱讀是語言活動，是認識活動，更是一種社會文化現象。甚至可以說，閱讀本身就是文化：是文化的繼承，是文化的傳遞，更是文化的再創造。閱讀什麼、如何閱讀、閱讀的創造，取決於特定時代、特定社會人們對閱讀對讀物的文化規範。閱讀文化的核心是時代精神。從社會學、文化學的大視野考察和探索閱讀原理，建立廣義閱讀學原理，已經是勢在必然」（韓雪屏，2000：44）、「現在人們已經越來越深刻認識到閱讀的社會功能。閱讀常常是以個體活動的形式出現的，就是『人手一冊，默默而讀』。雖然如此，閱讀卻從來具有鮮明的社會性。這是因為人類的知識和經驗是具有社會性的，它不可能為某些個人所絕對佔有；而作為這些知識、經驗載體的書籍，從本質上講也是為社會所共有的。這就規定了閱讀活動既具有個體性，又具有社會性；其中社會性又起決定作用。閱讀的社會功能就是建立在閱讀的這種社會性基礎之上的」（洪材章等主編，1992：3）、「『漢文閱讀環境論』，意在從社會學的視角，由近及遠、由靜到動，宏微結合地說明閱讀環境對讀者的制約作用。先談語言環境對漢文閱讀的解釋功能和過濾功能，再說書房、書院、書市等物理環境對漢文閱讀的間接薰陶和影響，後著重闡明政治、教育、科技等社會環境對漢文閱讀的主控作用和促動效應。根據讀者和環境互相創造的觀點，特別強調優化閱讀的社會環境和高揚讀者的主體意識，從而為『閱讀社會學』的研究提出一個『營造書香社會』的崇高主題」（曾祥芹主

編，2000：11）等，這些論說所觸及的課題，除了點出閱讀的非個別化現象，此外就沒有再廣涵深論，自然形成不了一套有體系的學問。在這種情況下，本論述在圈定論述的範圍時雖然無法避免哲學上所說的循環論證（見前），卻也展現了「開闢題材」方面的一定的識見，可以跟讀者共商賞愛。

第二節　解釋閱讀行為的社會性

不論從那一個角度看，閱讀都不能像底下這段話所說的只為「個人受用」這麼單純：「（閱讀）可以站在智者的肩膀上，高瞻遠矚，開拓視野，建構寬廣的生命格局；可以遨遊心靈的心園，紓解情緒，解除了生活的壓力、精神的荒蕪，通情達理，內心如洗滌後的愉悅、超然和透明……閱讀也賜予想像的翅膀，陪我們去旅行，或是陰雨天在家陪我們，因作者的邀約而遨翔在浩瀚的心靈視野，思想起飛、觸類旁通，激發創意思考的能量，得到心靈滿足的樂趣；閱讀更打開了一扇通往古今中外的門，提供知識，任何時代精淬的智慧、雋永的小故事，都可以透過一張張書頁，將過去、現在、未來聯繫起來，縱橫古今天下，獲得對人物的洞察力和人生的感應力，明白問題而不輕易掉入漩渦，如同大衛‧李斯曼所言『閱讀可以在桌燈所射出的小光圈裡，準備從事人生的大戰』，以古鑑今，建立解決問題的能力」（林美琴，2001：31-32）。這對於閱讀的「互動性」（包括人和人的互動、人和整體環境的互動等等）全未慮及，當然就想不到從社會學的角度來檢視閱讀行為而重新賦予「社會性」一類的徵象。還有即使有人把閱讀當作治療心理疾病的媒

介，也未必僅止於他們所羅列的「（一）發展自我概念；（二）充分地了解人類的行為和動機；（三）對個人作正確的自我覺察、自我評價；（四）有機會注意自身以外的事物和觀念；（五）釋放情緒壓力，減輕孤獨感；（六）協助人們更自由地討論問題；（七）勇敢地面對問題，計劃及執行有建設性的問題解決方案；（八）促進人際關係的覺察和良好互動，提高生活適應能力；（九）了解個人的態度和行為模式，發展自我和社會之間的良好互動關係」這些功能而已（詳見王萬清，1999：7-8）；它從被選定成為心理治療的輔助開始，就在一個社會的框架中「存在」、「活動」和「變遷」，根本無法把它定位在「先從自己受用，再擴及跟他人的互動」的邏輯遞進上（它一直都在跟他人的互動中成形）。換句話說，它毋寧要受到更「複雜」的社會網絡的制約；而個別人的成長就在這種氛圍中慢慢地調適折衝而成。像這種閱讀行為的非個別化，也就是閱讀社會學所要處理的課題之一。

　　這總稱為「解釋閱讀行為的社會性」（細目則詳見第四章）。它多少有點在比照一般行為所受解釋的情況；所謂「人們經常意識到自己是屬於某種特定的文化、職業或社會群體的。因此，即使我們是孤獨一人時，我們的行為也會因為意識到自己在複雜的社會結構中扮演著某種角色而受到影響。這種情況反映了他人的潛在存在。假如我們未能做好工作，假如我們身體外觀發生了變化，或者說我們被逮捕了，我們的反應都會因意識到他人的存在，意識到我們和他人的關係而受到影響」（杜加斯等，1990：2），正可以用來匹配。雖然如此，這當中的社會性並不僅指有些論者所說的指「對社會的依賴」那種情況所有的而已：「社會作為一個批評術語，它主要有如下兩重涵

義：（一）一部小說、一齣戲劇或一首詩的『社會』，也就是作家在他的作品中所創造或模仿的社會生活。（二）創造和消費文學的『社會』，這是一個由風俗習慣、價值觀念、慣例制度和語言習慣所組成的世界，文學作品就在這世界中被創作、出版和閱讀；在這一意義上講，『社會』也就是廣泛意義上的文化……毫無疑問，術語『社會』導至（或暴露）了批評的混亂。因為它既可以指某種被認為主要是作品內在的東西，也可以指作品之外的某種東西。例如，可以認為簡・奧斯丁小說中的社會是作者虛構出來的（那是一個經過精心選擇的、因循守舊的環境，它是整個作品結構的一個方面），也可以認為它是身處局外的作者所『報導』和分析的某種實際存在的社會結構」〔福勒（R. Fowler），1987：254-255〕。這不論說的社會是那一種存在方式，都不脫該社會是人賴以模仿創作和形塑閱讀習慣的對象範圍，而忽略了人也有回饋社會或改造社會或新創社會的意願和本事。以至所謂的社會性，就是「全方位」式的。這種全方位式的社會性所涵蓋的回饋社會或改造社會或新創社會等成分，就是更新文化或促進文化發展的一種形式〔它跟本論述的欲求差別僅在於表面（一個是對象論述；一個是後設論述），內裡無不同條共貫〕。這可能會被批評為偏離「社會學」的觀點；同時也跟前面所論說卻一直未點出這一點而不免給人有稍嫌「突兀」的感覺。然而，所謂社會學的觀點不一定是「被動式」的，它也可以是「主動式」的。也就是說，不必有一個社會的現存，才據以為衡量閱讀的行為；它只要是超個別化的想望，就可以等同社會學的視野。這時所加諸的主動式意涵，不但不會妨礙到原有的閱讀社會學的定義，而且還有強化或加深該定義的作用。

從這一點來看，閱讀社會學所要解釋的閱讀行為的社會
性，就是一種擴散兼迴環式的：它一方面要照顧到閱讀行為的
「多向度」；一方面還要為閱讀行為預留「反制度」或「新蘄向」
的空間。在這個基礎上，還有一個「解釋」的問題需要解決。
所謂「閱讀行為並不僅僅是一種鑑賞行為，而是一個活生生的
人以個人觀點和他的群體角度一併投入參與的一種經驗。讀者
是一名消費者；就跟其他方面的消費者一樣，他受到興趣喜好
的擺布尤甚於判斷力的發揮，即使事後他也能為自己這番偏好
提出振振有詞的說明。而發揮文學判斷力，乃是文人集群的特
性；文人集群強迫它的成員務必具有行家姿態，否則視同凡夫
俗子、甚至『淺薄之徒』，以作為精神上的制裁。這也就解釋了
先前使得我們讀者調查束手無策的封殺之道：一位具備文化素
養、能判斷拉辛劇作價值所在而加以推崇的有識之士，如何膽
敢承認自己興趣所好乃是瀏覽《丁丁歷險記》？至於求助各類
『某某主義』神話迷思的人士也都是這麼一回事；在他們受到社
會文化集群的壓力而不得不以論證形式來表達一己的喜惡時，
這些神話迷思也就提供了理性的辯護……行家和消費者的價值
範疇可以、而且也應該兼容並蓄，有時甚至還兩相吻合。這兩
個價值範疇所呈現的不相容性質，乃是我們先前描述的那些社
會文化結構、尤其是文人圈封閉狀態所造成的結果。事實上，
無論寓意如何的理性或如何的感性，閱讀行為乃是一個必須由
整體考量的行為；一如文學活動裡另一個環節的文學創作行
為，也是一個斟酌環境背景而發展出來的獨立自主行為」〔埃斯
卡皮（R. Escarpit），1990：143-145〕，這一針對閱讀行為的「整
體考量」說，它的可能性是要經過解釋的。而所謂解釋，是指
在某種情況下會出現什麼現象，並不是籠統的敘述。換句話

說，解釋是一組命題經過一套嚴格的邏輯演繹過程而成立的
〔參見荷曼斯（G. C. Homans），1987：18〕。這在論者的那段論
說裡，顯然還缺少一些可以用來解釋閱讀行為非個別化的具體
的變項及其推論過程。

　　這種情況，不妨以「文學創作」的解釋來作對比。文學創
作的解釋也跟其他人造物的解釋一樣，首要工作是建立一些命
題。這些命題不論是已經存在的還是發現來的，都要能陳述和
測定文學現象之間的普遍關係。如有人提出「配稱原則」和
「相似原則」來辨認創造象徵的意義，可以視為一個典型的命
題。第一個原則是說一個象徵的解釋必須跟作品的其他部分一
致，而不能在作品中找到跟這個解釋相衝突的證據。第二個原
則是說當我們說X象徵Y時，X必須跟Y在形象或涵義上具有某
種相似性（參見劉昌元，1987：241）。如果把它寫成命題的形
式，那麼就是：一個創造象徵只要符合配稱原則和相似原則就
能確定它的意義。這個敘述，陳述和測定了創造象徵符合配稱
相似原則和創造象徵的意義這兩種現象之間的關係，滿足了作
為一個命題的條件。反過來說，一個敘述如果不能陳述和測定
文學現象之間的普遍關係，就不是真正的命題，只能稱它為概
念或引導性的敘述。而不論概念或引導性的敘述，都不具有解
釋的功能。如有人認為中國傳統文學批評沒有西方文學批評那
種分析性、演繹性的論說，而只有片段的、印象的表達，那是
美感不同的緣故。這裡用美感這個概念來解釋中西文學批評是
不夠的〔按：美感是由客觀對象的審美屬性引起人感情上愉悅
的心理狀態；包括感受、知覺、想像、情感、思維等心理功能
在審美對象的刺激下交織活動形成的心理狀態（詳見王世德主
編，1987：61）。根據這條定義，可以把美感視同一個敘述〕。

因為美感不同幾乎是不證自明的，沒有人會懷疑中西方文學批評的差異是緣自彼此美感的不同。我們想要知道的是為什麼中國傳統文學批評不用分析性、演繹性的論說，而是片段的、印象的表達？美感的定義不能回答這個問題。換句話說，美感只是一個概念，而概念不具有解釋的功能（只適合用來構設命題），我們不能用它來解釋。又如馬克思主義文學理論所說的：生產方式改變，文學活動也會發生變動〔詳見佛克馬（D. Fokkema）等，1987：73-122〕。這個敘述建立了「生產方式」和「文學活動」兩種現象之間的關係，相當於一個命題。但這兩種現象並不是單一的變項（可以稱它為未經定義的一組變項），而且這兩種現象之間的關係也未經特殊化；它只告訴我們這二者之間的因果關係而已（前者影響後者）。換句話說，這是一個引導性的敘述；它只告訴我們如果生產方式改變，文學活動也會產生不可預期的變動，卻沒有告訴我們生產方式是什麼方式，而文學活動到底是指創作活動或閱讀活動或其他相關的活動。這就不具有解釋的功能，我們也不能用它來解釋。雖然如此，引導性的敘述仍然有「引導」我們如何研究得更深入和應該從什麼角度去研究等價值〔荷曼斯說：「馬克思『法則』唯一可以運用而且成功的貢獻，就是告訴我們不要將引導性的敘述誤認為是科學的實際經驗和理論推理的成果。一個敘述能夠告訴我們研究些什麼，如何去研究，它就是一個重要的敘述；可是它很少告訴我們研究的內容是什麼」（荷曼斯，1987：14）〕。這也就是要稱它為引導性的敘述的唯一原因。而有了命題，再來就是如何演繹的問題。所謂演繹，是指由普遍命題引伸出經驗命題的過程。這個過程，就是上面所說的解釋。我們想知道一個解釋是否有效，就看該解釋中經驗的發現是否可以

從普遍命題中演繹出來。如論者論及文學的起源，各有不同的說法，諸如「遊戲說」、「勞動說」、「本能說」、「宗教說」、「戀愛說」、「戰爭說」、「模仿說」、「表現說」、「裝飾說」、「吸引說」等（詳見涂公遂，1988：145-161），是比較常見的。但不論那一種說法，都構成不了一個演繹系統；因為還缺少一個前提，就是普遍命題。只有普遍命題存在，解釋才有效；否則只是陳述性解釋，沒有任何法則可言，自然也不具有說服力。同樣的問題，我們可以根據行為心理學中的一個命題來解釋。這個命題是說：如果做某件事得到鼓勵，那麼做這件事的次數就會增加（詳見前章第三節。另參見張春興，1989：453-454；張華葆，1989：45-64）。這將文學的起源問題加以整理分析，可以形成下列三個符合演繹系統的解釋步驟：

　　一種鼓勵對個人的價值愈高，那麼他採取行動取得此一鼓勵的可能愈大。在某一假設情況下，文學創作者認為文學有很大的價值。所以他會採取行動來創作文學。

實際上，這並不足以解釋為什麼文學創作者會採取行動來創作文學，只是在推理上，他可能採取這樣的行動。在這裡找出了一個普遍命題，它就可以改變前面那些陳述性解釋而成為一個真正的解釋（參見周慶華，1993：6-8）。由此可見，前面所引論者的「整體考量」說並沒有提供解釋所需的命題及其必要的演繹程序；而這在本論述中就得試著來給予「完善」化。

　　另外，有兩位論者分別提到：「讀者也是作者。讀者每次閱讀，總必從自己生活經驗出發，閱讀遂成為創作過程，是意義的生產過程。例如荷馬史詩已經流傳數千年，漫長歷程使它

不斷被賦予新意義。反正，根本沒有所謂未經閱讀的『真正』
荷馬。（然而）閱讀固然是重新『創造』的過程，批評也不斷
賦予作品嶄新意義；但優秀的讀者和評論家，卻可以超越原作
者懵然不知的盲點和侷限，把作品帶引到更豐富的境界。（而）
真正尊重原作者的讀者和評論者，必須補足作者的遺忘空白。
唯獨不斷重新閱讀、詮釋和評論作品，讓作品豐富底蘊楬櫫呈
現，才算是個出色的讀者。或許可以說，讀者和評論者其實都
是原作者的延伸、補足、甚至是叛逆」（周華山，1993：115）、
「經過上個世紀各種思想的洗禮，女性、少數族裔、第三世界、
酷兒……都在企圖重新認識正典。後現代的去中心和後殖民的
反詰，都提出了動搖主流權威的認同概念。而閱讀當然也是立
場認同的重要方式之一。姑且不論當前書店的分類方式正逐漸
趨向多元化主題，連學院中的課程也開始愈分愈細，非裔作家
專題、亞裔文學研究、移民書寫、女性身體政治……不一而
足。以此類推，黑人女性宗教團體有她們的書單，白種男性同
志組織也開始有他們的必讀。從早些年的另類閱讀，如今已經
演變成定位閱讀；一視同仁或主客有別的結構正在慢慢轉換，
每一個讀者都有屬於他自己的定位。這樣的讀者連線，一方面
將傳統祕密性的閱讀行為轉換為逐漸公眾化的活動；另一方面
也將閱讀從文學／文化的領域推向社會化、具有經濟效益或政
治意涵的新場景。一本書的流通往往跟讀者的職業、宗教、種
族背景關聯密切，遠勝過他／她的教育背景」（郭強生，2002：
189-190）。這從不同角度闡發了閱讀行為可能有的新變企圖及
其實際過程，可以說都是閱讀社會學所容許的。但它依然未能
提出具體的變項依據（也就是讀者的生產意義或定位閱讀究竟
是如何可能的，它還得有一個相對上的起點作為「保障」），所

作解釋毋寧還差一間。因此，爲了使相關的解釋具有可看性
（或說具有高度的效力），就得謹守前面的理論模式（由建立命
題到完成演繹程序），逐次的去運用推廣。而本論述正要「牽先」
來進行這樣的工作。

第三節　探討閱讀活動的社會化現象

　　如果說閱讀行爲是帶有社會性的話，那麼閱讀活動更不可
能純是個別化的。而相對前者的「蓄勢待發」來說，後者的
「已現行動」顯然要容易察覺它的社會意涵。因此，探討它也就
有爲閱讀社會學再添一個「實證性」面向的作用。這總稱爲
「探討閱讀活動的社會化現象」（細目則詳見第五章）。而實際上
則可以從下列幾方面來作思考：

　　首先，探討閱讀活動的社會化現象本身，一樣要運用到解
釋，但會著重在現象的爬梳。我們從停留在一個特定點的閱讀
行爲都不免於非個別化的情況來看，這一連接許多特定點的閱
讀活動更可以肯定是個社會行動。所謂社會行動中的行動，是
指行動個體對他的行爲賦予主觀的意義（不論外顯或內隱，也
不論不作爲或容忍默認）；而社會行動，則是指行動個體的主
觀意義關涉到他人的行爲，並且指向其過程〔參見韋伯（M.
Weber），1993：19〕。由於活動本身在發生學上有它的「伸展性」
（也就是由簡單到複雜或由單向到多向），閱讀活動這種社會行
動自然也會有它的「趨向」或「朗闊」問題，以至就出現了
「社會化」的現象。一般所謂的社會化，約有三種意義：第一是
經濟學上的，指把財產權（尤其是生產工具）歸爲公有（但這

未必指讓大家共同應用，而是要讓社會全體或至少讓廣大群眾獲益）。第二是社會學或人類學或心理學或精神病學上的，指孩童成為年長的適當社會成員的過程；而成人繼續適應變化中的社會形式也屬於同一過程。第三是德日進（P. T. de Chardin）所說的，指人類進化的重要方法。德氏認為進化在人類身上尚未停止：當進化到達出現生命的轉捩點時（生命層）開始加速；而隨著人和「心智層」的出現，進化又再一次加速而集中於人類社會。大體上，在人還沒有產生反省意識以前，進化的主要手法是用遺傳和適應不斷產生品種；而每一品種又繼續形成更特殊的新品種。但當反省意識在人身上出現以後，就不再形成人類的新品種；反而由於反省意識的社會化力量，人們傾向於在社會中互相聯合。這種（社會的）進化所運用的方法是文化的傳布和有意識地改造環境；它有點類似遺傳和適應卻又有基本的差別（參見布魯格，1989：488）。在這裡可以兼含有上述各種意義中的部分意義。換句話說，閱讀活動的社會化，是指由個別的領受轉向關聯他人的一種「集體性欲求」（這種活動既是「公有」的，又是在社會中「成形」及「演進」的）。雖然如此，閱讀活動一開始就不是個別化的，所以還要這樣「循環論證」一番，主要是在強調它的「動態」過程。也就是說，從讀者的立場來看，他會有意無意的把閱讀導到關係群體而形成一種「向著社會」的態勢。而這正是本論述所要努力去發掘的。

其次，閱讀活動本身有不同的取向，使得它的社會化情況也會出現「向度」上的差異，這在探討上則僅以「論說所需」為依據而不採「全數處理」的方式來進行。就以「文學批評」這種高度複雜的閱讀活動為例，它就有知識取向、規範取向、美學取向等分別：知識取向的批評，是指從純理性的基礎來論

斷文學。批評者認爲文學是一種人類的理性的架構，所以必須合理化；「它的目的乃在求『眞』。所謂眞，照亞里斯多德的解釋，不是事實是否爲眞，而是其理是否爲眞；詩所表現的事件和人物雖然不一定一如吾人生活上的眞，但它的發展和演變則必須按照必然或蓋然的因果關係，也就是建立在一定的邏輯的發展的基礎上」（姚一葦，1985a：353）。於是從這一純理性的科學的觀點出發，找出文學家所依據的是什麼；更經由此一事物的邏輯架構或者說它的動作而找出它的意義，就成爲批評家的一項重要工作（同上，354）。因此，只要是基於這一求「眞」的前提而論說文學作品的意見，都可以把它歸到「知識取向的批評」這一綱目下來理解。而它又可以再區分人類學批評、民俗學批評、社會學批評、心理學批評（精神分析學批評）、考據學批評、語言學批評、歷史批評、馬克思主義批評、形式主義批評、現象學批評、詮釋學批評、讀者反應批評、結構主義批評、解構主義批評、女性主義批評、對話批評、系譜學批評、新歷史主義批評、後殖民主義批評、混沌學批評等次批評類型（參見周慶華，1996b：185-195）。規範取向的批評，是指從倫理、道德和宗教的立場來論斷文學。批評者認爲文學也是約束社會成員思想、維繫社會存在的一種形而上的形式，所以必須合法化；它的目的乃在求「善」。因爲「人類是營社會的動物；在構成一個社會的組織和維繫一個社會的存在上，必須建立起許許多多的共同約束。這些約束有有形的、有無形的；例如典章、制度、法律、政治爲有形的約束，而倫理、道德、甚至宗教爲無形的約束。前者所約束的主要對象爲一個社會的成員的行爲（或者說具體的活動），是形而下的形式；後者所約束的主要對象爲一個社會的成員的思想（或者說心靈的活動），是形而

上的形式」（姚一葦，1985a：376），而「規範取向的批評」就
是相應於倫理、道德和宗教而說，它屬於形而上的形式，也就
是高一層次的形式架構。雖然它的內容是可以改變的（凡是屬
於規範，就都是人自身所創造的、所制定的，而不是先驗的存
在或先驗的存在的形式；同時它是可以更易的，隨著社會的改
變而改變），但它這一形式架構卻是不變的，從而使我們的探討
得以進行（同上，377）。因此，只要是基於這一求「善」的前
提而論說文學作品的意見，都可以把它歸到「規範取向的批評」
這一綱目下來理解（參見周慶華，1996b：201-202）。美學取向
的批評，是指從某些特定的形式結構來論斷文學。批評者認爲
文學可以成就一個美的形式，所以必須合情化；它的目的乃在
求「美」。由於「凡是藝術品（文學作品）都具備一定的形式；
這一定的形式的構成，一般稱它爲美的形式。由於不是一切的
形式都是美的形式，而是符合某種的條件的形式，才是美的形
式；所以對於這一美的條件的探討，就屬於美學的範圍」（姚一
葦，1985a：380），而「美學取向的批評」正是採用這樣的作法
（探討文學中美的條件）。不過，文學作品的美固然也限於形式
部分，但它跟其他藝術品的美卻稍有不同；其他藝術品的美可
能顯現在比例、均衡、光影、明暗、色彩、旋律等等形式法則
上，而承載或身爲文學作品的美的形式卻不得不關聯「意義」
（內容）。以至大家所指稱的文學作品的美可能就是表露於形式
中的某些風格或特殊技巧（表達方式），而這些風格或特殊技巧
始終都是關涉文學作品的形式和意義的。有了這一分際，這裡
所說的「美的形式」，自然不能以繪畫、雕塑、音樂等他類藝術
的（美的）形式相衡量。同樣的，現在也可以確定：凡是基於
這一求「美」的前提而論說文學作品的意見，都可以把它歸到

「美學取向的批評」這一綱目下來理解（參見周慶華，1996b：
211-212）。這些取向的社會化過程如果都要一一處理的話，不要
說可能會遇到一些相互的「歧出」、「別出」或「曲出」等衝突
點而難以善後，就是各類型取向內部所隱藏的「乖異」或「矛
盾」現象已經足夠讓人困折莫辦了！因此，從論說所需的立場
來作一點「選擇」，即使不是「勢在必行」，也是「不得已」的
作法。

　　再次，既然探討閱讀活動的社會化現象本身兼有解釋成
分，而解釋所演繹完結的是解決了一些所要解決的問題（就是
聯結了一個現象跟另一個現象的關係），那麼整個課題就隱含有
「發掘閱讀活動的社會化現象」和「解決閱讀活動為何會有社會
化現象」等兩層涵義。這時「探討」一詞就等同於「研究」，而
它的意涵已經不是有些人所准許的在「發掘問題」而已：「誠
如馬克思所言，人類只能夠指出問題、提出問題，為自己設定
職責，那麼遲早總有解決問題和完成任務的一天」（石之瑜，
1995：推薦序7）；它毋寧要向「解決問題」上去更進一層：
「人們總是為解決某一問題而有意識地去研究的。因為存在難解
決的問題，才需要進行研究、探討，才有一系列的科學實踐活
動。湯川秀澍為說明核力的性質而提出介子理論，德伯呂克為
弄清基因的自我複製而研究噬菌體。基礎研究（實驗的和理論
的）是如此，應用科學、工程技術研究也是如此。為提高蒸汽
機的熱效率，瓦特提出了分離凝汽器，卡諾提出了理想熱機循
環。為解決高層建築的沈陷、倒塌等問題，進行了地基承載能
力的研究，出現了深基礎和表層處理的技術」（劉元亮等，
1990：91）。本論述所要進行的就是這項兼具「兩面性」的工
作。

　　當然，探討一個問題到了最後的階段理當還有指出「新方向」的必要性（也就是從事一般所說的「預測」）。所謂「『研究』為一思想之活動。此活動之方向，決定於吾人之運用思想之態度。依態度而有方向，方向易而所對之世界隨之以異；依方向與所對之世界之如何，而有所謂求知或研究之方法。依各種不同之態度、方向、方法，而有各種不同之學術研究。在哲學之研究中，其態度可與其他學術有相同之處，而不必全同。在其他學術，如於純理論科學之研究，可採客觀的理解態度；於應用科學，則或須兼實用實踐之態度；於藝術文學，須兼鑑賞的態度；於宗教學神學之研究，或須兼信仰與崇敬，或代為辯護發揮宣揚，求有所體證受用的態度。緣於哲學之義理之統攝性與根源性，故哲學義理與各種學術之義理，皆可相關涉。又緣於哲學研究須及於為世所共崇敬之聖哲之教，故實際上人所表現之哲學研究之態度兼有種種，而其方向亦有種種。此可隨研究者個人之性格及時代文化之演變而不同。當一時代之人，習於某一種之研究了解之態度而感其不足或其弊害已見之時，則宜有一新態度方向之提出。此所謂新，乃相對而言，亦即就其補偏救弊處而見其為新」（韋政通編，1987：124-125），說的就是這個意思。但這寧可留給整體論述來「擔負」（整體論述就是一大研究系統），而不在這類特定環節上「使力」，以免有太多言語上的重複。

　　根據以上所說的，我們也可以檢測出一些相關的論說的「大而無當」或「不著邊際」。如有人提到閱讀只是一個文本和讀者的動態互動過程：「就像伊塞所主張，『閱讀是一種由文本指引的活動；而這個活動必須由讀者來進行。他所進行的活動反過來影響他』。這樣閱讀可以說是一個創造的過程；在這裡

文本『引導了生產的內容，因此本身不可能是產品』。他在此地所強調的是兩種不同觀點的差別：一種觀點認為文本指引了解讀的方式；另一種觀點認為文本是閱讀的最後產品。二者的差異在理論上是一個很重要的區分。許多其他的理論觀點認為意義乃是文本強加在讀者身上的；他則挑戰了這些看法。伊塞主張『閱讀並不是一種直接的內化；因為閱讀走的並非單行道……而是文本和讀者之間的一個動態互動』〔史都瑞（J. Storey），2002：90〕。這卻沒有進一步說明那是怎樣的一種互動以及有那些外在的因素會介入這種互動之中，在告知閱讀這段文字的讀者上等於開了一張「空頭支票」。又如有人羅列了一連串的閱讀計劃而等著認同的人去實踐：「制定合理的閱讀計劃，可以從底下幾個方面考慮：（一）首先要選定學習的方向。明確了學習方向，才能決定學習的具體內容。計劃按學習方向展開，才能體現合理的程序。文、理、工、農、醫等學科，這是大方向；每個大方向下面又有小方向。例如文科下面有哲學、歷史、經濟學、語言學等等。選擇學習方向要有自己的主見，可結合自己的興趣、愛好、理想、社會的需要、自己的工作和生活實際、自己的能力等綜合考慮。（二）在選定了學習方向的基礎上，確定學習的內容，按內容的內在程序，確定閱讀的先後順序。循序漸進，是書本知識的內在邏輯，也是人們認識發展的規律。任何一門學科都有它自身的嚴密系統，呈現由淺入深、由簡到繁、由易到難、由點到面的階段性和連貫性；前一內容是後一內容的基礎，後一內容是前一內容的發展。因此，按學科的階段性和連貫性安排讀書，才能獲得系統的而不是雜亂的、完整的而不是片面的知識。循序漸進是制定合理的閱讀計劃的原則，是計劃閱讀法的核心。（三）計劃上

應列出具體的閱讀書目。列閱讀書目，可以參考有關的書評，可以瀏覽有關書籍的『目錄』、『前言』（或『序』）、『後記』（或『跋』）以及『內容提要』、『附錄』等等，也可以請教有經驗的人。書目要選好，最好選有定評的或者是基本上被公認的書。書目列好後，應按循序漸進法閱讀。所列書目，不一定篇篇精讀。那些書應精讀，那些書應略讀，那些書應全讀，那些書應節讀，應當心中有數，最好在計劃上註明。在閱讀時用嚴格的計劃指導學習，用理智糾正無謂的好奇心。（四）計劃要體現出時間程序，合理安排閱讀的時間。閱讀時間要切實可行，這樣才便於計劃的執行。時間也不能限制得太死，可以有一定的靈活性；訂得太死，或者行不通，或者實行不久就跟實際情況發生矛盾，以至妨礙計劃的實現。所以訂計劃時要留有迴旋的餘地；不僅要考慮閱讀學習計劃本身，還應考慮此項活動和生活中其他活動是否協調。（五）計劃要有重點，最好是一個中心。計劃過於龐大或者多科並進，平均使用力量，都是沒有好處的。合理的閱讀計劃訂好後，應當照著計劃去做，不應廢弛，還應隨時檢查計劃的執行情況，發現缺點，及時糾正。科學地制定計劃，嚴格按照計劃學習，靈活地處理執行計劃時出現的問題，計劃閱讀法才能收到好的效果」（盧羨文，1998：67-70）。這明顯缺少了「從那裡入手」、「為何要這樣閱讀」以及「這樣閱讀又如何可能」等意識或自覺，所論自然形同在「打高空」。而這些只要掌握閱讀活動的社會化過程，就可以避免空發議論而能夠給予讀者一些實際或有用的指引。

第四節　強化閱讀主體的社會性認知

　　閱讀行為的「點」式呈現和閱讀活動的「線」式呈現，都由同一個閱讀主體在主導。這個閱讀主體是人在閱讀的當下所分化的，他仍然有「人」的身分。只是這個「人」的存在究竟是「自足」的還是「非自足」的，始終存有爭議。在閱讀領域，我們毋寧要把他當作社會性的存在，才好解決相關的閱讀行為或閱讀活動的「必然」非個別化。也就是說，閱讀主體本身就是一個社會存在（但不否定他的部分生理和心理是個別存在），所以他才會在閱讀的過程中內蘊及繼續「社會需求」。這一點當然也是閱讀社會學所要處理的；而由於他的社會存在已經是個「事實」，這裡只不過是要強化它，所以整個課題就成了「強化閱讀主體的社會性認知」。

　　向來「人」就不是一個很容易界定的對象（尤其是他的精神能力更可以讓人「紛紜其說」）；凡是要把他「支解」來談的，最後都難免觸處罅隙而不好善後。好比底下這段議論所說的：「人的存有及其活動明顯地具有多種層面。首先他的身體屬於無機物質世界。但如想僅用物質來解釋人，那就完全走錯了路，墮入了人類學唯物論中。我們也可以把人看成一種生物或機體，具有植物所有新陳代謝、生長、繁殖各種機能，其形體類似高級動物，並分享它們的感覺意識生活。進化論因此確信人的身體由動物進化而來。然而，我們卻不能僅視人為其他生物的一種；這種生命高於一切的說法就是生物學唯物論。晚近有人以為人只是社會結構或心理獎懲機能的產物。這都是因

為停留於人的較低層心理及社會活動所致。到此為止，人的確是自然界的一環。然而，人之所以為人卻超越了大自然；因為他還有超過物質及必然世界的精神生活。人的精神認識深入事物內部核心，深入理解存有和存有的最後基礎及絕對存有。人的意志對一切有限事物享有至高無上的自由，而兼收並容一切的善，甚至能達到最高的善。由於精神生命超脫一切極限而在無限的領域中逍遙自在，所以是最高級的生命。因此對人而言精神是至上的，其他都處從屬地位。這最高層面深深影響並鑄造了人的其他層面，譬如感覺生活及外型；因此，儘管人有許多層面，他始終是統一的整體。（而）人的精神特性使人有特殊的尊嚴，並使位格成為不可侵犯。人的個體特性尤其表顯於位格之不死性；人由於他的不死性才能透過現世生命而追求那只屬於他個人的、超現世的目標（例如康德從人的精神的『無限進步』的需要，推斷出人靈魂的不死）。因此人不能只作為方法，而具有不可轉讓的基本權利（外在的自由和完整、良心自由、宗教自由、私產權等）。人的真價值不在於他可見的貢獻，而在於他的道德生活；但外在世界也是他用以完成道德生活的場地。人的精神性表顯於歷史性文化的創造和轉變」（布魯格，1989：320）。這既然不承認（或不重視）人的社會存在，卻又肯定人的價值在於道德生活（社會就是道德作用的場域）；同時已經說出了人的精神生活可以到達對絕對存有的理解，但在關鍵處反而故意略過或支吾其詞有關人和同類共營生活的事實（這是基本的或一般性的存有），顯然論者對人的理解帶有高度的選擇性（而不理會論述本身的自我矛盾現象）。這種選擇性如果放置在本論述中，也可以有一番類似但不同調的演繹。換句話說，我個人寧可從人的社會存在談起，暫時擺落他的生物性

或位格性（精神性的自我意識或自我設計），以便一舉「揪出」他的自由限度及其發展權限。

　　換個角度看，人有沒有辦法脫離社會存在？如果有的話（而是高「比率」），那麼這裡努力「證成」人的非自主性，豈不是白費心力？反過來說，如果沒有的話，那麼就可以更順理成章的接著談論本課題。且看底下這段論說：「正如貝爾格所說，社會滲透到我們中間，也把我們包圍起來。我們和社會的疆界，與其說是由於我們的征服它，倒不如說是由於跟它發生衝突而界定的，我們是受到人類的社會性格所藩籬、所拘束。我們成為社會階下囚，乃是由於心甘情願和社會合作的結果。（根據這一點）原來社會不僅僅是多數人的結合，而更重要的是這些人群彼此之間有一定的關係，有交互的作用；而且在動作的過程中，行為者賦予該動作以主觀上的意義。換句話說，社會乃是由一群彼此發生互動的人們所組成的關聯體系。路人的匆匆行蹤，顯示彼此陌生而不發生關係；電影院中的觀眾，除了同為觀賞影片而湊集一起，彼此心靈既不溝通，也沒有什麼交往（雖然影片的情節有時會激起群眾的共鳴或同感）；乘客之間的關係，也是由於一時運輸的方便而結合，除非該巴士為一旅行團體所包辦或專車性質，否則車上乘客的聚集不能構成一個社會。至於夫婦之間組成的家庭，或師生關係而形成的教育制度，卻跟前述的人群集合不同，都是成員間彼此對待，而且各扮演某一角色，由此產生較為持久的關聯和組合。因此，他們所組成的團體就是社會。是以家庭是一個社會，補習班或學校是一個社會；擴而大之，鄰里、鄉村、市鎮、國家、區域、乃至整個世界都是社會」（洪鎌德，1998：3-4）。這說的很難讓人不贊同；只是中間那一小段反證（也就是從「路人的匆

匆行蹤」到「不能構成一個社會」），無形中成了一大障礙！倘
若我們也承認那些烏合之眾的存在並非社會存在，那麼人就可
能有「純任自由」的時候，這不啻要危及本脈絡相關的論述。
然而不然！路人縱是匆匆行走，但他不能不防自己的「非禮冒
犯」和他人的「僭越侵害」；而電影院中的觀眾和巴士上的乘
客固然互不相屬，但彼此暗中卻在謹守分寸（如不隨便走動、
喧嘩、甚至動手打人等等）。這都無法免除以跟他人的關係來界
定自己當下的存在的計慮（也就是不得不顧及背後所隱藏的有
關道路交通、大眾運輸、視聽傳播等制度對人所起約束的作
用），何況是其他更緊密或有機的結合情況？因此，人的存在是
個社會存在，理當是沒有太多的「例外」可以用來反證（即使
不然，「人的存在有其社會性」一面，也應該不容否認）；而
這在閱讀上自然就構成了一個有效的論證。

　　這個論證，在大範圍內是以人的社會存在為前提（在小範
圍內還會牽涉價值觀、權力意志一類東西），而後推及閱讀主體
也得立足於個別化的對立面。這在一些相關的論說中，多少都
會談到閱讀本身的社會性（雖然是「泛談」的居多），但更根本
的閱讀主體已經是「如此」，卻又無暇慮及。如「修辭接受（閱
讀）是不確定性和確定性的統一。如果說不確定性主要透過修
辭接受活動的開放性、選擇性和個體性表現出來，那麼確定性
則主要透過修辭接受活動中的社會性表現出來。修辭接受中的
開放性、選擇性和個體性，絕不意味著接受活動是不受任何約
束的任意行為；相反，修辭活動必須遵循特定的言語交際準
則。由於這個準則是全社會共同遵守的規範，反映了全社會共
同遵守的文化契約，因此在指出修辭接受中存在意義生成的多
種可能性的同時，我們必須強調見仁見智的修辭接受無法擺脫

社會的總體文化制約」（譚學純等，2000：171）、「如果我們稍加辨識那些潛在讀者群，其實是各得其所的：有的喜歡附庸風雅、有的標新立異、有的詼諧幽默、有的荒唐突梯或循規蹈矩，就能更加理解十七世紀法國各類文學風格錯綜複雜的現象。人和人之間，其實在文化修養、語言或見解上幾乎沒有什麼太多的差異；可是人們聚而形成了集群、團隊、幫派而各自受其環境氣氛、風格以及審美觀的感染（情況就不一樣了）……從群眾背景及其文化素養、語言、文學體裁或風格來進行探究，並不足以涵蓋全盤的文學活動。超越年代、地緣或社會這些界限之外，還存在著極其廣泛的讀者群眾，他們儘管無法對作家強加任何意願，卻藉著閱讀、甚至更常藉著傳聞或出人意表的改寫衍義，使得作品廣為流傳」（埃斯卡皮，1990：130-131）、「就像東尼‧班尼特和珍娜特‧伍萊寇特所說的，『閱讀形構』是『閱讀在特定的社會和意識形態關係下的產物，主要包含了以下的機器：學校、媒體、批判評論、同好雜誌等。在這些機構之內和各個機器之間，監督閱讀的社會支配形式，不斷被建構和爭論』。閱讀形構不只是一個人在閱讀某個文本時所帶入的其他文本，而是那些具有制度性力量的文本指導特定的閱讀策略，以組織閱讀的條件和關係。班尼特和伍萊寇特將它稱為一種『特定的決定因素。在決定性的閱讀條件下，影響、形塑和構成了文本和讀者之間的關係。也就是一種在特定脈絡中常見的交互文本關係，以特定方式安排其間的關係；以至於對這些文本的閱讀，永遠朝設定的方向進行，從而啟動了一套文本，而這些文本本身所給予的方向和這種關係是不能分開的』。在詮釋的政治中，就像班尼特和伍萊寇特所指出，『文本構成了鬥爭的場所，進行社會性極高的意義的鬥爭；這原則

上是以一連串的競標和反競標的形式進行，以便決定那個交互
文本的參數系統，應該在閱讀活動的組織上，扮演最有效的社
會角色』」（史都瑞，2002：95-96）等，這些都已經碰觸到了閱
讀的社會性（不論是讀者在閱讀時的意義賦予還是讀者對作品
的傳播功能或是讀者的閱讀經驗被社會所形構），但對於閱讀主
體的社會存在卻未能廣爲意識或加強申論，以至所論有如「脫
鉤之鏈」或少了一個「掛搭之處」。

　　同樣的情況，我們從詮釋學、傳播學等處反而可以汲取到
一點有用的資源來「補充」。詮釋學說到人是透過跟其他人的交
流來認知自己的存在：「對他自己的歷史以及對人類全體的歷
史有了自覺，才是一個人擁有豐富和完滿人生的絕對必要的條
件。因著這樣，一個人的時代限制就被超越了，而且力量的新
源泉也被開啓了。擁有過去文明的知識會充實我們的生命，而
研究這些知識也會使我們獲得極大的樂趣；並且了解其他人的
情緒狀況，不僅會使我們生命中擁有非常多的快樂時光，同時
也構成我們行動的先在條件。只有透過跟其他人的交流，我們
才會認知到自己是個個體，也因此才會了解屬於我們自己的獨
特特徵」〔布雷契（J. Bleicher），1990：11〕；而傳播學也提到
人是透過相互主觀性來肯定自己的文化認同：「相互主觀性，
個體對於傳播所出現的各種回應。矛盾的是，這些回應並不是
個別的；在某種程度上，這些回應是由一個文化或次文化中的
所有成員共享。因此，用淡紅色的光線、柔焦所拍攝出來的一
張相片，也許令人回應的是主觀的感傷；但這是使用共有的慣
例，在表意的第二序列上所產生出來的影響（也就是內涵意
義）。我主觀的感傷經驗，對我來說是獨一無二的；但這張相片
的內涵意義，卻可以引起在我的文化中其他成員共通的感覺。

這種共有的主觀回應的領域，就是一種相互主觀性，而這也就是一個文化去影響它的成員的最主要方法；同時透過這種相互主觀性，成員才會肯定自己的文化認同」〔歐蘇利文（T. O'Sullivan）等，1997：204〕。所謂「透過跟其他人的交流來認知自己的存在」、「透過相互主觀性來肯定自己的文化認同」等等，都發掘或正視了人的社會存在；而這用在理解閱讀一事上，正好可以說明閱讀主體也不能自外於這種社會存在。

很多人都知道閱讀主體在進行閱讀時必須運用到他的一些生活經驗或學習經驗。而這些生活經驗或學習經驗就跟他所在環境中的人事物有密切的關係；但對於這些生活經驗或學習經驗又如何可能獲得（而形成一種閱讀期待），卻又不甚了了：「評論家稱從文本中尋獲的脈絡為文本世界。文本世界的建立有賴讀者運用個人熟悉的語言和生活經驗來理解全書，包括語言、人物架構和情節鋪陳。也就是說，身為讀者，我們在閱讀一部作品時，無可避免地會運用生活中點滴經驗來理解作品的意義和指涉。當然生活中點滴經驗也包括閱讀；所以藉由閱讀甲作品的經驗來理解乙作品的情形也是有的。讀者們或者描述這兩部作品的異同，或者比較書中角色的個性；而透過這些品頭論足，可以對作品的認識更上層樓」〔錢伯斯（A. Chambers），2001a：28〕、「根據認知心理學家內塞爾的說法：『閱讀，還有傾聽、感覺、注視，都是經過一段時間而熟練的活動。它們都有賴一種稱作基模的先備結構來指引感官活動，並在進行此活動時隨時調整』……我們發展基模，然後將它們運用在我們的新經驗上，因此我們是透過所經過學習的期待去感知。誠如內塞爾所說的：『由於基模是一種預期，因此它們也是一種媒介；過往透過基模而影響未來，已經獲得的資訊會決

定下一次要選取什麼』……由於我們對於任何文本的理解，都
有賴於我們所運用到的基模，因此閱讀是一種互動的過程。文
本當中的文字就像食譜上的指示，要等到有人運用資訊的基模
以及先前學到的技巧，將該文字納入經驗，才算完整。故事或
詩也要等到讀者讓它們存在，才會存在」〔諾德曼（P.
Nodelman），2000：61〕、「期待視野像一架雷達，個體的審美
趣味、情感傾向、理想、世界觀等就像十分靈敏的『觸角』，它
們總是最敏感地感知和自身具有『同構性』的作品。這時閱讀
主體和它『對象』性的作品一拍即合，一觸即發，極易共鳴。
這樣的例子俯拾即是：賈誼被疏遠，徙為長沙王太傅，在湘水
岸邊品味屈原辭賦；白居易被貶江州，聽琵琶女彈奏『生平不
得志』的身世感慨之聲；郭沫若在年輕時代鍾情革命浪漫主義
詩歌，特別熱衷於拜倫、雪萊、惠特曼等人的詩；抗戰時期東
北流亡學生特別喜歡唱〈我的家在東北松花江上〉等歌曲……
期待視野系統內包含著社會、時代因素，因此社會、時代不可
避免地制約、影響著讀者的閱讀期待」（陳傳才等，1999：
328）。對於這一點，倘若不從閱讀主體的社會存在入手，根本
上就無法理解它的可能性（這雖然又是一種循環論證；但不這
麼說，恐怕也沒有更好的說法）。因此，在相對上，強化閱讀主
體的社會性認知也就成了一個不可缺少的課題（細目詳見第六
章）。它除了為閱讀社會學所涵蓋，也是縮結其他課題的樞紐或
關鍵，理當要被特別的看重。

第五節　展望閱讀客體的社會化創新途徑

　　從「人的存在是個社會存在」這個論點（見前節）來推，閱讀客體這一由人所書寫或創作的對象，自然也帶有社會性。而站在書寫或創作的立場來說，閱讀客體在生產的過程中就已經被社會化了。這種社會化的過程跟閱讀主體進行閱讀時的社會化過程容或不相重疊（或不必重疊），但它永遠具有可被「逆溯」的魅力。也就是說，閱讀客體在被接受的過程中，它的社會化「重現」或「再製」，一直是個不可抹煞的事實（即使是宣稱閱讀可以純依主觀感受的人，也不免要將該客體轉為「自創」的實質而形同原生產時的意識植入）。而當閱讀主體的品味改變後，又會回過頭來要求（甚至苛求）閱讀客體「升級」而不斷往「創新」路途邁進。以至正視閱讀客體的社會化現象「猶有不足」，還得另行展望它的社會化創新途徑。而以此一課題的解決來顯示（本）閱讀社會學特能「包前包後」或「突破現狀」的基進性格。

　　所以要別為展望閱讀客體的社會化創新途徑，是有幾個理由的：第一，閱讀客體作為書寫或創作的成果以及閱讀的對象已經社會化了這件事，必須「進一步」來理解。大體上，促使閱讀客體成為（閱讀）對象和（書寫或創作）成果的「閱讀書寫能力」，一樣也在社會分配和控制的範圍，這是無可懷疑的〔所謂「閱讀書寫的能力，這是書寫文字的社會制度；使用除了言語之外的其他工具，來延伸社會的傳播制度。閱讀書寫的能力，絕對不是一種個人的屬性或意識形態上的那種沒有生命的

『技巧』而已，它不能只靠個別的個人就可以『獲得』的。雖然它確實需要一種兼具物質（書寫的工具及書寫材料）和人際溝通（一套可以辨識的標記或字母，以及一種可以操作它們來傳遞所需要的知識的方法）的生產工具，但它絕不只是一種技術而已。作爲一種社會制度，閱讀書寫的能力和其他制度一樣，同樣會受制於社會分配和控制的各種力量。在早期歷史上，通常會嚴格地控制，只有某些人才能夠擁有接近使用它的權利（僧侶以及財務或行政官吏），而且也會控制它的用途（要用在神聖的以及國家商業的用途上）。現代社會都強烈要求要有『普遍的』閱讀書寫的能力，而且認爲它是一種跟言語完全不同的自主性的傳播工具。這使得許多觀察家一直用『讀寫意識』來解釋現代文化的特質……一直到現在可能還研究得出，閱讀書寫的能力所帶來的影響，不只是單純的技巧而已。從意識形態及政治的層面上來看，它是一種社會控制和管理的工具；但它也能成爲解放鬥爭的一種進步的武器。然而，最重要的是，一個受過教育的勞動力，才是要邁入工業化生產的先決條件；而且想要再製一個受過教育的勞動力，是需要國家大規模的干預。爲了達到這樣的目的，國家會散布適當的閱讀書寫能力的等級、形態和內容的」（歐蘇利文等，1997：219-220），正道出了這一信息）。但我們還得有使這一切「優質化」的理想性，才能確保這種制度能夠健全或有遠景的發展。以至期待一個閱讀客體在書寫或創作上創新以及相應的閱讀實踐，也就成了理所當然的事。

　　第二，閱讀客體在相當程度上也會被要求爲有價值（包括認知的價值、規範的價值和審美的價值等）的對象；而這種價值我們自然可以（或有需要）日漸予以強化，使它具有可以據

爲規模文化前景的意義。就以審美的價值爲例，它所指的就是一般所說的藝術；而藝術可以被界定爲「任何個體將他對於客體世界認知或體驗所得的個別特殊性情感，經由他內在心智活動的過程，轉化爲一種獨特思想，再透過符號或形象而予以表現或表達，使第三者經由情感的共鳴和思想的認同而獲得審美滿足感的工作」（進一步的說明如下：（一）任何個體：這是表示任何一個人，都可以也能夠從事藝術活動，而成爲一般所謂的藝術家或藝術創作者。因此，這是指藝術活動的主體。（二）客體世界：包括感官知覺所接觸的自然和物質世界、人們經由意願和意識所共契而成的社會生活世界以及人類精神活動所建構的觀念和存在世界。（三）認知或體驗：主體對於上述三大客體世界的認知或體驗，可以透過感官對於外在事物的直覺、心性的悟覺、知覺和理性的分析推理和判斷以及智性想像所得的意念和概念等方式而產生。（四）個別特殊性情感：這是指主體在認知或體驗過程中所獲得的獨特感受，完全有別於一般性和流行性社會情感。（五）獨特思想：有了個性和特殊性情感之後，主體還必須運用心智的轉化能力，將它昇華爲特殊思想；如果缺少了它，只能進行特殊或個別情感的描述，那就不是藝術了。（六）符號或形象：符號或形象本身乃是中性的表現或表達的媒介，但獨特性的情感在轉化爲特殊思想之後，透過智力想像的差異性過程，雖然使用同樣的符號或形象予以表達，卻會形成不同的藝術作品，而具有特殊的藝術風格。（七）表現或表達：如果創作者僅止於表現他的特殊情感和思想，那麼這就傾向於所謂爲藝術而藝術；相反地，如果明顯表達出影響他人的意圖，那麼這就傾向於所謂爲人生而藝術。（八）第三者：泛指社會大眾中的欣賞者或評鑑者。（九）審美滿足

感：這是指欣賞者或評鑑者經由本身對於該藝術情感和思想的共鳴和認同後，所能獲得的快感和美感；而這一點正是藝術活動和藝術作品的最大特徵。（十）工作：兼指過程和結果；前者指藝術活動，後者指藝術作品）（詳見陳秉璋等，1993：235-237）或其他更接近社會化事實的意涵。在這個前提下，人類就可以保有「突進」的權利而使文化輾轉取得「別開生面」的有力依據。

　　第三，從接受的角度看，閱讀客體本來就有被「批判」的接受的可能性。所謂「從接受學的觀點出發，讀者在具體的歷史環境中把自己文化的（閱讀和寫作的水準和趣味等）和非文化的（生活經歷和各種價值觀念、傾向等）積澱帶入閱讀的全過程，跟文本（它本身就是原作者的文化和非文化積澱作用的產物）發生作用或碰撞。讀者不是被動，而是積極參與的；閱讀行為不是簡單地接受前人留下的文化遺產和現成的信息，而是一個再創造的過程。這就是有一千個讀者（因為他們在年齡、性別、社會地位、生活閱歷諸方面的差別），就有一千個林妹妹或哈姆雷特的原因所在。從這個意義上說，讀者也是作者。評判（批判）閱讀就是要強調和強化讀者在閱讀過程中的積極、主動和創造的角色作用」（鄭壽華，2000：196），說的大略就是這種情況。因此，促成繼起的閱讀客體的創新，正好可以滿足讀者的「批判」需求（可以讓他們盡情的分辨批判）。即使不然，有了嶄新的閱讀客體存在，也會不斷地誘引或激起讀者「品頭論足」的興趣，而激勵了另一波接受和創新的活動。而這種活動，就是前兩點能夠「持續」成立的一大保證。

　　這在相關的論說中，大多能指出創新閱讀客體的必要性，但未必能進一步預期「可探取」的趨勢。如「人類歷史長河中

留下了無數藝術瑰寶，它們都能啓發我們、激勵我們，使我們獲得種種審美體驗；但就它們本身來說，其造型、風格和精神內涵卻存在著巨大的差異。有的粗獷樸拙，具有童稚的趣味；有的華麗細膩、光彩奪目，具有征服世界之後的奢侈和排場；有的甜似蜜糖，甜得讓人喘不過氣來；有的苦澀，苦澀得要死要活；有的美似西子，使人魂牽夢縈；有的醜似羅刹，使人驚恐萬狀；有的狂躁，使人像『被烘烤的魚夢見海洋』；有的寧靜，宛若天際孤星，使人如入子虛幻境；有的親切，使人似乎回到生命的故土；有的怪誕，使人間的林林總總呈現出奇妙的組合。這種種巨大的差異究竟是爲什麼？既然是『人同此心，心同此理』，爲什麼還會出現上述選擇上的如此不同？這一切都需要我們從社會學的角度作出解釋」（滕守堯，1997：序言2-3）、「鑑於臺灣的評論活動的禁欲性格，今年的小說選，我預備挑戰這種傾向的支配，我預備給編選者一個放鬆的、伊壁鳩魯式的閱讀態度。他直觀的去『享受』小說，好看的就留下來，不好看的就淘汰出去……把『群眾性』、易讀、過癮，作爲對小說的要求，並不是非分的，而是合於小說的傳統的。事實上，當我把『享樂閱讀』和『群眾性』的要求加進來，我仍然選的是所謂的『嚴肅創作』或『藝術小說』……但我換了方式來界定藝術企圖和媚俗作品：『享樂方式』的不同。通俗作品希望給讀者直接的、迅速的滿足，藝術作品卻希望『延宕』這種滿足……藝術作品拖延快樂的來臨，卻還要維持讀者的專注，這就是『好看』的解釋。藝術作品讀者比通俗作品讀者更需要耐性，更需要集中心力組織複雜的閱讀線索，有時也因而需要較多的訓練和閱讀經驗。但因爲『享樂方式』的不同，嚴肅作品自有它的享樂策略，不會和通俗作品混淆的（你讀《白

鯨記》、《卡拉馬助夫兄弟們》，那和天使搏鬥一樣的痛苦閱讀
過程，最後得到的是『十分好看』的滿足。你看瓊瑤小說也覺
得好看，但你心知它們是不同的）」（詹宏志編，1990a：編選前
言5-8）、「網路上有一篇亂用成語的搞笑文章，我摘錄一小段
供各位讀者參考：『按照慣例，我們早餐喜歡吃地瓜粥。今天
因為地瓜賣完了，媽媽只好黔驢技窮地削些芋頭來濫竽充數。
沒想到那些種在陽台的芋頭很好吃，全家都貪得無厭地自食其
果。出門前，我那徐娘半老的媽媽打扮得花枝招展，鬼斧神工
到一點也看不出是個糟糠之妻。頭頂羽毛未豐的爸爸也趕緊洗
心革面沐猴而冠，換上雙管齊下的西裝後英俊得慘絕人寰，雞
飛狗跳到讓人退避三舍。東施效顰愛漂亮的妹妹，更是穿上調
整型內衣愚公移山，畫虎類犬地打扮得豔光四射，趾高氣揚地
穿上新買的高跟鞋』。有許多位國文老師寫信告訴我這其實是他
們改作文時實際碰到的例子。每位老師都感嘆在速食文化充斥
的今天，已經沒有人再靜下心來看書了，大家似是而非地亂用
文字和成語，以訛傳訛，積非成是。在意識形態重於一切的政
治環境中，已經沒有人在意什麼是是、什麼是非，只要意識正
確就通行無阻。這本書的出版有一點力挽狂瀾的味道；用字遣
詞是學問，要做個有文化涵養的文明人，請深讀這本《詞的學
問》」〔米勒（G. Miller），2002：譯者序15-16〕等，這些所提到
的「藝術」作品、「小說」作品、甚至網路上的「搞笑文章」，
都是閱讀客體；而不論論者所說的是閱讀客體得各有特色，還
是閱讀客體得具備好看的條件，或是閱讀客體得提升文化水
準，都一致肯定了創新閱讀客體的必要性（按：第一則從論者
要去解釋各閱讀客體的造型、風格和精神內涵之間的差異性來
看，不難想及他對創新閱讀客體論點的認同）。但問題是「具體

的對策」在那裡？這可不是發發一些浮泛的「想望」或出出一些空洞的「主意」，就可以將那個「必要性」轉爲「可行性」而確實有助於閱讀客體的恆久創新。因此，透過閱讀社會學的「資助」，我們可以把這個問題放在整個社會情境中來尋求「定位」和「開展」式的解決，從而爲閱讀客體的創新規模出一條必要且可行的途徑。

換個角度看，如果我們對閱讀客體有所謂「審美」的需求（此外就是一些「認知」或「規範」的需求），以顯示對精緻文化的鍾情或耽戀，那麼這種審美機趣就表現在「意象」的經營上。所謂「一個欣賞者從文學作品中所經驗到的不單是知道那裡面說的是什麼，如同閱讀一篇報告或時事新聞一樣；而是能從中經驗到一種有異於現實感受的喜愛。這種喜愛，不是現實的喜怒哀樂，而是從現實的喜怒哀樂混合釀成的一種更純粹的感情品質。簡單地說，詩人文學家所以在作品中構造種種意象，其實就是在構造人人所得知解的可喜可怒可哀可樂的意象來寄託著象徵那純粹的感情品質……因此，凡是表現得完全的作品，而有資格的欣賞者就能從那作品所描述的喜怒哀樂的意象中體味出一種純粹的感情。這純粹的感情裡面雖然含有喜怒哀樂，但不就是現實的喜怒哀樂，或可說是樂而不淫、怨而不怒、哀而不傷……等等似現實而非現實的，我古人或稱它爲『化境』，而今人稱它爲美的經驗或美的感情或價值感情。文學作品能在欣賞者的心目中發生這樣的效用時，也就呈現了它的極致價值於欣賞者的心目中。顯然地，一個作家是把他的美感隱寓於喜怒哀樂的意象中用語言或其他記號來表達；而欣賞者就相反，從那記號上用心還原那喜怒哀樂的意象，也就在那還原的意象中體味或享受那美感……所以從這樣的事實看來，文

學的極致價值雖然關係於美的經驗、美的感情，但那感情的品質又跟所經驗的材料息息相關。那經驗的材料，我們已經把它安排作繼起的意象；而繼起的意象必待外射爲語言（說在口裡或寫在紙上），然後始成爲欣賞的對象和批評的對象」（王夢鷗，1976a：249-251），就是在說明這種情況（其他的閱讀客體可以比照思維）。但由於意象的經營及其呈現可以多樣化，又使得相關的情緒反應產生美感範疇上的差異：「不同的藝術品（文學作品）會產生不同的美感；不僅形式上不同於自然美，而且不屬於純淨的、積極的快感，（它是）在快感中混雜了或哀憐恐懼、或滑稽突梯、或荒誕怪異、或曖昧朦朧成分。所以是不同的美的類型。因此，美實際上具有不同的形態、樣相和性質。這種不同的形態、樣相和性質，在美學上稱它爲美的範疇」（姚一葦，1985b：2）。這種美感範疇，則由前現代式的秀美、崇高、悲壯、滑稽、怪誕等等到後現代式的諧擬、拼貼、混合等等一路在發展著（參見姚一葦，1985b；王夢鷗，1976b；孟樊，1995；周慶華，1996b），至今還未「定型」。這當中自然可以有閱讀社會學的關照，別爲探尋它的創新途徑，而使得一種「求新求變」的文化期待不致中斷。因此，展望閱讀客體的社會化創新途徑（細目詳見第七章），也就跟前幾節所說的一樣，得由閱讀社會學所涵蓋。而這種作法，已經不只是學科本身的自我完足，它還帶有致力於開新文化局面的額外企求，可以邀得所有「敏感」的心靈來一起體驗。

第三章

閱讀的相關課題及其社會性特徵

第一節　概說

　　「閱讀社會學」的存在，已經有相當充足的理由可以用來證立或限定；接下來就是針對它所准許或區劃的範圍進行細緻而深入的討論。這首先要有一個「抽繹」式的程序；也就是將閱讀的相關課題及其社會性特徵作一個「總提」。雖然閱讀社會學的討論範圍，包括解釋閱讀行為的社會性、探討閱讀活動的社會化現象、強化閱讀主體的社會性認知和展望閱讀客體的社會化創新途徑等等（詳見前章），但有關閱讀的「性質」的界定因緣、閱讀的「對象」的選取過程、閱讀的「目的」的預設情況和閱讀的「方法」的採擇方向等等，都還「分散」在上述的各個範疇裡，如果沒有經過盤點抽離而予以提點式的處理，後面的論述就會缺少一個「對照」點而導至理路的「不夠緊密」缺憾！因此，特立這一章，也就有「承上啓下」的作用；同時，在整體的觀感上，它也有「清晰眉目」的功能。

　　根據實際的經驗，閱讀對人來說是「各有懷抱」的。所謂「以往很多關於閱讀的辯論都陷入了一個對立的死角，不是認為文本主宰了閱讀，就是單方面認為讀者可以運用文化資源去違背文本的基本精神，以特定的方式作意義協商。我們的目的在於終止這樣的論爭，指出二者都不足以說明文化和意識形態力量。這些力量組織和再組織了交互文本關係的網絡；而閱讀主體在組織下以某些方式來閱讀，並以某些方式把文本當成『被閱讀的文本』，置入交互文本關係的網絡中。我們已經指出，文本和讀者之間的關係，永遠都深受論述和交互文本這兩個決定

因素的中介；這些因子操作了這二者，組織了它們互動的領域，總是以特定和不特定的形式，生產了互相支援的文本和讀者」（史都瑞，2002：101-102引班尼特等說），就無意中道出了三種常見的閱讀態度（前兩種分別是論者所批判的「閱讀主體受制於閱讀客體」和「閱讀客體受制於閱讀主體」；後一種則是論者所主張的「閱讀主體和閱讀客體一起受制於交互文本關係的網絡」）。而再往深一層看，整個閱讀過程對人來說更可以迭見「歧出」現象。所謂「閱讀時，每個歷程的最終目的都是理解，因此我們是向著意義前進的。我們從視覺移向感知、語法結構和用字時，就建構了文章的意義。我們建構的意義只要是連貫的，而且到我們所讀的部分為止，這個意義和我們的知識以及預期都不牴觸，我們就會一直往下繼續唸。當我們不能理解，或發覺到有個差異影響了我們的理解，這時我們有兩個選擇：一是重新考慮並決定新的意義、新的語法、新的用字、新的感知；二是倒回去出錯的地方再唸一次。我們倒回去重唸時，通常會回到句子或子句開始的地方，然後利用額外的視覺和感知信息去決定新的結構和意義。如果這還沒有效，或者如果我們願意，我們可以暫時終止意義的建構，然後往下繼續唸，尋找更多的語言線索以澄清剛才的疑問。即使我們的閱讀很熟練，有時候還是會注意到某些意義的細節仍然令我們困惑不懂。然而只要我們有足夠的意義，使文章繼續讀下去都很通順，我們覺得這些細節不懂也沒有關係」（古德曼，2001：190-191）、「閱讀的過程往往是一字一句、一段一回開始的（按：這是說中國傳統小說評點的情況），讀者出於自身的閱歷、修養、趣味和世界觀，總是以一個『先在的意識結構』去接受逐漸開展的敘事過程的。作者早已安排好的敘事結構和敘事過

程，以一種陌生的、甚至是異己的存在，跟讀者的『先在意識結構』發生相互的質疑和撞擊；作品在『修改』著讀者，讀者也在『修改』著作品。在相互『修改』中，讀者經歷著複雜的期待、滿足、失望，或豁然大悟，或迷惘惆悵，甚至迷失自我或提升自我的心理過程。因此，閱讀過程是作品境界的再完成和再創造；再創造著作品，也再創造著讀者自我」（楊義，1997：370-371）等，正彰顯著「自顧式閱讀」和「兼顧式閱讀」等兩種取徑的差異。它們的繼續演化（也就是「自顧」本身的層次和「兼顧」本身的向度的再行分化），已經是可以料想得到的。而這得「回」到閱讀的性質被界定時所介入變項的考察，才能有進一步的相關社會性的解說。

此外，在閱讀對象的選取、閱讀目的的預設和閱讀方法的採擇等涉及「實務」的層面，也得有一番綜觀來給予必要的定位；而所謂的「社會性」，就在這個歷程中去加以證成和提取。這在論者的相關論說中並未見有效的「層層」的分辨；倒是像底下這類斷了甚多環節的論調始終想要進駐言論的廣場：「純粹文學性質的閱讀動機，尊重作品的無動機性質，並不把閱讀當作一個手段，而把它當作目的：為閱讀而閱讀。這個概念下，閱讀既意味了一種遺世獨處的狀態，卻又排斥這種孑然孤立。事實上，如果把一本書籍當作一種原創作品，而不當成一個用來滿足需求的工具，就好比人們要到別人家去求教請益，可先得出門離開自家。照這樣說來，攜帶的書籍跟作為工具使用的書籍又得看個人需求而成為兩碼事。再說閱讀原本就是最為遺世獨處的活動；閱讀當中，人既不說話也不走動，孑然獨立於周遭的世界，擺脫了身旁的人事物」（埃斯卡皮，1990：149-150）、「讀者論有助於我們從作者盲點侷限中釋放出來；

從此讀者可以百無禁忌、多元活潑地進行閱讀。可是當閱讀僅
有的標準和規範也被取消，閱讀就變為各取所需：你有你閱，
我有我讀，互不相干……閱讀剛從桎梏中解放出來，又迅速陷
入虛無相對主義的危機中。當某讀者觀眾感覺到《亂世佳人》
是色情片、把張愛玲的小說閱讀為科幻小說、把達文西的作品
理解為猥瑣劣拙的行貨，完全指鹿為馬、馮京作馬涼；而對此
等誤解錯讀，難道我們仍要擺出『自由』、『開放』、『百無禁
忌』的態度？『這不過是讀者個人的閱讀，我們必須尊重不同
讀者的閱讀，而不應以道德主義把自己一套理解強加於他人』
……讀者論陷入相對主義窠臼，令一切閱讀淪為任意和主觀，
完全忽略作品的相對自主性，抹煞作品的內在機理……就以電
影語言為例，倘若導演以遠鏡從高處拍攝荒蕪遼闊大地上薄薄
晨霧中瑟縮樹旁的主角，自然給予觀眾孤單、虛寂、無助、渺
小、冷清的感覺。而當鏡頭從遠拉近，變為面部大特寫，甚至
是主角呼喊的面部大特寫鏡頭，自然令觀眾侷促不安……作品
這份自主的性質，給予我們以閱讀的基礎和共通語言，教閱讀
不致成為任意的主觀舉止。一旦作品被肆意搓圓壓扁、任意扭
曲，我們就可以按作品的自主性而提出反駁。當從不看戲的文
化家長把《烈火青春》、《艾曼紐》、《查泰萊夫人的情人》踐
踏為意識不良、賣弄色情和荼毒青少年而大加刪剪時，電影工
作者就可以按電影語言的基本結構來反駁此等普及但無知的批
評」（周華山，1993：127-129）、「依接受美學理論，一切沒有
經過讀者閱讀、檢驗和參與創造的產品，只能稱為『文本』而
不能稱為『作品』；完整的文學過程必須是創作過程和接受過
程的統一，作品的意義不能由作品文本單獨成立，而是閱讀過
程中讀者和作品接觸時的產物」（胡平，1995：265）。這不論是

說閱讀的自主性，還是說閱讀的（兼）非主自性，或是說閱讀的互動性，都無法把閱讀的各種考量（也就是閱讀對象的選取、閱讀目的的預設和閱讀方法的採擇等）區別開來，而一一的細辨閱讀在什麼情況下有自主性或沒有自主性以及閱讀所會互動的層面（不只是閱讀主體和閱讀客體的互動一個層面而已）。這些都有待閱讀社會學去進行「清理」和「重整」的工作；而本論述正有意要來「開風氣之先」。

第二節　閱讀的「性質」及其解釋的「普遍效應」

相關閱讀的談論，往往都是從「閱讀的性質」這個特定點開始的。這並不是說「閱讀的性質」是一個非談不可的課題，而是說有了「閱讀的性質」的談論作為先導，就比較好接著談論其他的課題。因此，論者把「閱讀的性質」擺在優先談論的位置，也就成了一件理所當然且可以理解的事。只是「談論閱讀的性質」是一回事，而「了解所談論閱讀的性質」又是另一回事，這當中並沒有看到明顯的通道在聯繫兩端。換句話說，有關閱讀的性質的談論裡頭，還有一個社會徵象尚未被發掘；以至論者的談論也就不能「克盡其意」。

其實，這只要站在「制高點」上看，就可以發現我們「所該知道」的東西。這得從「性質」一詞談起：性質在哲學上為存有的樣態之一（見第二章第一節）；而它的意涵可以有這樣的限定：「性質一般指屬於本質或附加於本質的任何情況；但狹義的性質僅指內在的附質形式。作為範疇之一，性質是內在的、絕對的、跟量有區別的實體的限定；例如紅色、圓形、彈

性等。作爲內在的限定，性質擴充了實體的存有情況（像時間和空間那樣的外在限定則不然），卻不改變實體的本質（實體形式則不然）。作爲絕對的附質，性質限定了實體本身，而不是以對別的事物的關係直接限定實體（範疇中的『關係』則完全基於事物間的關係）。性質也跟量不同；因爲量使它的攜有者具有延展性及可分割性，而性質則本身不可分割（只因它延展的攜有者才成爲可分割）。性質是否跟物體的實體及量有區別，它的關鍵繫於物體有否內在的轉變，或者物體的轉變都因它部分的地域性變化而生」（布魯格，1989：440-441）。但這也僅止於限定（沒有先驗上的理由可以說性質是什麼或不是什麼），認同與否「由人」。因此，我們如果不遵循上述廣狹二義的性質說，而將性質重新界定爲「內在的質性」或「內在的結構形式」，也沒有什麼不可以。這時所謂的性質就是我們通常所說的「內涵」；而跟它相對的是「外延」（指涉）。但不論如何，這都是爲「方便論說」而採行的辦法；它沒有別的更好的條件可以用來保證（一種）界定的遂行。

　　雖然如此，任何一種事物性質的界定，不可能單純是「爲界定而界定」而已，它還希望引起普遍的效應而獲得別人的認同。倘若不是這樣，我們就不知道爲什麼要有那樣的界定（難道它不是界定來給人看並期待別人主動的接納嗎）。因此，凡是有所界定性質的，都已經存在「涉外」的需求而帶有社會性的特徵。這在閱讀一事上，也無從例外。如當今可以掌握到的「閱讀是解釋」（挖掘閱讀客體所蘊涵的特定意義）、「閱讀是溝通」（閱讀主體和閱讀客體的互動）、「閱讀是改寫」（閱讀主體依自己的需求對閱讀客體進行任意的增刪）、「閱讀是構造」（對閱讀客體的語義轉換或再編碼）和「閱讀是顯現價值」（把

閱讀客體所蘊涵的價值呈現出來）等幾種常見的有關閱讀性質的界定（參見王先霈等主編，1999：149-151），都或隱或顯的表現出使該界定形成普遍的效應的企圖。而這一點，又可以從論者對該界定的進一步解釋中看出（詳後）。

所謂的解釋，是指要有可以用來陳述和測定兩種變項（現象）間的普遍關係的命題才能進行（見第二章第二節）。如「人民參與政治的程度隨其教育的提高而增加」（變項一「參與政治的程度」，變項二「教育的提高」）（詳見李明燦，1986：23-24）、「供給不變，需要增加，則物價上漲」（變項一「需要增加」，變項二「物價上漲」）（詳見沈國鈞，1987：83）、「熱自發地從高溫流向低溫和單純地功變熱這兩個過程都是不可逆的」（變項一「從高溫流向低溫和單純地功變熱」，變項二「不可逆」）（詳見沈小峰等，1987：23）等等，都是進行解釋時可用的命題。而論者在爲閱讀的性質作界定後，還要有所解釋，那就不是針對該性質本身，而是針對該性質爲何可以是「如此」的原因說明（這才構成一個因果的關聯，也才有所謂解釋的事實或可能性）。

比如說，在「閱讀是解釋」一項界定中，論者有這樣的說詞：「一切閱讀，在某種程度上，都是把原作歸結爲一個特定意義的過程；這個意義我們是從原作中挖掘出來的」，所以「『解釋』通常，尤其在美國批評中，就是我們對特定作品的『閱讀』」（王先霈等主編，1999：149引史柯爾斯說）；「讀者閱讀文本的過程，基本上就是透過對語言形式的反應來釋放知識的過程，而這些形式則是作者在對該作品的深層結構進行編碼時予以部署的。這是一種發現的行爲，作爲讀者群體的一員，他已經具備了去發現的條件：讀者所閱讀的小說是他自身

所隸屬的類同符號系統的一部分」（同上，引福勒說）。這把閱讀客體當成是在被創作時就已經予以編碼或植入意義定了，固然還存有爭議（參見朱耀偉編譯，1992；劉昌元，1987；胡經之等主編，1989；廖炳惠，1985；張漢良，1986；蔡源煌，1988；周慶華，1994），但它所作的無疑是在說明「閱讀是解釋」這一定義的因緣。我們只要爲它補上「凡是相信閱讀客體有其原意的，那麼閱讀就是要去挖掘該原意（以體現一種解釋情況）」的前提，就是一個完整的解釋的形式了。

又比如說，在「閱讀是溝通」一項界定中，論者有這樣的說詞：「閱讀爲我們提供了一個潛在空間；在這個空間中，『在裡面』和『在外面』之間的區別模糊了，就像我們把外部世界吸收到我們正在發展的心理過程中那樣。大量事物和人物作爲變化著的物體呈現在我們面前，而我們發現它們既是眞實的又是被創造的符號」（王先霈等主編，1999：150引溫尼科特說）；「所謂閱讀，就是一個思想在我的腦子裡找到一個並不是我自己的主體。每當我閱讀的時候，我在心中叼念一個我，然而我叼念的那個我並不是我自己」，而「閱讀就是這種情況：不僅是向一大堆陌生的詞語、形象和觀念屈服的過程，而且也是向吐露和庇護那些詞語、形象和觀念的陌生的本原屈服的過程」，「因此，閱讀是這樣一種行爲：我稱之爲我的主體本原受到很大限制，以至嚴格地說，我不再有權利認爲它是我的我了。我租借給另一個人，而這另一個人在我的身內活動著、思想著、感受著、並忍受著痛苦」（同上，引普萊說）。這把閱讀視爲是閱讀主體帶著特定的個性、情緒和成見等因素介入閱讀客體而有所反應的一種行動，跟前一種說法縱然會構成強烈的對比（且會在某種程度上遭受衝擊或挑戰），但它所作的也無疑

是在說明「閱讀是溝通」這一定義的因緣。同樣的，我們為它補上「凡是相信閱讀客體意義未定的，那麼閱讀就是要去跟閱讀客體互動而構成所謂的作品（以體現一種解釋情況）」的前提，也就是一個完整的解釋的形式了。

又比如說，在「閱讀是改寫」一項界定中，論者有這樣的說詞：「一切文學作品都會被閱讀它們的社會所『改寫』；即使僅僅是無意識地改定。的確，任何作品的閱讀同時都是一種『改寫』。沒有任何一部作品，也沒有任何一種關於這部作品的流行評價，可以直截了當地傳給新的人群而在其過程中不發生改變；雖然這種改變幾乎是無意識的」（王先霈等主編，1999：150引伊格頓說）；「對作品的一種肉眼看不到的而卻最近似理想的描述是閱讀，這是指閱讀作為展現作品而說的。然而，閱讀的過程就已經產生它自己的後果。對同一部作品的兩次閱讀，它的後果永遠不會相同；因為閱讀的同時會產生一種被動文字，就是讀者依據各自的愛好和願望對被閱讀的作品進行任意增刪」（同上，引托多洛夫說）。這把閱讀看成是對已定的閱讀客體的改變，無異融合或併集了上面兩種說法（當它認為閱讀客體是「已定」的對象時，就跟第一種說法相近；而當它認為閱讀主體可以「改變」閱讀客體時，則跟第二種說法相近）而可能無法為它們所容受（也就是前兩種說法未必願意被這樣「兩可」性的論說所收編），但它所作的也無疑是在說明「閱讀是改寫」這一定義的因緣。同樣的，我們為它補上「凡是相信閱讀客體可以改變也必須改變的，那麼閱讀就是要去依閱讀主體的需求而作增刪（以體現一種解釋情況）」的前提，也就是一個完整的解釋的形式了。

又比如說，在「閱讀是構造」一項界定中，論者有這樣的

說詞：「閱讀是對作品在空間範疇內的瀏覽，它不侷限於按照字母的排列從左到右、從上到下，而是把相連接的拆開，把相互遠離的連接起來，是按照真正的空間結構而不是線性結構的形式來接受作品的」（王先霈等主編，1999：150引托多洛夫說）；「文本的任何閱讀都是一個構造某種假說或框架系統的過程；這一系統能夠在文本的各種資料之間創造最大限度的相關性（能夠根據來源於『現實』以及文學或文化傳統等的模型促動它們在文本中的『共現』。這些假說的每一個都是一種『標籤』，包含著一個對以下這類問題的回答：正在發生什麼事？事態如何？發生地點在何處？動因是什麼？目的是什麼？敘述者的位置如何？文本所『反映』的論點或觀點是什麼？諸如此類」（同上，150-151引佩利說）；「閱讀就是竭盡全力命名，就是對文本中的句子進行語義轉換。這種轉換是游移不定的；它的實質就是在幾個名稱之間猶豫不定。如果文本告訴我們：薩拉辛具有『那種從不知障礙的堅強意志』，那麼我們該怎樣解讀？毅力、精力、固執、冥頑等等？」由於閱讀的「命名過程」是用一些代碼去取代文本原有的代碼，閱讀就不僅是「解碼」，而且是「再編碼」，又由於文本中的語義游移不定，閱讀就又有「遊戲」的性質（同上，151引巴特說）。這把閱讀定位為是重新結構閱讀客體的過程，儼然有前一種說法的「影子」卻又不甚搭調，而它所會遭受質疑的是這種「重新結構」的可能性（也就是它要先假定原閱讀客體有一定的結構，才有後續的重新結構的可能性，但這立刻就會受到前面第一種說法相似的詰問待遇），但它所作的也無疑是在說明「閱讀是構造」這一定義的因緣。同樣的，我們為它補上「凡是相信閱讀客體是有待重構的，那麼閱讀就是要去從事對閱讀客體的語義轉換或再編碼的

工作（以體現一種解釋情況）」的前提，也就是一個完整的解釋的形式了。

又比如說，在「閱讀是顯現價值」一項界定中，論者有這樣的說詞：「閱讀不僅是展現作品的一個行動，也是一個價值化的過程」（王先霈等主編，1999：151引托多洛夫說）；「閱讀的功能之一，是把文本所蘊涵和傳達的複雜價值形式顯現出來」（同上，引霍加特說）；「作品之所以是永恆的，不是因為它把單一的意義施加於不同的人，而是因為它向單個的人表明各種不同的意義」（同上，引巴特說）。這把閱讀歸結為是在彰顯閱讀客體的價值，不啻謹守著功能取向而不免留予人質疑閱讀客體本身的「混沌未明」（也就是閱讀客體的價值究竟是如何可能產生的，還需要多作交代），但它所作的也無疑是在說明「閱讀是顯現價值」這一定義的因緣。同樣的，我們為它補上「凡是相信閱讀客體是有價值且必須特別予以彰顯的，那麼閱讀就是要去把閱讀客體所蘊涵的價值呈現出來（以體現一種解釋情況）」的前提，也就是一個完整的解釋的形式了。

以上這些解釋案例，不論是否有效（也就是前提是否高度合理），都顯示了尋求別人認同的強烈企圖。不然「閱讀是解釋」、「閱讀是溝通」、「閱讀是改寫」、「閱讀是構造」、「閱讀是顯現價值」中的所謂「解釋」、「溝通」、「改寫」、「構造」、「顯現價值」等等，究竟是要對誰說（向誰暗示）的？論者除了藉它來「自我限定」，不也進一步希望別人也來受同一限定，以便在閱讀領域獲得「言論領袖」的頭銜？這也就是前面所說過的，一種言說的成形在先天上就涉及跟他人的關係而得攜帶社會性的標記（詳見第二章第一節）。因此，這就有了「閱讀的性質」的「性質」問題：前者（指閱讀的性質），是指對閱

讀的限定；後者（指閱讀的性質的性質），是指對閱讀的限定所以可能的條件約束。換句話說，權力意志的發用而使得對閱讀的限定成為可能；而為了方便權力意志的遂行，論者又會「取巧」或「別出」一種他人所沒有的主張（以為吸引別人注意的憑藉），以至有關閱讀的理論也就「紛紜其說」了。這個知識／權力或權力／知識的框架，也就是所謂的制高點，它將引導著或聚焦式的讓我們看清閱讀「知識」的深層結構。而就一個後出的論者（讀者）來說，在面對界定閱讀的性質這個課題時，他可以單守上述中的任何一種講法，也可以出入上述各種講法而予以相當程度的統攝，更可以自鑄偉詞而塑造一種全新的講法。只要他能透視當中的心理／社會（甚至歷史文化）機制，就可以「自由」往來閱讀的國度；而一旦他能透視當中的心理／社會（甚至歷史文化）機制，自然也就不會輕易的排斥相異的論調（彼此都同秉一個權力意志，沒有誰是誰非的問題），而最後就以保留一點「予人對諍」（看誰的合理性較高，可以被優先接受）的空間收場。

第三節　閱讀的「對象」及其確立過程的「互動關係」

限定閱讀的性質而使它成為一種可操作的知識後，就可以說在這種情況下「我知道閱讀是什麼」。這時它所兼有的「我賦予了閱讀的意涵」和「冀望別人來接受我所賦予的閱讀的意涵」等兩層意義，也就成了閱讀一事最優先要「表明」的標誌。由於閱讀要有「閱讀的對象」才可以成就竣事，所以考慮完「閱讀的性質」就得再計劃「閱讀的對象」。「閱讀的對象」在生產

的過程中就被社會化了（詳見第二章第五節），以至再轉為閱讀主體所選取時自然也隱含著社會互動，而使得這種行為也帶有社會性特徵。雖然如此，我們還可看出另一種更隱微的「跟其他閱讀主體互動」的社會性；這種社會性會讓閱讀對象的選取過程充滿著戲劇性。因此，有關閱讀的對象選取所有的社會徵象，也就靠這一「跟其他閱讀主體互動」層面的掘發來加強凸顯了。

　　如果沒有例外，那麼我們就可以說「閱讀的對象」就是「閱讀的客體」。這個客體雖然在認定上會因人而異（也就是彼此會賦予不同的意義），但也不至於像某些人所說的「只有被人閱讀才存在」那樣（詳見埃斯卡皮，1990：11引沙特說）。它毋寧是未經閱讀前就已經存在了（而且是個社會存在）；這種存在因著它擁有「釋放能量的潛力」〔參見凱許頓（S. Cashdan），2001a：4〕而被看重。有人直接就當它是社會生活世界的試煉場域：「從文藝社會學的觀點和立場來說，文藝活動及其作品，乃是社會現實生活世界的反射物。因此，所謂藝術，可以被視為社會生活的再現（按：論者所說的社會生活世界，主要包括下列四種不同的活動面向：（一）為尋求物質需求的滿足，以自然為互動對象所建構的物質生活世界；（二）為追求情感需求的滿足，以他人為互動對象所構成的情感生活世界；（三）為追求安全需求的滿足，以群體或組織為互動對象所構成的政治生活世界；（四）為追求精神需求的滿足，以觀念為互動對象所建構的存在意義和價值的生活世界）。不過，藝術一旦形成之後，經由所謂自主化過程，也將成為獨立運作的主體；再以社會生活世界為其互動客體，彼此產生影響和作用（然而這種互動關係並非直接的，而是經由特定時空的優勢社會文藝

心理和思潮為中介因素所發生的間接關係）（陳秉璋等，1993：282）。這種說法（特取前半截）雖然略嫌未能將一組變項（也就是閱讀客體和社會生活）特殊化，但它離「實情」大抵也不遠了。而這一點，我們可以換個方式說：閱讀客體基本上是一個對話性的結構。這首先是作者在跟外物接觸（觀感外物）時，已經涉及作者和外物的對話（理解外物、質疑外物、批判外物等等）；其次是作者在創作時，選擇適當的語言表達所觀感的外物以及預期某些讀者群而調整表達的策略，也已經涉及作者和作品以及作者和讀者的對話〔按：作者和作品的對話，其實也是在跟讀者對話（早已預設了讀者在作品中成為一個無形或隱性的接受者）〕（參見葉維廉，1988：33-53）。而這所用來對話的媒介，就遍及現存或想像的事體或理體；而這些現存或想像的事體或理體都反映了群體共同的「記實」或「構設」心理。所謂閱讀客體的存在，基本上就是隸屬同一個範圍。只不過它在被確立的過程中又如何的跟其他閱讀主體互動，則要有多一點的說明才行。

　　有人認為「說話（言說）總是對某個人或在某個人面前的講話，說話的藝術就受這種情況制約；但寫作藝術和由之而產生的閱讀藝術同樣受這種情況制約，因為寫作也總是為某個人而寫作（儘管這裡的某人可能是個不確定的對象）。因此，很顯然我們在這裡遇到的問題以及隱藏在這個論題後面的問題是：寫作和閱讀的離散性（指作者和讀者互相沒有直接的聯繫）」〔伽達瑪（H. G. Gadamer），1990：131〕。依照這個論點來推，閱讀主體彼此之間更不會有直接的聯繫；這似乎會危及此地的看法。但也不然！所謂的聯繫，不能僅指明陳或可以立即察考的部分，有一些內蘊或深見的情況也應包含在內才合理。畢竟

任何一個閱讀主體在選取閱讀的對象時，都不可避免會有別人可以「與我共享」的內在期待或欲求。而這種期待或欲求，所體現的是不斷發生一些「知距」的調整。好比一般性的社會認知那樣：「為了了解社會認知的過程，社會心理學家們作出了很大努力。社會認知的結果可能是不同的，我們來考慮一下這種情況：你正坐在一張椅子上看書，偶爾從窗戶裡向對面的房子瞥一眼，忽然你看到一個人從前門跑出來，跳進一輛停在馬路上的汽車後，把它開跑了。這時第一個問題也許是這樣的：你認出那個人了嗎？如果沒有，那麼他可能就是一個小偷，偷走了你鄰居的所有珠寶。如果警察讓你辨認一組人，你能認出那個人嗎？這是檢驗我們洞察力是否準確的基本問題。然而，更常見的情況是，我們並不僅僅簡單地回憶那些客觀特徵，而是經常賦予這些特徵以某種意義。如果那個人不是黑人而是白人，不是矮個子而是高個子，不是瘦仔而是肥仔，事情將會怎樣？根據這些基本的身體特徵，你能對他的性格形成一般的印象嗎？社會心理學家們就是要弄明白我們對別人的印象是怎樣形成的，以及不同的信息是怎樣對最初的判斷產生影響的。現在我們把剛才的劇情作一點小小的變動：假設你認出了那個人正是你好朋友的弟弟。在這種情況下，你就不會提『他是誰』或『他的個性如何』這種問題了。這時你要問：他為什麼這麼快地跑出門來？這樣你就在進行著一種歸因活動，就試著為你剛剛所目睹的事情推斷出原因或作出解釋。這是社會認識的第二個層次。問題還會有第三個層次，儘管只有心理學家們對這個層次更感興趣。這個層次關係到社會認知的基本過程，就是我們是如何將信息轉換成密碼的，是如何將它們儲存起來的，又是如何從記憶中重新獲得的。這些問題雖然有些過於抽象，

但它們對於社會知識的問題卻是非常重要的……透過這三個層次，我們可以看出人是一個主動的覺察者。我們並不是要把那些有關別人的信息牢記在腦子裡，而是要用各種各樣的假設和規律，主動地作出解釋和推理。這些規律可能是我們業已發現的，也可能是尚未察覺的；然而它們卻影響著我們的觀點」（杜加斯等，1990：100-101）。所謂閱讀對象的選取過程，也就在衡量、考慮「別人可能的反應」中而跟一般性的社會認知異質同構了（也就是閱讀主體也會盡一切可能去認知所要選取的對象和運用各種各樣的假設和規律來合理化自己的選擇，並且以「別人可能的反應」為自我考驗的基礎；這樣就跟一般性的社會認知旨在「自我受用」稍有差別了）。

　　換個角度看，這種知距的調整，也是一種戲劇化的社會互動。正如一般性的社會認知所顯現的情況：「對他人的經驗，最重要的一種是發生在面對面的情境中。這種經驗可說是社會互動的範本，其他的經驗類型都是衍自此處。在面對面的情境中，我和他人互表無遺；而且我和他人的『此地、此刻』也交著於一。因此，我和他人彼此的表態是持續地互換。比方說，我看到他在笑，他立即停止笑而皺眉；但當他看到我示以微笑時，他也以微笑示之。所以我和他的表情都是彼此交互生息的；而這種表態行動的互惠性同時可適用於我們兩人。這意味在面對面情境中，他人的主觀可以透過一組象徵而對我產生意義。當然，這並不排除我會誤解這些象徵。比方說，別人的微笑，我會認為是奸笑。儘管如此，沒有任何其他社會關係的形式，能像在面對面的情境中一般，可以產生如此豐富的主觀表徵。也只有在這個情境中，才會有如此的『親近感』；而其他的形式則有不同程度的『疏遠感』。在面對面情境中，他人是完

全真實地存在。這種現實是生活現實的一部分，同樣具有巨大和驅迫力。當然，這種真實感不一定非在面對面才產生；像透過聲望一樣可以有類似的效果。但那份全然的感覺，只在面對面情境中才有。事實上，在面對面情境中，我感覺他人的真實性，也許比對自己的感受還來得確實。當然，我對自己一定比對別人來得了解；因為無論我和別人的關係多麼親近而我自己的主觀特質也只有自己才能掌握，但他人的則無法了。同時我的過去可以在自己的記憶裡完全了然；但他人的過去，不管他如何詳盡地告訴我，我也無法完全地知悉。但儘管如此，如何更清楚了解自己（可以稱為對自己的較佳的知識），則不是當下可得的，而須透過反省。相對的，對於他人的進一步了解，則能在面對面情境中掌握到。所以『他是做什麼的』，在情境中絕不需反省；但相對來說，『我是做什麼的』卻不能如此。如果要了解自己，就必須停止自己經驗的持續自發性，而將注意力擺回到自己身上。由於這種對自己反省主要是他人朝向自己的態度所引起，所以可以說是對他人態度的一種『鏡式』反應」〔柏格（P. L. Berger）等，1997：43-44〕。而所謂閱讀對象的選取是一種戲劇化的社會互助，就是表露在閱讀主體始終都在模擬別人對自己的閱讀品味或閱讀水準的觀感（即使他只是透過閱讀客體這一「媒介」而不是跟對方面對面的互動）；整個過程雖然還不到「高潮迭起」，但也不致全無「波濤起伏」。

上面這種情況，也就是符號互動論所揭發的互動模式的一個徵象。符號互動論認為「人類的行為不只是單純地回應外在環境的許多刺激而已。相反地，我們的行為是反射出來的，而且應該將自我看作是社會互動中的主體和客體。在這個意義上，自我意識是我們透過他人所看到及理解我們各種外在的表

面跡象，然後再持續進行自我評估所發展出來的。語言的獲得變成了一種心靈發展的必要特徵；因為我們獲得了語言，才會使溝通更有意義」（歐蘇利文等，1997：397）；而這種由「社會互動產生意義，而意義構成我們的世界」的社會過程，是建立在三個假定上的：「（一）人類對待事物的行為是以此等事物對他們的意義為基礎的；（二）這些意義乃是人類社會中社會互動的產物；（三）透過每個個人用來處理各自所遇到的符號的詮釋過程，這些意義得到修正和運用」〔克萊博（I. Craib），1988：114〕。這些假定在相當程度上都可以獲得現實的印證（參見唐納（J. H. Turner），1989；米德（G. H. Mead），1995；克萊博，1988）；而閱讀對象的選取也正是這麼一種「他顧」和「自我強化」的不斷辯證和調整的互動過程。也許在某種情況下，閱讀主體會遺忘這一社會互動的「潛在影響力」而隨興的抓起一本書來讀或任意的抽取一篇文章來看（或偶爾的駐足在一幅畫前品賞）。但這種「非自主」或「無強烈意識」的舉動，所徵候的是互動關係的暫時「退藏於密」，而不能反過來藉為齟齬上述的說法；否則我們又要如何面對更多的「自主」或「強烈意識」的選取閱讀對象的行為？

根據功能主義者的見解，「社會結構是由相互依存的諸因素的總和構成的社會組織體系；這個社會體系中的諸因素，如經濟、科學、宗教、道德等是互為功能的，而人類的諸種審美活動則被用來說明為功能的需要」（潘智彪，1996：39）。這跟馬凌諾夫斯基（B. Malinowski）在《文化論》中所認為的音樂、舞蹈、裝飾、雕刻、建築、詩歌、戲劇等藝術的「首要功能是滿足人們感官的需要；其次是滿足社會組織、科學技術發展、禮儀、宗教、自尊心等功能的需要」，又略有不同；在功能

主義者看來，「審美現象只有放在整個社會文化體系中、放到社會各種因素的關係中，才能夠說明它存在的理由；社會體系內部的任何一方都對另一方發生功能，每一方的存在都是以另一方的存在為前提的」（同上，39-40）。而所謂選取閱讀對象（審美對象）的互動過程，也無不在這一社會網絡（體系）中去獲得身分許可證明。以至看待閱讀對象的存在及其被接受的非單純性，也就不可能像後現代主義所說的「與外無涉」那樣的絕決：「後現代主義不但否定客體（例如文本）的既與性、特殊性和可解釋性，也否定主體（認識者；例如文本的作者或讀者）的自主性。依照所強調的否定對象（主體或客體）的不同，後現代主義可以帶動革命，也可以清靜無為。雖然作者不能被當作變革的權威，一旦社會現實的偶發性和建構性被強調出來（某些版本的後現代主義甚至強調具體現實的偶發性和建構性），世界和社會的徹底改變是可能發生的，也是值得追求的。許多基進的女性主義思維（包括性的本身是一種社會建構物的想法）就屬於這類。然而，如果強調出自我的民族中心、封閉、社會建構的特性，就不可能有客觀的社會批評。客觀的社會批評預設了外在普遍標準的存在（例如『普遍的權利』或『我們共同的人性』）：這種普遍的標準正是後現代主義所否定的」〔波斯納（R. A. Posner），2002：275-276〕。這有意剔除某些因素（如主體、客體等）在文化情境中的心理／社會關聯，卻又無法使它的說法不去爭取普遍的效應（也就是它也在渴望能得到大家的認同；而這也跟閱讀主體的「他者顧慮」沒有兩樣），到頭來還是得承認原先的互動觀是難以動搖的（至於相關的所謂「標準」的認定，也可以由相互主體性來作保證，而毋須懷疑或擔心它不能普遍化）；實在不必因為自己一時的「懶

於思辨」或「無心疏忽」而否定那一互動關係的存在。

第四節　閱讀的「目的」及其前提的 「對話徵象」

　　決定了閱讀的性質，也選妥了閱讀的對象，接下來就是實際閱讀的問題。實際閱讀，牽涉到「閱讀的目的」和「閱讀的方法」。這二者在現實上未必後於「閱讀的性質」和「閱讀的對象」而發生（也就是它也可能是先預設「閱讀的目的」和「閱讀的方法」而後才去發展「閱讀的性質」和尋找「閱讀的對象」），但依一般討論的習慣都會延後來談論，讓它看來有一種正規的順序感。至於它們又如何的顯現出社會性特徵，那就得分別予以討論（才能避開一些不必要的「纏繞」或「混亂」）；而現在就先處理「閱讀的目的」問題。

　　目的，在形上學的討論中，被認為是事物得以存在的真正的因：「『目的』的觀念等於一物的終了、終點、結局、結束、最後及完成或成全等觀念。當我們說旅途的終點時，就等於說旅途的目的已經到達……所以『目的』常包括『成全』或『完全』的意思。一工程或工作的終點，就等於說該工程的完成。雖然有時也指一物的毀滅或破壞；比如當食物消化掉，或是茶杯被打破，或是人死了，我們也說食物或茶杯的結束、生命的終了」，而「目的因的最好及最科學化的定義是亞里斯多德所下的『動者因之而動』，或多瑪斯所下的『物的行動所朝向的目標』。任何物在行動前必先有個目的；沒有目的，無物能動，所以目的因是一切行動的根源及所有行動的第一推動者。因此，多瑪斯說『目的在行動的過程中是最後達到的，但首先存在於

行動者的意念中，所以是真正的因』」（曾仰如，1987：263-264）。目的還可以因對象的不同、不同吸引行動者的方式和行動者的不同意向等而有類型的區分：

（一）如果從行動者的觀點來看，有行為本身的目的及行為者的目的。例如張三送一件衣料給李四，衣料是給李四做衣服用，此乃行為本身的目的；因為衣料本身是為做衣服用，不管張三或王五送的。但張三本人可能另有用意；他的用意是要李四替他介紹工作，那麼介紹工作就是行為者的目的。但有時行為者的目的和行為本身的目的相同；例如張三送衣料就是為叫李四做一件新衣服，別無其他用意（按：理論上是這樣說，但實際上則幾乎不可能。就以張三送衣料給李四的案例來說，張三即使不是要李四替他介紹工作，也會心存「示好」或「行賄」企圖，冀望將來能有所「回報」）。（二）如果從對象方面考慮目的，則有行動者所欲的物自身、物的受益者及佔有物自身的行為。例如張三蓋一棟房子給他在遠地求學的女兒住，房子的建築是張三所欲的物自身；他的女兒是房子的受益者；他的女兒等房子蓋好後，搬進去住，她於是佔有那幢房子是佔有物自身的行為。（三）此外尚有近目的及遠目的；主要目的及次要目的；中間目的及最後目的。所謂「近目的」，乃是一種只為了它而不為他物的目的，如張三蓋房子，房子的蓋成是近目的；但如果張三等房子蓋好後為賣掉賺錢，此乃「遠目的」。「主要目的」乃是一種本身足夠使行動者產生行為的目的；「次要目的」則是單就其本身不足夠或至少不容易使當事人產生行動，也就是它對當事人的影響力

非絕對的，沒有主要目的那麼大的影響。例如醫生醫治病
人的主要目的乃是盡社會責任，實現濟世救人的大志，也
就是把病醫好；至於所得的金錢報酬及名聲則是次要的。
同樣的，一位好老師教書的主要目的是傳授知識，作育人
才；至於所得的薪俸乃是次要目的。因為縱然得不到金錢
上的報酬，他還是要教書；相反，縱然有人給他大量金
錢，但他如不能達到教書的主要目的（傳授知識、作育人
才），他就要考慮放棄教書的工作……「中間目的」顧名思
義非最後的，是為達到其他目的的方法。「最後目的」本
身就是目的，不是為了其他目的；也就是不是為達到其他
目的的方法。例如人工作為了賺錢，賺錢為了蓋一幢華麗
的房子，華麗的房子為住得舒服。賺錢、蓋房子都是中間
目的；住得舒服是最後目的。再比喻人給錢救濟窮人為了
尊敬神，救濟窮人是中間目的；尊敬神是最後目的（同
上，264-265）。

這所做的分辨能夠有效的區別出行動本身的目的和行動者的目
的（按：論者另二項目的的區分，都可以繫在本項底下，並不
具有「獨立性」。參見周慶華，2001a：35-37）；而閱讀一事的
目的，當然也需要類似這樣的區隔。換句話說，「閱讀的目的」
也有閱讀本身的目的和閱讀者的目的的不同，它們得分別看待
才不會混淆。但不論如何，它們都蘊涵著濃厚的社會性（而有
待發掘）。
　　首先是閱讀本身的目的部分。閱讀本身的目的至少展現出
三種互動訴求：第一是跟「作品對話」式的互動訴求。這不管
閱讀主體是否了解閱讀客體本身就是一個對話性的結構（其中

一項是作者預設讀者為作品的接受者。詳見前節），他在閱讀前就必須意識到他正要跟一個對象覿面，並且嘗試去理解它。而在這個理解的過程，他或許會有些策略上的改變（如朗讀／默讀、精讀／略讀、全讀／跳讀、個體閱讀／群體閱讀等等變化之類。參見曾祥芹等主編，1992a：359-365）；但都無妨於它是以閱讀客體為對話對象的事實。而由於有策略的比較選擇，所以它就不但不會減低閱讀主體跟閱讀客體的對話性，反而還有可能轉為強化而從「泛泛」的對話層次向上提升到更「精緻」或更「可觀」的對話層次。第二是跟「作者對話」式的互動訴求。不論作者是否在場，他所創作完成的作品在先驗上就會成為讀者據以為跟他對話的媒介。這種對話，可能是要質疑批判作者的「傳知」功力或「道德」體悟或「審美」品味〔參見柏拉圖（Plato），1986；托多洛夫（T. Todorov），1990；曼紐什（H. Mainusch），1992〕，也可能是純粹要跟作者「各說各話」而已（參見劉康，1995）。雖然它大多時候只能透過作品來進行這種「單向」的對話（因為作者不在場），但不可否認的這是作為一個閱讀主體所難以避免會有的「進一步」的對話訴求。第三是跟「歷史文化對話」式的互動訴求。這表面看來似乎跟作品或作品所隸屬的作者無關，其實不然。作者還隸屬於更大範圍的歷史文化情境；這個情境也許會為讀者所同情共感，也許會為讀者所陌生困惑〔參見希爾斯（E. Shils），1992；亞歷山大（J. C. Alexander）等主編，1997；沈清松編，1995〕，但它都會是讀者最後所會或所想「進入」的場域。依一般的經驗，讀者作為一個閱讀主體所以能夠理解閱讀客體，最終的保證是他所受的歷史文化的涵養。這從他的一些信仰、思想觀念到閱讀語言的組合方式等等無一不是特定的歷史文化的「產物」或在在

深著特定的歷史文化的「色彩」，可以得到印證。以至他一方面
不得不帶著他所屬歷史文化傳統的印記來理解閱讀客體；另一
方面則又不免要以衡鑑的方式去檢視和評比閱讀客體所隱含歷
史文化的特殊性。而就以這兩方面的「自覺」和「交融」或
「對諍」來顯示他跟歷史文化互動的欲求。

　　其次是閱讀者的目的部分。閱讀者的目的在理論上可能等
同於閱讀本身的目的；但實際上則不太會發生這種事（見前）。
理由是整體環境幾乎都成為閱讀者的對話對象了，不可能會單
獨略過「其他的讀者」這個環節。換句話說，閱讀者作為一個
閱讀主體，他所對話的閱讀客體及其成立背景，暗中還有一個
因素在支持著，那就是為了當作跟其他的讀者（包括一般的讀
者和轉變為讀者身分的作者以及傳播機制中兼讀者任務的操控
者等等）對話的憑藉；而這種情況是不容易不被算計在內的。
至於這類對話的性質，則已經超出理解（對其他讀者背景的掌
握）的層次而進入到心理動向的領域。也就是說，這裡面開始
加入了閱讀主體對其他讀者的影響或支配企圖。前者（指影響
企圖），是特別期待自己的解讀能啟發別人或獲得別人承繼的渴
望；後者（指支配企圖），是特別期待自己的解讀能達到規範別
人或制約別人的效果（有關影響、支配的問題，參見陳鵬翔等
編，1992；李達三等主編，1990；韋伯，1991；周慶華，
1999a）。而這可以統攝世俗中所可見的謀取利益、樹立權威和
行使教化等想望，或者乾脆就說它是世俗中所可見的謀取利
益、樹立權威和行使教化等想望中的想望（參見周慶華，
1997a；2001）。因為謀取利益涉及利益的多沾或多得（相對的
別人就少沾或少得），可以說是影響或支配這種權力意志的「變
相」發用；樹立權威則無異是影響或支配這種權力意志的遂

行；而行使教化更是影響或支配這種權力意志的恆久性效應。以上這點是理中合有（不論閱讀主體在當下能不能「清楚」的自我察覺），也是任何一種閱讀行為最終所要達到的目標。而從發生的順序來說，這種閱讀者的目的比閱讀本身的目的為優先；它可以說是閱讀本身的目的的前提。正因為有閱讀者的目的的先行存在，閱讀本身的目的中的各種對話訴求才有「轉精」或「出眾」的願力或驅力，而使得閱讀者的閱讀活動在「自我受用」之餘還有不斷成形和發展的可能。

雖然如此，閱讀本身的目的在相當程度上還是受限於特定的歷史文化背景而不可能無限的「衍展」（除非閱讀者能一再的跨領域）。它在閱讀者所未察覺的情況下會制約到影響或支配企圖的模塑，而讓閱讀本身的目的和閱讀者的目的次序產生反轉現象。好比西方一些基督宗教徒在「一神教」獨大的傳統中所領會到只是驅使自己變成上帝的信息：「罪就是對上帝的反叛（按：這是基督宗教徒閱讀《聖經》的感悟）。如果有限和自由相混，見處於理想的可能性之中而不能說它無罪的話，那麼它一定是有罪的；這是由於人總是自詡是自己有限中的絕對。他力圖將他有限的存在變為一種更為永久、更為絕對的存在形式。人們一廂情願的尋求將他們專斷的、偶然的存在置於絕對現實的王國之內。然而，他們實際上總是將有限和永恆混為一談，聲稱他們自己、他們的國家、他們的文明或者是他們的階級是存在的中心。這就是人身上一切帝國主義性的根源；它也說明了為何動物界受限制的掠奪欲會變成人類生活中無窮的、巨大的野心。這樣一來，想在生活中建立秩序的道德欲望就跟想使自己成為該秩序中心的野心混雜在一起；而將一切對超驗價值的奉獻敗壞於將自我的利益塞入該價值的企圖中心。生活

和歷史有組織的中心必須超越生活和歷史自身；因為在時間上、歷史上出現的一切太片面、太大不完全，無以成為其中心。但由於人認識的侷限性，由於希望自己能克服自身的有限這兩點，使他註定會對他局部有限的價值提出絕對的要求。簡單的說，他企圖使自己成為上帝」〔尼布爾（R. Niebuhr），1992：58〕。這從宗教改革後新教徒極力於締造現世的成就以榮耀上帝（並期待優先獲得上帝的接納）開始，已經露出端倪了（詳見韋伯，1988）；爾後為了擴大在現世成就的範圍，進一步「掠奪」他人的資源（藉以壯盛自己），而造成以資本主義（自由貿易）為名而行剝削、壓榨和宰制他人的「殖民主義」的事實〔參見波寇克（R. Bocock），1991；湯林森（J. Tomlinson），1994；托佛勒（A. Toffler）等，1997；杭亭頓（S. P. Huntington），1998；佘羅（L. C. Thurow），1999；貝克（U. Beck），1999；薩伊德（E. Said），2001〕。這一領會所造成的「禍害」還在持續擴大中〔所謂「西方資產階級把基督教世界之外的異教地區視為『化外之邦』，所以當他們獲得了生產力的迅速發展所賦予的巨大力量，可以向海外擴張之時，他們所使用的武器不僅僅是大炮，而且也有《聖經》；不僅有船艦，而且也有傳教士」（呂大吉主編，1993：681）、「西方國家過去靠著強大的軍事力量征服別人，後來又藉著經濟、文化的優勢侵略別人，這前後『一以貫之』的表現，所帶給世界的（衝突）紛擾、（殖民）災難和（生態破壞）危機，不啻要將人類逼向絕滅的境地」（周慶華，2001b：61），這說的並不誇張；而且那種「惡性傑作」還在禍延四鄰〕。這麼一來，閱讀者的目的就會受到「先引」；而閱讀本身的目的中的跟歷史文化對話的互動訴求也僅止於一種「自我辯證的戲劇性獨白」〔這種情況，可以藉

底下這段話來理解想像：「『對話』是『傳播』典範最為人文性的表現形式，『傳播』的一個主要涵義就是『溝通』……批判理論大師哈伯瑪斯提出『溝通行動理論』，就是以『對話』為模型企圖為『傳播』主導的當代社會提供一個整全理性的人文判準。理想的對話情境預設了對話的兩造並立於對等的發言位置，在一個沒有扭曲壓迫的溝通脈絡中透過符號互動達到彼此的相互理解，進而形成『共識』。然而，詮釋學大師伽達瑪揭示出『對話』更深一層的『精神』：對話的『主體』不是兩造的對話者，而是對話本身所要展現的『主題』或『真理』，一個黑格爾式的『理念』。對話的重點不是對話雙方彼此的溝通交流、相互理解，而是一個黑格爾理念式的『主題』透過對話雙方的正反立場進行自我辯證的戲劇性獨白。這是從柏拉圖對話錄以降，主宰整個西方思考模式的『辯證法』。所有的『對話』都是一種『辯證』的獨白，透過相對差異的發言位置而到達普遍絕對的理念。法國科學哲學家瑟赫指出：『辯證法使得對話的雙方站在同一邊進行，他們共同戰鬥以產生他們所能同意的真理，那就是說產生成功的溝通。』『這樣的溝通是兩個對話者所玩的一種遊戲，他們聯合起來抵制干擾和混淆，抵制那些貿然中斷溝通的個體。』凡是在溝通傳播的過程中造成干擾阻礙的現象，瑟赫稱之為『雜音』；中斷溝通傳播的個體，則稱之為『第三者』。對話作為一種辯證的遊戲，它的最終旨趣就是要抵銷『雜音』，排除『第三者』；只有設置一個『第三者』作為共同敵人，兩造的對話者才能並立於同一陣線，成為秉持同一『共識』的『我們』」（路況，1993：32）〕。這嚴格的說只是「次第」問題，它終究還是沒有脫離上述所指出的社會性框架。換句話說，閱讀的目的及其前提預設，都充滿著社會性。而作為

一個閱讀主體所能改變的是跨歷史文化的遊牧路線；其餘都得保留一點非自主的心理空間給這個世界去介入運作。

第五節　閱讀的「方法」及其甄辨選定的「群落性格」

如果說實際的閱讀要受到閱讀所設定目的的制約的話，那麼相關方法的選擇運用也就成了促使該目的實現的推動者。這個推動者，在形上學中統稱為「推動因」；而在相關的討論中，它是從亞里斯多德「首先產生動的根因」的定義開始的：

> 亞氏在定義裡所提到的「動」是指一般製造的變化，就是從一物變成另一物，如從木料（已有的原料）變成桌子；而非創造的變化，就是從無到有的變動。但後來的哲學家把亞氏動的意義加以推廣，把它運用於所有的動（變化），任何現實和潛能的結合都可以包括在這「動」字的意義裡。因此，從無到有的創造變化自然也是藉著（推）動因；所以神從無中創造宇宙，神不但是名副其實的動因，且是第一動因，就是萬物的首因。藉著它萬物而造成、而生存、而有變化及有行動，所以動因也可以說是「物藉著它而產生」（曾仰如，1987：246）。

這種推測，是以事物的存在不能沒有促成者作為依據的，所謂「（事）物的存在不外乎三種方式：（一）從無而有；（二）由自己而有，就是物自己促成自己的存在；（三）從他物接受來存在。除了這三種方式，我們不能想到其他方式。但只第三方

式（物的存在由『他物』促成）是物的存在的合理解釋，而這促成一物存在的『他物』，就是我們所謂的『動因』；那麼『動因』的存在是無庸置疑的」（同上，252）。換句話說，「物不能從無而有；因為從無中不能生有……（而）物從自己接受來存在，就是自己促成自己的存在又是不可能的；因為一物尚未實際存在時，不能有任何行動，不存在的物等於『無』，『無』不能產生行動……物既不能從無而有，又不能從自己接受來存在，那麼只有從跟自身不同的他物接受來存在；因為除此以外，別無其他可能性」（同上，252-253）。閱讀一事，同樣也需要推動者；只是這種推動者，限於我們人的能耐，只能設想到自己可以體察或意識的範圍，而無法推及像哲學（形上學）所說的「神」的層次〔何況神之外是否還有或還需要促成神存在的東西，也還是一個爭論不休的課題呢！參見希克（J. Hick），1991；崔默（W. C. Tremmel），2000；曾仰如，1993；劉仲容等，1996〕。後者，還牽涉一個「能決定推動因的行為」或「成全發動者的能力以及跟發動者一起形成行動的同一根源」的模型因問題。所謂「模型因也可以列為動因的一種。模型因是『一種模型或藍圖，製造者依照它產生自己的作品』。所以模型因一方面是在製造者的腦海中的觀念，按這觀念製造他的作品。比如張三要建築房屋前，先在腦海中有個觀念或圖案，然後才能依這先有的觀念建築房子。另一方面也可以指存在於宇宙間的物體，照這些物體製造者在腦海中形成觀念，然後照這觀念製造作品」，而「製造者所藉以產生作品的觀念有二：一是受造物『腦海』中的，它們是人造品的模型；一是在神『腦海』中的，它們是神造萬物（自然物）的模型」（曾仰如，1987：261-262），就是在說人造品的模型追根究柢也是根源於神腦海

中的模型（因為照他的說法，人也是神所造，而人腦海中的模
型不得不稟自神腦海中的模型）。這樣我們同樣也會扯不清（也
就是神腦海中的模型又來自那裡呢）；最後不得不權宜的「從
中截斷」，只論自己可以體察或意識的層次，而把可能存在的更
深層次的「形上」問題存而不論（參見周慶華，2001a：53-
54）。依照這一點，閱讀這種人為行動（可以視同人造物），自
然也得有推動因才能存在。而這個推動因，無疑就是「方法」。

　　閱讀的方法是閱讀得以存在（成形）的推動因，而它所要
因應的就是閱讀的目的。這樣有關閱讀的方法就不是屬於本體
論的範疇（方法在某些層面上具有本體論的特徵：比如人的生
活本身，就帶有相當的抉擇性；而這種抉擇性一如其他活動的
方法選擇。換句話說，方法就是人的生活的方式）而是屬於知
識論的範疇；以至相關的討論就可以從知識論的立場來展開。
首先，這種方法也跟其他學科所運用的方法一樣，在內涵上包
括有解決問題的方式或處理問題的程序和器物利用或官能運作
等兩面性（參見何秀煌，1988；張家銘，1987；史作檉，
1988；黃俊傑編譯，1984；王鍾陵，1993；李春泰，1996；譚
宇權，1988；王星拱，1988；宋稚青等，1990；劉元亮等，
1990；張巨青等，1994）。後者（指器物利用或官能運作），多
半是在藉助電腦或相關儀器來蒐集閱讀資料或從事閱讀實驗時
所成就的，大體上不及前者（指解決問題的方法或處理問題的
程序）來得有普遍性。倘若閱讀一定要導到這類帶有實驗性而
近似科學的作法，那麼它所使用的方法自然也就在所謂「科學
方法」的行列：「（科學方法是）一種經驗的、實驗的、邏輯數
學的概念系統，這系統把事實組織在一種理論和推論的結構
內，使它們相互關聯。在大多數情況下，科學方法預設無論什

麼發生的事情都有一個為一特殊的結果隨之而來的特殊原因；
結果能夠從關於原因的經驗知識推演出來，而關於原因的知識
也能夠從關於結果的知識推導出來。科學方法始於系統闡釋一
種嘗試性的、奏效的、能夠解釋一些現象的假設」〔安傑利斯
（P. A. Angeles），2001：267〕。但實際上閱讀所涉及的大多是無
法重複實驗的理解活動；除非閱讀不進入到這深層次的理解範
疇，不然它都跟「科學」性扯不上什麼關係。因此，有關閱讀
的方法最後就只好將它定位在「解決問題的方式或處理問題的
程序」這個層次而為一般的知識論所統攝。雖然如此，閱讀的
方法可能來自「選擇」，也可能來自「新塑」。如果是前面的情
況，那麼它就是對於既有的相關方法的「利用」；它的合法性
及其合理性是由閱讀的目的需求作保證，而不關該方法的選擇
利用本身的「非法」性！所謂「『方法』之所以被誤解為實際研
究所涉及的程序，其根源或在於誤解或過分理想化我們現有對
『方法』的知識。事實上，書本上所談的『方法』是屬於『重建
的邏輯』，而非實際研究過程中的『應用邏輯』。所謂『重建的
邏輯』就是從著作中整理出來的邏輯；我們可以確定某人的
『太平天國之亂』是用統計法或其他方法寫成的，因為我們可以
從他成形的著作釐出這樣的線索。可是對研究者而言，在他未
接觸任何有關『太平天國』資料之前，極可能對『太平天國』
一點概念也沒有。他只有從閱讀資料的過程，或肯定、或否定
某些預存的假設，才會逐漸形成明確的觀念架構」（康樂等主
編，1981：35-36），這如果把它移到閱讀的範疇來說，勢必也
會有類似的「指摘」發生；但論者的說法的「獨斷」性卻沒有
人給予責備。換句話說，方法學上的「重建的邏輯」和「應用
邏輯」都是准許或理中合有的，論者不宜「拈著一點」就在那

裡強爲論斷是非。

　　其次，這種「解決問題的方法或解決問題的程序」的方法論，在閱讀領域還有一個「群落性格」可以辨別（在其他領域理當也可以比照思維）；而這一點認知應該更加需要具備。也就是說，上述的情況只是因爲方法議題的出現而予以一些必要的分辨，比較重要的還是緣於閱讀的方法而來的相關性質的判定問題。以閱讀的目的及其前提設定的「對話徵象」來看，相關閱讀方法的選擇也很難想像它只具有個別性而不具有社會性。這得從方法本身的知識基礎談起：依照笛卡耳《方法導論》所提到的方法運用有四個規則：（一）絕不把任何東西當作眞的加以接受，除非你能夠認識到它是自明地眞。避免所有的偏見，只把那些十分清楚明白地呈現出來，沒有一點你能懷疑的東西包括進你的結論中來；（二）把所考察的每一個難題，都儘可能地分成許多截然不同的部分，直到可以提供出一個更加容易的解決；（三）依照有次序的方法來思考，以便從難題中最簡單的因素和最容易理解的事物開始，逐步地達到較爲複雜的知識（綜合）。在這個過程中，即使對那些彼此間實際上並沒有先後次序的因素，你也得給它們設定一個次序；（四）把一切情形儘量完全地考慮進來，確信毫無遺漏地加以審視（參見安傑利斯，2001：267）。而依照牛頓《自然哲學的數學原理》所提到的方法運用也有四個基礎：（一）除了那些眞的和充分的以外，不要承認任何解釋事物的原因；（二）把同樣的原因指派給同樣的結果；（三）假定在事物中普遍觀察到的性質普遍在場；（四）把透過歸納程序獲得的陳述看作是眞的或非常逼眞（除非它們爲進一步的觀察或實驗所糾正和弄得更精確，或者它們被表明具有例外）（同上）。這不論所論方法的「性質」

廣或狹（前者指笛卡耳的說法；後者指牛頓的說法），都肯定了方法的存在是為求「知識的真」；而這種求真的先決條件就是「普遍的接受」性。既然方法的出現是為獲得可為普遍接受的知識，那麼方法在先天上就是非個別化的。這移到閱讀的方法上，也同樣為真。只是閱讀的方法會比上述提到的為滿足「認知」需求一點還要廣涵。也就是說，它除了有認知取向，還有規範取向和審美取向等等（詳見第二章第三節及本章第四節）。而那些規範取向和審美取向等等所會用到的方法，也一樣是在期待「普遍的效應」的條件下成立的。這樣「接著」所會有的相關閱讀方法的甄辨選定，更不可能不具有社會性。好比生物學上的群落觀念：「群落乃是根據統一生物複合體的生物組成劃分而來的任一單元。凡是生物成分相當一致的，無論範圍大小，全歸同一群落，而以生物成分顯然或急速變化的所在為它的限界。群落觀念是來自在一定範圍內存在的生物相互組合而成的群體；只是它在構造上和生物組成分子類別的一致情形上必須達到一定的程度。但一切生育環境因素和群落本身生物組成分子的種類和數量都隨空間和時間而有所變化；而且這種種變化還有緩急的差別」（李亮恭主編，1974：472）。閱讀的方法及其甄辨選定的過程，也是類似這種情況而必須關聯到同時空或異時空中的他人（一方面藉以跟他人「對話」；一方面也跟他人所持方法並列為同一「相需相索」的範疇），以至形成個別閱讀方法的存在及抉擇等要跟整體社會環境「相互依賴」、甚至「相依為命」。

再次，這種「解決問題的方式或解決問題的程序」的方法論，它可以「准用」既有的相關的方法，也可以依實際需要而重新「形塑」。而不論如何，它們都來自人的創造，並且自成一

個社會活動系統：「方法是人創造的，由人來掌握和使用；而人對方法的創造和使用又是跟研究對象（就是客體）的特性聯繫在一起的。人類的認識活動和實踐活動，都可以看作是由主體、客體和方法三個基本要素組成的社會活動系統」（孫小禮等，2002：165）。雖然如此，這卻不合反過來說什麼方法論的個體主義：「方法論個體主義從它的本體論的表述得到許多直覺的似真性。有三個一般的本體論的命題：（一）社會是由個人組成的，不存在超越個人之上的社會；（二）社會過程完全由包含個人的過程所決定；（三）所有個人的經濟或社會的相關性質都是單子性質的，就是其他人或社會實體，比如組織或機構都不介入這一性質中。命題（三）邏輯較弱的表述可以允許個人的非單子性質的存在；但僅就它們只涉及非本質的或外在的關係而說。這三點主張是邏輯獨立的：從一個主張的真不能推出其他主張的真」（同上，131-132引金凱說）。這把方法的存在視為具有「個別需求」的優先性，它在理論上能不能成立還有得爭議，只就方法的運用一開始就關聯到他人（見前）一點來說，顯然那種個體主義說已經無法禁得起現實的考驗。因此，轉向到閱讀領域，自然也不可能會有這種先經「個體」再到「社會」的理解過程。換句話說，閱讀的方法及其甄辨選定一事，從來就是社會性的；我們無法在這一範疇外還能想像它有別為存在的可能性。

　　現在所看得到的有關方法論的討論，都只類似底下這一純屬「方法」表面意涵上的辨析：「平常我們說『方法』，在英文中大致相對於“method”，『方法論』則相對於“methodology”。如果套句邏輯術語，『方法』屬於『對象語言』〔object language，就是『第一層次的語言』（first-order language）〕，指涉的是演繹法、歸納法、比較法、統計法等等；而『方法論』則是以這些『方法』為對象，來研究它們的功能和由它們得來知識的性質，因此為『後設語言』〔metalanguage，就是『第二層次的語言』（second-order language）〕。二者顯然屬於不同層次的知識」（康樂等主編，1981：24-25）、「把方法作為討論研究的對象，所成就的學科稱為『方法學』或『方法論』。這裡所說的討論研究，也有兩個不同的層次。有時某一專科領域的人，將他們專業中常見慣用的方法，做出有系統的組織安排，加以討論，以方便應用（或指導應用）。這樣的討論也常稱為方法學的討論（或方法論的討論）。比如『史學方法』、『比較文學方法』、『考據方法』或『語言學方法』等，常常就是這種意義的方法學（方法論）……另一種較高層次的方法學或方法論，指的是對於人類所使用的方法（所有的方法）做出原理性和基礎性的探討和研究。這樣的研究並不專門著眼於某一知識領域或那一個專業範圍，它主要討論人類解決問題和建立理論牽涉到的基本假定、取捨安排和評鑑標準：包括問題怎麼提出，問題所在的脈絡為何，問題表現的形式怎樣；所用的語言有何特質，使用的推論（邏輯）規律怎樣；怎樣算是解決了問題，解決問題之後到底成就了什麼知識，增廣或加深了什麼經驗；我們怎樣安排人類經驗，怎樣將知識加以系統化而成為理論；理論的構作要素如何，它的成立條件怎樣；人類接受理論、修正理論和排斥理論的理由根據如何，這些理由根據本身又要如何加以反省和批判……等等這類原理性、基礎性，甚至可以哲學性的問題。這種意義的方法學（方法論）並不特別注目於某一分科或專業的範圍，因此可以說是一般性的方法論或普通性的方法論。又因為它注重方

法原理的哲學探討，因此我們也可以稱它爲『方法學（論）的哲學』或『方法哲學』」（何秀煌，1988：54-55）。這並沒有什麼不可以（它仍然有知識「建構」方面的價值）；但對於方法在被運用的過程中所起的社會效應卻缺乏自覺，所論當然有欠「整備」。而我們思考跟閱讀有關的方法選擇問題，理當也要越過這個專事辨析分合的層次，而朝系統化的途徑去慎作定位和磨鍊實踐的能力。

第四章

閱讀行爲的社會性

第一節　概說

　　前面說過解釋閱讀行為的社會性是閱讀社會學的重點之一（詳見第二章第二節），那麼現在就得特別加以申論並作一些必要的引證。這不妨回到行為心理學「如果做某件事得到鼓勵，那麼做這件事的次數就會增加」這個命題（同上）上來。我們同樣可以比照而構設出一個跟閱讀有關的演繹系統：

　　　　一種鼓勵對個人的價值愈高，那麼他採取行動取得此一鼓勵的可能愈大。在某一假設情況下，閱讀者認為閱讀有很大的價值。所以他會採取行動來從事閱讀。

所謂「在某一假設情況下」，指的就是謀取利益、樹立權威和行使教化等心理因素（詳見前章第四節）。這些心理因素在社會網絡中成形或突進，所藉來達到目的的就是跟作品、作者、歷史文化等等的對話（同上）。換句話說，閱讀者因為有利益、權威和教化等誘因，才會去從事閱讀（不論是暫時內存閱讀成果以備異日所用，還是正在外發閱讀成果為口說語或書面語）；而他所藉以獲取這類「鼓勵」的就是跟作品、作者、歷史文化等等的對話。

　　閱讀行為所顯現的這種社會性需要進一步的「證成」；而前面所說的解釋（詳見第二章第二節）就是要在這個環節上著力。這首先得對閱讀行為作點限定。一般所說的行為，約有四種不同的涵義：第一是傳統行為論者所指的可以觀察測量的外

顯反應或活動（一些內隱性的心理結構、意識歷程以及記憶、心像等，都不在研究的範圍內）；第二是新行為論者所指的除了可以觀察測量的外顯反應或活動，也包括內隱性的意識歷程（因而中間變項、中介歷程、假設構念等概念都在考慮之內）；第三是認知論者所指的心理表徵的歷程（所研究的集中在注意、概念、信息、處理、記憶、問題索解、語言獲得等複雜的心理歷程；而對可以觀察測量的外顯反應或活動反而不太重視）；第四是一般心理學所指的包括內在的、外顯的、意識的和潛意識的一切活動（參見張春興，1998：79）。其中第四種涵義，因為有心理學家的「推廣」而逐漸要為人所普遍接受〔所謂「行為，有機體在環境影響下所引起的內在生理和心理變化的外在反應。著名的德國心理學家勒溫認為，行為是人及環境的函數，就是B（行為）=f(P·E)；P代表人，E代表環境。美國心理學家吳偉士等人將行為分析為下列公式：S（刺激）—O（有機體內的生理及心理因素）—R（行為反應）。人的行為都是受一定動機支配的」（袁之琦等編譯，1993：56），由這一心理學辭典也僅取上述第四種涵義來界定行為的情況看來，行為一詞似乎已經不合再有什麼「狹義」的指稱了〕。雖然如此，這裡為了方便論說，僅採現象學式的認知論的說法；也就是著重在閱讀「意識」或閱讀「意向」上。

　　所以要把閱讀行為限定在相關閱讀的意識或意向方面，不是忽略所有外顯的反應或活動也足以稱為行為，而是因為對於這一內蘊的意識或意向結構可以別為考察，以便對應在它外發時相關對策的籌劃執行所顯現的活動現象。換句話說，閱讀行為是特指閱讀的「蓄勢待發」狀態；而閱讀活動是特指閱讀的「已現行動」狀態，二者可以有「理論」上的區別。這樣一來，

閱讀行為就只能依「現象還原」的方法去掌握它的內在結構，而無法比照心理學針對一般行為的做法那樣可以測得它的刺激／反應模式。後者所以可能，是基於兩個觀念：第一，心理學研究的題材是個體行為，而個體行為的產生和變化就跟環境中刺激的變化具有因果關係。因此，如果系統地操縱刺激（自變項）而後觀察測量行為變化（依變項），從而獲得原理原則之後，那麼就可以有效地預測甚至控制個體的行為。第二，個體行為隨刺激情境的改變，主要有兩種類型：一種是刺激（指制約刺激）在反應之前出現，經由古典制約作用而形成新的刺激和反應聯結；一種是刺激（指非制約刺激）在反應之後出現，經由操作制約作用而形成新的刺激和反應聯結（參見張春興，1998：80）。但在閱讀行為方面常是為了謀取利益或樹立權威或行使教化而「主動」反應，以至無從在外在環境中找到具體的刺激項。

以上的辯白，主要是想強調「閱讀一事在內蘊時就已經社會化了」這一點。也就是說，當我們意識到自己要從事閱讀時，就在一個社會的情境中經歷種種情感的凌轢和波折；而最後所以能夠稍微「超脫」出來，是因為我們設法讓該意識（或意向）「條理」化了（使自己可以理智的面對當下的處境而不至於過度激動或炫惑盲昧）。如果說意識是「作為整體、作為統一體的有機體的反應活動」〔懷特（L. A. White），1990：51〕，那麼對於所意識的對象則不外有人自己的心理狀態和行為能力以及外在的現實情況等等（參見布魯格，1989：132）。這些對象，構成了意識的個別經驗；只是「意識的每個個別經驗並非孤立。在正常的情形中，它們彼此之間以兩種方式互相連接：第一，它們都依附於同一自我之上，這個自我在意識流的個別

經驗中仍然維持不變；第二，它們彼此之間很明顯地互相連接。因此，以比喻的說法，我們可以將意識視為一種具空間的容器；而每一個別經驗就是這意識『容器』的內容。依據意識清晰程度的不同，我們可以分出意識的不同層次來。任何時期，只有一個對象能呈現在意識中心（意識狹隘性），其餘對象只能微弱地呈現在意識邊緣」（同上，132-133。按：第一章第二節已經徵引過）。而在意識的個別經驗中，又以意識人自己的心理狀態（或含行為能力）較為特別，有人稱它為「內視性意識」（邱奇郎，1994：117-128）。正是這「內視性意識」成了人所以要採取行動的「先行」（參見周慶華，1996b：136-137）。這在閱讀領域，有一些基本的「前結構」、「意識形態」等對象依稀會被閱讀者意識到以及進一層的「權力關係」、「傳播」等對象明顯會被閱讀者自己意識到，合而構成一個「完整」的閱讀行為。換句話說，一旦有閱讀行為的發生，就有「前結構」的制約和徵候著某種「意識形態」在起促進的作用；此外還預設著特定的「權力關係」和隱含著不可避免的「傳播」欲求，而這些都成了閱讀者在閱讀初期所意識的內容。底下就一一的來檢視討論，以期能勾繪出一幅比較清晰的有關閱讀行為的面貌。

第二節　閱讀行為的「前結構」制約

閱讀本身基本上是一個理解作品的過程；而理解作品的過程即使排除靈感或潛意識以及識見等一些無從掌控的心理因素（詳見第一章第一節），也還有其他跟作品可被還原為潛在質素

的因應變項的介入必須重視。這些因應變項可以自成一個表面
結構；此外影響這因應變項的形塑的內在動力也顯現出一種結
構形態，不妨稱為深層結構。其中有關深層結構跟表面結構的
區別，僅依它們的隱顯特徵的不同以及論說上的方便為根據而
暫且予以分開論列，並不混同於結構主義或符號學所指作品表
義背後所依賴的原理原則那種特定的深層結構以及轉換生成語
法學（變換律語法學）所說能間接聯繫表面結構的深層結構
〔後者，詳見高辛勇，1987；古添洪，1984；喬姆斯基（N.
Chomsky），1966；謝國平，1986〕。後者只在理論上成立（也
就是結構主義或符號學以及轉換生成語法學等所說的那些深層
結構是無法檢證的。參見周慶華，1997b：39-40）；而前者連
在實際上也可以「指證歷歷」。而正是這種表面結構和深層結構
的制約，才使得閱讀理解成為可能。如果說實際的閱讀成果顯
示著必有的理解結構，那麼它的發生源所存在的那些表面結構
和深層結構，也就可以稱為前結構。而這個前結構，從任何一
個角度看，都是帶有社會性的。

　　首先是理解本身。它一般指的是「懂」某些話語或「了解」
某人的意思〔其中「懂」某些話語部分，有人歸結出七種意
涵：（一）是能執行命令；（二）是能作預言；（三）是能使
用適當的語言；（四）是一種共同行動的合作；（五）是一種
問題的解決；（六）是能作適當的反應；（七）是能作適當的
估計（詳見徐道鄰，1980：48-51）。而「了解」某人的意思部
分，也有人歸結出六種意涵：（一）是想到某人所想到的；
（二）是向某人所說的起反應；（三）是向某人所指的發生感
情；（四）是向某人本身發生感情；（五）是假定某人是想什
麼；（六）是假定某人是要求什麼（詳見李安宅，1978：

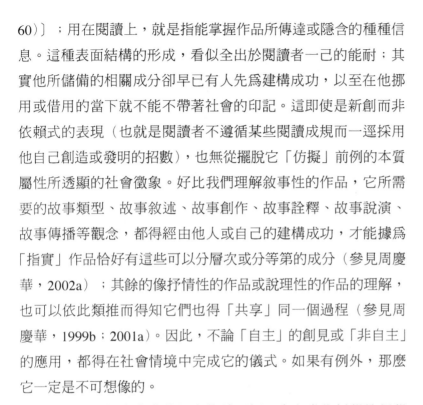

60）〕；用在閱讀上，就是指能掌握作品所傳達或隱含的種種信息。這種表面結構的形成，看似全出於閱讀者一己的能耐；其實他所儲備的相關成分卻早已有人先爲建構成功，以至在他挪用或借用的當下就不能不帶著社會的印記。這即使是新創而非依賴式的表現（也就是閱讀者不遵循某些閱讀成規而一逕採用他自己創造或發明的招數），也無從擺脫它「仿擬」前例的本質屬性所透顯的社會徵象。好比我們理解敘事性的作品，它所需要的故事類型、故事敘述、故事創作、故事詮釋、故事說演、故事傳播等觀念，都得經由他人或自己的建構成功，才能據爲「指實」作品恰好有這些可以分層次或分等第的成分（參見周慶華，2002a）；其餘的像抒情性的作品或說理性的作品的理解，也可以依此類推而得知它們也得「共享」同一個過程（參見周慶華，1999b；2001a）。因此，不論「自主」的創見或「非自主」的應用，都得在社會情境中完成它的儀式。如果有例外，那麼它一定是不可想像的。

其次是理解本身背後還有的前理解。它在當代哲學詮釋學所強力揭發或模塑下，已經有「前有」（指人絕不會生活在眞空中，在他有自我意識或反省意識之前，他已置身於他的世界。因此，他不是從虛無開始了解和詮釋的；他的文化背景、傳統觀念、風俗習慣以及他所從屬的民族的心理結構等等，都會影響他、形成他的東西）、「前見」（指在前有這一存在視界中包含了許多的可能性，究竟先詮釋那些可能性，怎樣去詮釋，必然要有一個特定的角度和觀點作爲入手處）和「前設」（指在詮釋某事物時，總是對它預先已有一個假設或觀念，然後才能把它詮釋「作爲」某物）等這一深層結構可以認知〔參見張汝倫，1988；帕瑪（R. E. Palmer），1992；布雷契，1990〕。這種

深層結構所起的作用，是在有意無意的「選擇」或「限定」所
理解的對象及其「來龍去脈」等問題上。它的社會性已經由該
前理解多方受制於時代環境和歷史文化背景而確立不移了。所
謂「文學文本作為溝通的行為，是具有社群性的。作者寫作
時，是希望讀者能夠分享他們所代表的意義，並且成為相互理
解的共同體當中的一分子。學習閱讀其實也就是加入共同體：
發展出作者假定其讀者將會具備的意義建立的信息和策略的詮
釋體系」（諾德曼，2000：62）、「詮釋社群的詮釋策略永遠是
『社會的和常規的』。因此，正如費許所說的『沒錯，我們創造
了詩……但我們是透過詮釋的策略去創造詩。這些策略不屬於
我們自己，而是來自一個任何人都可以使用的知識系統。文學
的系統……固然限制了我們，也形塑了我們，給予我們理解的
範疇；我們運用這些範疇，來形塑一些我們可以處理的實體』」
（史都瑞，2002：94）等等，都在意指這件事（雖然它們並未詳
細交代這前理解的結構概況）；而這可以像本脈絡這樣給予
「條分縷析」，以便構成一種有關前理解的認知體系。

　　閱讀行為所受上述這類前結構的制約，它一方面表示該前
結構是在社會中形塑的；另一方面又表示該前結構是向社會運
作的。前者（指該前結構是在社會中形塑的）所見的該前結構
和社會的對應性固然無法一一指實，但它總不脫「源自社會」
和「面對社會」的範疇；而後者（指該前結構是向社會運作的）
既然已經註定了該前結構是「面對社會」的，那麼它也就沒有
理由不向社會運作的了。有一個有關「意義」的理解的案例
說：

　　我們使用語言來表達並誘使別人表達意義，這就是語言的

功能。「意義是跟語言的原始定義俱來的東西。」在教別
人傳播，在傳播我們自己，在批評別人傳播方面，意義
是、並且應該是我們所主要關心的東西。顯然地，意義跟
我們在傳播上所選用的符號、我們把我們的意念譯成符號
式的資料所使用的語言以及對已經譯出意義的資料發生反
應等等有關係。為了試圖為意義推論出一種意義，讓我們
來分析幾個含有意義一詞（或它的引出物）的句子，並看
我們是否能從它們中抽出一些共通的東西。下面就是六個
例句：（一）用字妥當，你必須知道它們的「意義」；
（二）某種作品的目的在傳播「意義」；（三）我聽到雷
聲，「意謂」馬上要下雨了；（四）在英文裡，「S」字母
在一個名詞的末尾，通常「意指」不只一個或複數；（五）
我的家庭對我很「重要」；（六）文字沒有「意義」（只有
人才有）。我們大多數人都曾把類如上面列舉出來的六個句
子譯成符號或譯出其意義過……（但）這些「意義」的用
法並不相同。有些甚至似乎跟別的矛盾。顯然地，我們不
能藉分析這一類的句子來決定「意義」的意義是什麼。我
們可以同意「意義」一詞對我們似乎有許多意義。留下來
的問題是：意義是什麼？文字「真正地」表示些什麼？或
者如第六句所含的意義／文字究竟能不能表示意義……本
章的論題則為：意義不在資料之中，意義不是可以找到的
東西，文字不能表示任何東西，字典並沒有也不能為我們
提供意義；並且指出「意義在人之內」，意義是內隱的反
應，包含於人體組織之內。意義是學來的。它們是個人
的，我們自己的所有物。我們學習意義，我們在它們上面
加了一點東西。我們曲解它們、忘記它們、改變它們。我

們不能找到它們，它們在我們之內，而不在資料之內。幸運地，我們常常發現別人跟我們有類似的意義。當達到有類似意義的程度時，他們可以傳播；如果在他們之間沒有類似點，他們就不能傳播〔伯樂（原名未詳），1989：230-232〕。

這說的是意義的「約定俗成」規則。這個規則可以以知識的方式存在我們的前結構中，成為該前結構的組成元素；此外它還可以被我們運用來寫作和閱讀而變成一種思維和理解或論說的利器。而它的「約定俗成」（不論是「過去式」的，還是「現在式」的，或是「未來式」的）前提或訴求，則統合了前結構由內蘊到外發的雙重社會性。而這種社會性不管遇到什麼樣的衍變（如意義理論的「重整」或「新裁」之類。參見周慶華，1997c；2000a），都毋須自我削弱或退場。

前面提過理解作品需要有一個圖像化或心像化的過程（見第一章第二節）；而這種圖像化或心像化所以可能，就是因為有這裡所說的前結構存在的緣故。換句話說，前結構是圖像化或心像化所「從出」；它可以決定圖像化或心像化的方向，也可以檢視圖像化或心像化的異時空差異性。後者（指圖像化或心像化的異時空差異性），不啻要再「逼出」一個意識形態和權力意志來。如「中國文學的新時代，確有別於前代，也有異於中共文壇的地方，那就是作品所表現的道義上的使命感，那種感時憂國的精神。當時的中國，正是國難方殷，人心萎靡，無法自振。所以當時的重要作家（無論是小說家、劇作家、詩人或散文家），都洋溢著愛國的熱情」（攝自夏志清，1985：533），「『這些作品……英雄不受知於時代是一個共通的題目

——由於社會的紊亂，生活的不安定，政治上的不滿，於是導至各式各樣「自哀自憐」的現象：郁達夫酗酒，魯迅自嘲，徐志摩自築「象牙塔」，郭沫若哀鳴、懺悔，張資平、葉靈鳳寫其半黃色的小說，李叔同出家。』這種種頹廢、逃避、自哀自憐的現象，雖然各有其個人的原因，但從歷史的眼光看來，這些個人小問題的背後卻隱現著一個『時代』的大象徵——中國知識分子有史以來第一次集體感受到跟政治社會的疏離」（葉維廉主編，1979：368）、「傳統對近代政治小說的研究，在主題風格上都以夏志清教授『感時憂國』的觀點為依歸。近年來劉紹銘教授更以『涕淚飄零』一語來綜述現代小說的成就……對這樣的史觀，筆者並不反對……筆者所想強調的是，文學史的寫作原多『後』見之明；所以如果對照當前的文學理論及政治小說發展，我們是否能在同一主題下，再挖掘出不同的風格來？在嘆息眼淚之餘，我們是否能找出小說家喧嚷訕笑的時刻」（王德威，1986：319）等等，所謂「感時憂國」、「自哀自憐」、「喧嚷訕笑」等這類有關五四時代前後作家作品的詮釋差異，所徵候的就是前後意識形態的不同以及各有權力意志在起終極性的作用（也就是權力意志促使著論者要去推銷他們各自所信守的意識形態）。這原也要在前結構中為它安排一個位置；但因為有其他節次在專作討論，所以也就「放寬」而讓底下各節去處理了。

第三節　閱讀行為的「意識形態」徵候

前結構中的「前有」所包含的文化背景、傳統觀念、風俗

習慣、民族的心理結構等等（詳見前節），固然都會對閱讀行為構成制約作用，但總有一個因素會比較明顯的躍居在「領航」或「居中協調」的地位，而使得閱讀行為有文化類型可以掌握。換句話說，不同文化中的閱讀者會顯出不同的閱讀行為，而這種「不同」就可以隨文化類型而予以定位，以至有所謂「某某文化形態的閱讀行為」和「某某文化形態的閱讀行為」的差異。這一點，可能沒有比「意識形態」更優先要進入我們的認知行列。而意識形態從承襲或形塑到發用，也都不離具體的社會情境。

我們知道，意識形態是指一套思想體系或觀念體系，用意在解釋世界並改造世界〔參見賽爾維爾（J. Servier），1989；麥克里蘭（D. McLellan），1991；俞吾金，1993；威肯特（A. Vincent），1999〕。而它的較深層次，是一種具有統攝性的世界觀。比如在西方傳統中有所謂的創造觀，這可以藉底下的一段論述來想像它的樣貌：西方歷來的世界觀（宇宙觀），表面上繁複多樣，實際上卻有相當的同質性，就是都肯定一個造物主（上帝或神）以及揣摩該造物主的旨意而預設世界所朝向的某一特殊目的：如古希臘人認為世界是由神所創造的，所以它是絕對完美的，但它並非是不朽的；世界本身就含有衰退的種子。因此，歷史自身可以視為一種過程。在這種過程中，事物的原初秩序在黃金時代裡，一直保持著完美的狀態，只有在往後的歷史階段中，才無可避免地陷入衰退的命運。最後當世界接近終極的混沌狀態時，神又再度介入而恢復原初的完美，於是整個過程又重新開始。這樣歷史就不是朝向完美的一種累積性進展，而是一種由秩序邁向混亂的不斷交替。這種觀念就影響到古希臘人對社會究竟要怎樣建立秩序的理念，如柏拉圖、亞里

斯多德相信，最好的社會秩序乃是變動最少的社會；在他們的
世界觀裡，根本未存有不斷更動和成長的概念。因此，他們最
大的心願，就是儘可能保持世界的原狀，以留傳給下一代。又
如基督宗教的歷史觀主宰著整個中古世紀的西歐，它認為現世
的生命，只是朝向下一個世界的中途站而已。在基督教的神學
裡，歷史具有開創期、中間期及終止期的明顯區分，而以創
造、救贖及最後審判等三種形式表現出來。這種世界觀認為人
類歷史乃是直線型而非交替型的。它並不認為歷史正朝向某種
完美化狀態前進；相反地，歷史被視為一種不斷向前的鬥爭，
當中罪惡之力不斷地在塵世播下混亂和崩潰的種子。在這裡，
原罪學說已經徹底排除了人類改善生活命運的可能性。對中古
世紀的心靈來說，世界乃是一個秩序嚴密的結構。在這種結構
下，上帝主宰著世上每一事物，人類根本沒有什麼個人目標；
只有上帝的誡命，值得他忠實的服膺。基督宗教的世界觀，提
供了一種統一化且含攝一切的歷史圖象。這種神學綜合世界
觀，個別人根本沒有一席之地。人生在世的目的，並不在於
「貪得」，而在於尋求「救贖」。基於這種目標，社會就被看作一
種有機性的「整體」（一種上帝所指引的道德性有機體）；而在
這種有機性的整體下，每個人都有他一己的角色。又如從十八
世紀以來，以適當、速度和精確為最高價值的機械世界觀，經
培根、笛卡耳、牛頓等人的大力推闡，早已席捲了全世界的人
心。機器儼然佔有了人類生活的全部，而人類的世界觀念也因
為機械而結合為一。大家把世界看成是永世法則，由一位至高
無上的技師（神）所推動的一部龐大無比的機器。由於這部機
器設計得極為精巧，以至它可以絲毫不差地「運作自如」；而
它運動的精確度，可以小到N度來核計。人類對自己在世界裡所

看到的精確性深感神迷，進而冀圖在地球上模仿它的風采。因
此，歷史乃是工程上的一種不斷的實習。地球就像一個龐大的
「硬體庫」，它由各式各類的零件所構成，而人類必須將這些零
件裝配成一種功能性的系統，並且有永遠做不完的工作。這樣
歷史已被視爲由混亂而困惑的狀態，邁向井然有序且全然可測
的狀態的一種進步旅程；而中世紀追求後世救贖的目標，也成
了過時之物。於是爾後所取而代之的是追求今世完美的新理
念。在這種機械世界觀的啓示下，人類也紛紛展開探索這些普
遍法則和社會運作之間關係的工作。如洛克試圖將政府和社會
的運作配合於世界機械模型；史密斯試圖在經濟領域裡進行類
似的工作；而斯賓塞及所謂社會達爾文主義者更試圖把自然淘
汰的概念轉變成適者生存的概念，來強化機械世界觀（自利將
促進物質福分的增加），從而促成更高的秩序〔詳見雷夫金（J.
Rifkin），1988：32-65；周慶華，1997b：92-95〕。以上這些世界
觀（包括古希臘時代的「神造」世界觀、中古世紀基督宗教的
「神學綜合」世界觀和十八世紀以來的「機械」世界觀等），可
以統稱爲「創造觀」〔上帝（神）創造宇宙萬物觀；至於底下再
分三系，則是緣於著重點的不同〕，長期以來一直支配著西方的
人心，並在十九世紀以後逐漸蔓延到全世界。此外，還有東方
的兩種較爲可觀的世界觀：一種是流行於傳統中國的「氣化觀」
（自然氣化宇宙萬物觀）；一種是印度由佛教所開啓而多重轉折
的發展著的「緣起觀」（因緣和合宇宙萬物觀）。前者，以爲宇
宙萬物爲陰陽二氣所化生（自然氣化的過程及其理則，稱爲道
或理），所謂「道生一，一生二，二生三，三生萬物。萬物負陰
而抱陽，沖氣以爲和」（王弼，1978：26-27）、「夫混然未判，
則天地一氣，萬物一形。分而爲天地，散而爲萬物。此蓋離合

之殊異，形氣之虛實」（張湛，1978：9）、「無極而太極。太極
動而生陽；動極而靜，靜而生陰。靜極復動。一動一靜，互為
其根。分陰分陽，兩儀立焉。陽變陰合而生水火木金土，五氣
順布，四時行焉，五行一陰陽也，陰陽一太極也，太極本無極
也。五行之生也，各一其性。無極之眞，二五之精，妙合而
凝。乾道成男，坤道成女。二氣交感，化生萬物。萬物生生，
而變化無窮焉」（周敦頤，1978：4-14）等，都在說明這個意思
（各文中另有陰陽二氣所從來的推測）。傳統中國所見這種世界
觀既然以宇宙萬物爲陰陽二氣所化生，那麼宇宙萬物的起源演
變就在「自然」中進行；這不無暗示了人也該體會此一「自然」
價值，不必做出違反自然之理。道家向來就是這樣主張的，而
儒家所強調的道德形上學〔所謂「夫君子所過者化，所存者
神，上下與天地同流」（孫奭，1982：231）、「盡其心者，知其
性也；知其性，則知天矣」（同上，228）、「天命之謂性，率性
之謂道，修道之謂教」（孔穎達等，1982：879）等，可爲代
表〕，也無不合轍。傳統中國人信守這樣的世界觀，所表現出來
的多半是爲使自然和人性、個人和社會以及人和人之間達成和
諧融通、相互依存境界的行爲方式和道德工夫〔這種行爲方式
和道德工夫，已經漸漸受到現代西方人的重視。參見劉福增主
編，1988：1-24；史賓格勒（O. Spengler），1985：307-325；周
陽山等主編，1993：154-165、196-200；周慶華，1997b：95-
96〕。後者，以爲宇宙萬物的出現和消失，都是因緣和合所致。
也就是說，有造成宇宙萬物存在的原因或條件，才能促使宇宙
萬物的實際存在；反過來說，沒有造成宇宙萬物存在的原因或
條件，也就不能促使宇宙萬物的實際存在（或者當造成宇宙萬
物存在的原因或條件消失了，宇宙萬物也要跟著消失）。而由此

「衍生」出人生是一大苦集，最後要以去執滅苦而進入絕對寂靜或不生不滅的境界為終極目標（參見周慶華，1997c；1999a）。所謂「若法因緣生，法亦因緣滅。是生滅因緣，佛大沙門說」（施護譯，1974：768中）、「此有故彼有，此起故彼起……此無故彼無，此滅故彼滅」（求那跋陀羅譯，1974：92下）、「所謂此有故彼有，此起故彼起。謂緣無明行，乃至純大苦聚集；無明滅則行滅，乃至純大苦聚滅」（同上，18上）、「是故經中說：若見因緣法，則為能見佛，見苦集滅道」（鳩摩羅什譯，1974：34下）等，就是在說明這些道理。佛教這種世界觀的具體顯現，普遍流露在講究修鍊冥想、瑜伽術以及其他的心身冶鍊等行為而將能量的消耗降到最低限度。這被認為可以給當今凜於生態急務迫切要建立起來的「新能趨疲時代的宗教」起帶頭示範作用，並將為人類社會的長治久安帶來更多的保障〔參見雷夫金，1988；淨慧主編，1991；池田大作，1998；赫基斯（B. K. Hawkins），1999；周慶華，2001b〕。上述東西方三大世界觀，都各自根源於背後的終極信仰（如創造觀就根源於對上帝的信仰；而氣化觀和緣起觀就分別根源於對自然氣化過程「道」和絕對寂靜或不生不滅「佛」境界的信仰）。而正是這種具有統攝性的世界觀塑造了文化的特色，也制約了閱讀的行為。因此，凡是能夠展現出來的閱讀行為，就無不徵候著一種或多種意識形態（當它可以跨文化背景而從事閱讀時）。

如「實際上，現代小說愈來愈不仰賴奇特的故事（巧妙的遭遇和奇異的人和地），它極可能說的是一位和你我一樣平凡的人，情節是某一個我們都有經驗的事（譬如上午到菜市場），在某一個心靈啟發的狀態，這件平凡事突然有了『奇特的意義』。小野的作品〈誰來陪我放熱汽球〉就是這種說故事的方法。小

說的主人翁是個國中學生，他讀《幼獅少年》、喜歡『蝙蝠俠』，他的父親有時候兇有時候慈祥（很普通的爸爸），他的同學也沒有千里眼、順風耳、大力士，而是要補習、做功課、零用錢花光了、挨爸爸罵的平凡學生。這裡是一個平凡的人的平凡遭遇，沒有什麼事是非常奇怪的。但有件事是獨特的，這位愛胡思亂想的馬蓋仙邀約同學一起做一件『轟轟烈烈的大事』（做一個熱汽球讓全國老師嚇一跳）；然而所有答應和他共襄盛舉的同學們都『黃牛』了，他感覺到理想中挫、被遺棄似的沮喪。他內心痛苦了一陣了，最後想到『也許明天，買一堆沖天炮』，自己把熱汽球放上去；他對自己的奇想又開心了（這個『挫折沮喪』過渡到『理解自信』的心理變化，是獨特的）。我們把這樣的故事稱為『啟蒙故事』，指的是一個人在中挫裡認識真實世界，在酸楚中蛻變成長的一種過程。小野的故事讓我們經歷了一次小小的酸楚（同學們的背信），也在釋懷當中獲得成長（馬蓋仙懂得面對人生艱難，雖然是很小很小的規模）。這樣的啟蒙故事是非常多的。如果你讀小野的小說覺得完全體會主角的心情，我就要建議你去看這類故事當中最著名的一篇：愛爾蘭小說家喬伊斯收在《都柏林人》一書裡的〈阿拉伯商展〉，故事主角也是一位青少年，也是一場酸楚的幻滅成長經驗。如果你能讀這篇小說，你應該也能讀那一篇」（詹宏志等，1993：37-39），這種理解方式，就帶有理性啟蒙的印證。那是西方人從文藝復興到啟蒙運動期間為了對抗中古世紀的神學思想所極力召喚的古希臘時代的精神〔參見佛固生（W. K. Ferguson），1993；漢普生（N. Hampson），1984〕。這種理性精神所強調的是人的自主意識（以表達對以上帝的意志為依歸的中古世紀心靈的不滿）及其開創作為（這又弔詭的回到對上帝創造力的歆

羨和模仿的路途上）；而在啓蒙運動後繼起的工業革命，就是這種理性持續發皇的徵象。因此，不論小野〈誰來陪我放熱汽球〉那篇作品是否蘊涵有這種「創造觀」式的意識形態，論說者的閱讀行爲很明顯就受到這種意識形態的浸染（他已經是在作跨文化的解讀），所以才會外發爲那樣的閱讀成果。

又如「拜讀龍應台教授批評王禎和近作《玫瑰玫瑰我愛你》一文後，筆者有數點感想在此提出，以就教於龍教授。龍教授指出《玫》書最成功之處是語言的運用，這確是不爭的事實。但龍教授以爲，作爲一諷刺性喜劇來說，該書卻屬失敗之作：不僅結構平淡，而且笑話誇大，尤其一些幾近色情的描寫，實在有傷大雅……首先筆者想要指出，對《玫瑰玫瑰我愛你》這類小說我們無法用普通『教化性喜劇』的尺度來衡量，而欣賞的重點也可能不在像蕭錦綿女士所稱的結構緊湊、時空經濟等方面。誠如龍教授指出，該書其實體製散漫、平淡無奇。然而王禎和寫作的方向，正是要破傳統小說的格式，揶揄讀者的閱讀成規，庶幾達到他所謂『前無古人』的效果……但問題是王禎和的小說是否眞的沒有傳統可資依循，他的笑話是否眞的能引起共鳴？在西方文學傳統中，早自希臘時代就有曼尼匹安式的諷刺文體，以極誇張繁瑣的方式來針砭時事、議論人物。作者行有餘力，更創造一系列的典型角色嘲弄社會群相；但這類文體最大的特色，則在堆砌排比、炫耀作者自成一格的社會知識。此外，自文藝復興以降，大家如伊拉斯摩斯、拉伯雷等人更以極其荒唐滑稽的笑謔享譽於世。他們的作品固不乏諷刺之意，但道學式的諷刺卻早已包攝融入作者對人生百態的好奇，以及其自身天馬行空般的想像力中了。在小說方面，塞萬提斯的《唐·吉訶德》、史登的《崔思全·仙蒂》都是早期的佳例；

嬉笑怒罵，顛倒眞假，無所不爲。迄至二十世紀，這類文學更是蔚然成風，儼然爲現代小說的重鎮。而跟這一傳統相比，《玫》書所經營的笑話和諷謔，反有小巫見大巫之感呢……正如《玫》書給我們的感覺一樣，多半讀者可能會認爲各種喧鬧笑謔太俚俗、太露骨，不但不使人感到好笑，反而讓我們忸怩不安。但王禎和所經營的寫作『笑』果，一方面似乎在故意挖苦讀者左支右絀的窘態；一方面又似乎在挑逗讀者暫時放下禮教約束，以遊戲放任的心情，進入小說的幻想世界笑鬧一番……《玫》書有關身體器官的笑話，是龍教授最不以爲然的一點。但由上所述，我們才知道這種近乎下流的笑話實是攻擊矯揉造作的禮教最有利的武器。我們的身體生理器官原無可恥之處，但曾幾何時卻成了羞恥或猥褻的象徵以及禮教鬥爭的戰場。筆者以爲王禎和煞有介事的誇張有關身體的笑話，不但不涉醜化髒化之嫌，反而就是要貫徹龍教授『光明正大』的態度來就『事』論『事』。或者有人會認爲這跟春宮作品相去不遠，但讀過《玫》書的人應該可以察覺，王禎和的嘲弄筆觸已經將可能是色情的題材作了大翻轉；儘管葷笑話排山倒海而來，我們所驚詫的不是王禎和色膽包天，而是他匪夷所思的想像力」（王德威，1991：21-25），這種理解方式，同樣也帶有理性啓蒙的印記。只是它不像前面的那種情況從正面彰顯自主創新的理性功能，而是從側面挑釁傳統保守心態以爲主體自由「鋪路」，從而顯現自我理性掌控命運的本事。相對於這種肯定王禎和作品所具「喧嚷訕笑」風格（不論該作品是否眞有這種風格）的另一種批判，也就是論說者所取爲對照系的龍應台觀點（有關龍應台的說法，可詳見龍應台，1985：77-82），它所譏誚的《玫》書事涉「色情」所流露的這一難容的態度，就正好徵候著「氣化觀」

式的意識形態在當中起制約作用。換句話說,在氣化觀型的文化傳統中,所講究的是諧和人際關係(因為氣化成人後,大家就糾結在一起,彼此都得有一些道德承諾才能過秩序化的生活;倘若有人故意挑激或任情嘲弄,都會徒增社會的緊張氣氛。這就不像西方人有一個上帝信仰在,當敬畏祂時就對祂讚美有加;當埋怨祂時就對祂語帶戲謔,並且連祂所創造的子民也一併嘲笑,而以這點來暗示自己有相當的「自由度」),而葷笑話和喧鬧戲弄適足以「擾亂」或「破壞」這種良好的關係,所以讓人無法予以寬待。兩種解讀行為都受制於各自所信守的意識形態,以至有那些相對立的閱讀成果出現。

又如「《西遊記》一書敘述唐僧師徒一行漫長的朝聖歷程,旅途中接二連三的魔難,不管是來自外界的挑釁或內心慾望的湧現,總以兩種方式出現:一方面大部分的魔難都屬命定的劫數難逃,必須付出鉅大的心血去面對它;一方面這些劫數的出現和消失顯然又充滿戲謔性的荒謬特質。前者令人不免有沈重的嚴肅之思;後者卻又具有綿延不絕的詼諧之感。換句話說,西遊歷程的每一劫難,幾乎都是以爭戰的描述作為主要的情節。爭戰的目的,一方面是自救;一方面則是附帶的解除其他陷於苦難的生靈。就這點來說,《西遊記》的敘述氣氛是嚴肅的。然而,從朝聖的基本意義(心智的試煉和成長)起論,《西遊記》一書卻有不少在詼諧中令人悵惘久之的困惑。例如取經人的種種貪嗔痴並未在逐次折磨一一解除的同時獲得相應的化消;他們像長不大的孩童一再重蹈覆轍,很少從先前的慘痛經驗中提煉出智慧的覺悟以作為往後行為的準的。再看傳經人的種種表現,由於需索賄賂不遂竟將綑綑白紙當作經書授予虔誠的求道人;而且還故作神祕的自我掩飾,將這些廢紙美其名

為『無字真經』！十萬八千里的長途跋涉，企圖普渡眾生的大願，所獲得的居然是如此出乎意料之外的下場，能不令人浩漢！這種困惑並非《西遊記》作者無心造成的誤筆，而是刻意經營的譏弄。因此，唐僧最後雖然得到了有字真經，但當他歸途重過陳家莊以及返抵長安時，一反隱惡揚善的忠厚態度，不但揭發如來弟子的捐財作弊，連佛祖的縱容下屬為惡也不放過；這種再三宣揚靈山聖境醜聞的用心，實在已經不是故作詼諧，而是痛加撻伐的筆誅了。歷史世界中堪稱偉大的聖僧玄奘和如來佛祖，在《西遊記》作者筆下扭曲成如此不堪的形象，論者常從政治的層面指出諷刺之意，這是可以接受的，而且也給人相當的啟發性。不過，如果純從《西遊記》本身的結構去了解，這種故作顛倒的小說之筆，或者也包含了一項隱憂：完美形象的追求本身，經常具有令人百思不解的遺憾甚至荒謬，使人不禁興起無可奈可的沈思。這或許就是第九十九回所述，天地原本『不全』的微意吧」（吳達芸，1996：235-236），這種理解方式，則略帶有佛教的觀念（所以說「略帶有」，是因為論說者似乎不諳或還不能盡信佛教所說「無盡」緣起的意思；由於緣起的「無盡」性質，所以才會有那些取經目的已經達到而依舊會再起變化以及成佛者仍然需要另一波的成佛考驗等事發生）。它所體證的正是「緣起觀」式的意識形態在解讀作品上的促發作用（不論《西遊記》一書是否確有相應的觀念在貫串著）。因此，有上述這種閱讀成果的呈現，也就沒有什麼好感到意外的地方。

　　從我們第三者的立場來看，上述這些案例都印證了前面所說的「凡是能夠展現出來的閱讀行為，就無不徵候著一種或多種意識形態」的論斷。由於意識形態的形塑和承繼都是向著社

會的（冀望能成爲普世遵循的價值觀），所以它就永遠要帶著濃厚的社會性。這種情況，我們無法苛求閱讀者要有多深的自覺〔畢竟不是每一個閱讀者都有這種「後設反省」的能力（而上述那些論說者在進行閱讀時可能也還不具備有這類後設反省所需的智能）〕；只是作爲一個論述者，有責任將它指出並且期待後續的「醒世」效應而已。

第四節　閱讀行爲的「權力關係」預設

閱讀行爲所受意識形態的制約，一旦形成刻板的印記，很快就會「模子」化。好比一個寓言故事所說的：「從前在水底裡住著一隻青蛙和一條魚，他們常常一起泳耍，成爲好友。有一天，青蛙無意中跳出水面，在陸地上遊了一整天，看到了許多新鮮的事物，如人啦、鳥啦、車啦，不一而足。他看得開心死了，就決定返回水裡，向他的好友魚報告一切，他看見了魚就說，陸地的世界精彩極了，有人，身穿衣服，頭戴帽子，手握拐杖，足履鞋子；這時在魚的腦中就出現了一條魚，身穿衣服，頭戴帽子，翅挾手杖，鞋子則吊在下身的尾翅上。青蛙又說，有鳥，可以展翼在空中飛翔；這時在魚的腦中就出現了一條騰空展翼而飛的魚。青蛙又說，有車，帶著四個輪子滾動前進；這時在魚的腦中就出現了一條帶著四個圓輪子的魚……」（葉維廉，1983：1-2）。所謂模子化現象就像故事中的魚一樣，永遠只受到某些特定觀念的模塑而難以突破（除非他能像青蛙那樣跳出水面去「增廣見聞」）。而這又會影響到閱讀行爲另一個社會性面向的「形勢」；也就是所預設「權力關係」的強弱

及其果效評估。

　　所謂權力關係，是指人和團體或人和自然（外物）之間所形成的對立或諧和現象〔參見開普樓（T. Caplow），1986；郎恩（D. H. Wrong），1994；卡卡貝茲（A. Kakabadse）等，1990〕。閱讀本身既然也是一種對話性的結構（也就是跟作品、作者、歷史文化等等對話。詳見前章第四節），那麼它所要領會接受的對象，勢必得在閱讀的過程中有一通盤的考量（按：閱讀者選擇作品、作者、歷史文化等等對話，其實是在跟包括作者在內所有感受得到的人對話），而權力關係就是閱讀者所無法避免要藉使或依憑的。所謂「（傅柯說）權力（關係）是所有關係的特性，同時也建構這些關係；包括經濟的、社會的、專業的、家庭的關係，主導的形式被嵌入日常活動的理解或某一關係實質的形式。因此，由醫生和病人的關係由一預設的共同目標界定；由醫生願意協助和病人願意尋求協助而共同建構。這樣的共同目標和權力關係是不可分的；在這一權力關係中，預設一方具有知識，而另一方願意接受具知識者的建議。所有的人都會使用權力，所有的人也都會臣屬於權力：『權力的使用和運作透過一個像網一般的組織，每個人穿梭於網中的線；人總是處於同時進行和運作權力的位置』」〔佛思（S. K. Foss）等，1996：239〕，這如果排除對權力關係的「和諧性」的過度維護成分（大多時候，權力關係都充滿著緊張、矛盾和不協調現象），倒頗能形容這裡所說的意思。由此可見，在「平面」對話性的結構內，還隱藏有一個「縱面」系譜性的結構。這種結構，不同於高德曼（L. Goldmann）所說的發生論結構主義的「結構」。後者，可以指閱讀者所屬的社會階級或集團的思想體系（或世界觀），最後多少都會體現在閱讀中（參見伊格頓，

1987b：35-37；何金蘭，1989：73-128），它跟前面所提及的意識形態幾乎沒有兩樣（頂多有廣狹的差別）；而前者，在人所能自覺的層面是一個略帶有終極性的參考架構，使得閱讀所預設的接受對象和目的訴求成為可能（參見周慶華，2001a：62-63）。因此，前章第四節所說的「閱讀者作為一個閱讀主體，他所對話的閱讀客體及其成立背景，暗中還有一個因素在支持著，那就是為了當作跟其他的讀者（包括一般的讀者和轉變為讀者身分的作者以及傳播機制中兼讀者任務的操控者等等）對話的憑藉⋯⋯也就是說，這裡面開始加入了閱讀主體對其他讀者的影響或支配企圖。前者（指影響企圖），是特別期待自己的解讀能啟發別人或獲得別人承繼的渴望；後者（指支配企圖），是特別期待自己的解讀能達到規範別人或制約別人的效果」，也就「體現」了這種權力關係。而它的「源頭」，則在閱讀者的權力意志。

從後設思辨的角度看，權力意志所以會形成（或被激起），基本上是緣於「求生存」的意念而不得不然的。所謂「如同觀念一樣，權力是重要的表達詞彙，傳遞了人類想要影響他人，並互為關聯的深植慾望⋯⋯當然，權力本身並不是一件壞事。人類需要運用權力，以便在大自然中生存、分流築渠以便灌溉、開墾土地以及運送貨物。但人類投注在權力之上的心思，已經遠遠超越了這些用途。歷史告訴我們，大型社會從未向庫格族這般具有遠見，確保權力的觀念不會主宰社區裡的人際關係。事實上，在現代科技社會裡，權力已經被濫用。打從很久以前，權力就不僅只限於是在大自然中生存下去的能力，或是讓人們有團體的歸屬感；而是逐漸把焦點集中在控制他人，強迫推銷主觀意識，為達目的不惜毀滅他人。在全世界的歷史和

文學裡，充滿了人類迷戀權力的故事；而在二十世紀，更是蓋下了不可磨滅的戳記……今日人們著魔於權勢的情況氾濫成災：金錢的力量、品性的力量、心智的力量、估算的力量、組織的力量、政治的力量、愛的力量、性的力量、青春的力量、宗教的力量、改變基因或自我形象的力量、槍砲彈藥的力量、團體和團體之間關係的力量。報紙和電視上不斷上演著關於權勢生活的閒言閒語：他們是如何取得了權力，以及他們是否會得到或失去權勢。我們不斷被灌輸著如下的觀念：只有在我們擁有足夠的權力時，才能順利地過我們想過的生活。我們深信，如果我們有權力控制整個狀況，就會覺得更安全……事實上，我們迷戀權力，或許只是因為感受到自身的無力感。圍繞我們的龐大團體組織以及社會壓力，似乎正塑造著我們的命運。快速蔓延的各種語音信箱系統，使我們幾乎無法和活生生的人類講話；我們對這點幾乎無能為力，只能在對著機器按鈕四十五分鐘之後，感到一肚子怒火。當我們說，覺得自己充滿了無力感，這意味著自覺沒有足夠的力量去對抗組織機構、官僚體系、系統制度、別人的強勢個性，或是某個潛伏在我們心裡剛愎自用的某人……漂浮在處處權力的世界裡，我們該如何前進？通常的回答是：設法從中得到一些權力」〔布睿格（J. Briggs）等，2000：51-54〕，正充分且形象的說明了這種情況。雖然如此，人對權力的著迷，在相當程度上還是因為權力可以產生許多附帶的效益：諸如導至物質需求和精神需求的滿足（前者如獲得財富、地位等；後者如獲得尊嚴、名譽等）以及可以帶給某些性格特殊的人一種心理上的補償（如有自卑感的人，擁有權力會使他產生優越感；又如缺乏安全感的人，擁有權力等於獲得一副安慰劑）等等（參見劉軍寧，1992：73-74；

周慶華，2000b：79-82)。而由這種「求生存之道」到「尋求附帶益處」的過程中，如果別有「文化理想」在，那麼整個閱讀行爲就會有更「精鍊」或更「美化」式的提升。但不論如何，閱讀行爲所預設的權力關係幾乎是一個永遠不會改變的系譜性結構；而用來「實質」性支撐這個結構於不墜的就是那個由閱讀者所自覺或不自覺形塑或承繼的意識形態〔也就是閱讀者都會有意無意的把他所信守的意識形態，藉由閱讀形式推銷給別人（詳見前節）；同時當閱讀者擁有或認知到自認爲值得推銷的意識形態，也會更強化他的權力意志〕。只是這裡可能還會隱藏一個問題：就是當閱讀者沒有後設知覺意識形態對自己從事閱讀的制約作用，很可能就會「盲目」的強化對他人的影響或支配慾望；而不知道他所信守的意識形態也只是一種意識形態罷了（並不爲典要）。

有關閱讀行爲的權力關係預設，顯然已經要形同一個不證自明的「眞理」了；但基於體例的需要，還是得舉幾個例子來作說明：

我的基本觀點和上述的小說史家們恰好相反。根據我的研究，明清長篇章回小說的六大名著（按：指《三國演義》、《水滸傳》、《西遊記》、《金瓶梅》、《儒林外史》和《紅樓夢》等）與其說是在口傳文學基礎上的平民集體創作，不如說是當時的一種特殊的文人創作，其中的顚峰之作更是出自於當時某些懷才不遇的高才文人（所謂「才子」）的手筆。我們不應忘記，「平民集體創作」說僅流行於本世紀的中國小說史研究界，而較古的明清學者卻大部分都認爲這些作品是文人的創作……從閱讀的直感出發，我認同

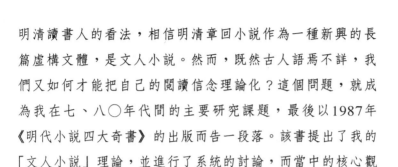

明清讀書人的看法，相信明清章回小說作為一種新興的長篇虛構文體，是文人小說。然而，既然古人語焉不詳，我們又如何才能把自己的閱讀信念理論化？這個問題，就成為我在七、八○年代間的主要研究課題，最後以1987年《明代小說四大奇書》的出版而告一段落。該書提出了我的「文人小說」理論，並進行了系統的討論，而當中的核心觀念就是「奇書文體」說〔浦安迪（Andrew H. Plaks），1996：導言21-22〕。

本想把書名取作「後設閱讀」，看起來怪嚇人的，終究這不是一本學術論文。但學術論文的題目可以有不同的作法。我屢屢告訴學生們，不要先讓理論的先聲奪人給懾住了；所有的論述其實都根源於思考某一主題的來龍去脈。總要先對某件事情的來龍去脈有了好奇和探究之心，才能抓得住理論這條纜索。我想我這本集子就是要鋪出個來龍去脈，關於我們這個時代的閱讀……我彷彿在「閱讀」另一個人的「閱讀」。這個人有點奇怪噢，他看書葷腥不忌，崑亂不擋，一會兒是《尤利西斯》，一會兒是史蒂芬金；女性主義也有，酷兒論述也有；政治評論他也關心，科普他也涉獵。我逐漸從自己的閱讀中找出了所有流行的後殖民後結構後現代論述中有關「文化如何被製造」的活例證，原來它們都不是胡謅。「如何閱讀」是文化的產品；「作者」也是，「讀者」更是。每一代的知識分子大概都不自覺地被上一代定義的「文化」及「閱讀」所制約，分派好角色，貼上標籤，在體系中排排站好。而有人偏偏總想踏出框框，展開另類探索……不需要太多專業語彙的介入，經

由這三段式的編排，讀者應已從中窺見閱讀和文化、文化和潮流、潮流和閱讀三者因果循環的關聯性。明眼人更可以看出，雖然多數是以美國文化現狀為背景，其實作者的用意在為另一種閱讀空間勾勒藍圖，東西對照，穿梭印證。而書名安排了「閱讀」二字糾纏於文化流行之中，更為提醒閱讀其實是無時不在的一種觀念邂逅（郭強生，2000：後記199-203）。

這是一本適合青少年閱讀的中、短篇小說選集……這些作品的作者有的是雄霸文壇多年的成名作家；有的是剛握筆為文的年輕作家。他們各有各的藝術觀和表達手法：有的記錄了往日溫馨的一面；有的抗議對少數民族的歧視；有的憂慮科技發展對人類未來的傷害；有的暴露了社會的陰暗面；有的描述了當前青少年對運動的狂熱。不同的敘事觀點、不同的展現手法（如心理描寫、譬喻、意識流等），勾勒了人世間的眾生相，傳達人性的本質……閱讀小說可以從許多不同角度切入，得到不同的收穫。附在每篇作品後面的文字只能說是編者的部分閱讀心得，絕非深入的評析文字。每篇千字左右，可以視為導讀……主要目的在於減少青少年讀者閱讀時可能遭遇的困難（張子樟主編，1998：序2-5）。

不論上述這些案例所提到的閱讀要怎麼進行才妥當（指前兩個案例）或容許所謂的多元化取向（指後一個案例），它們在個別成就前都明顯預設了一些特定的權力關係（如第一個案例所提到的「我們」，約略指包含同行或對章回小說感興趣的人；第二

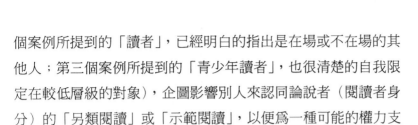

個案例所提到的「讀者」，已經明白的指出是在場或不在場的其他人；第三個案例所提到的「青少年讀者」，也很清楚的自我限定在較低層級的對象），企圖影響別人來認同論說者（閱讀者身分）的「另類閱讀」或「示範閱讀」，以便為一種可能的權力支配造成「事實」。

不明白閱讀行為的權力關係預設這個道理的人，在論述時難免就會「空逞意見」或「無的放矢」。前者（指空逞意見）是自顧自的在論說「閱讀如何如何」，而不清楚所謂「閱讀如何如何」是會隨著閱讀者所要影響或支配的對象而轉移或作調整的，並沒有一定「絕對必要」的程式，也沒有什麼「非此不可」的哲學理念在背後支持著。如「閱讀是透過閱讀材料，探索內在思維的歷程，從人物、時間、結構、情節等閱讀元素，吸收新知識和新思維，建立客觀解讀閱讀材料的能力；再從欣賞的字句、文詞，培養賞析的涵養，進一步學習提出對閱讀材料的質疑，培養思考判斷的能力，帶入知識應用的層次，讓客觀知識融入生活的體會和印證，培養解決問題和應變的能力；再透過歸納、消化知識的統整過程，激盪出閱讀材料中心主題的價值觀思考，延伸生命思考的進程，期能透視萬花筒般五花八門的知識材料，從記憶層（背誦）、理解層（認知）到思考層（創造）的統整學習，從感動（賞析）、自覺（共鳴）到行動（改造）的活化印證，讓學習能夠落實於生命激盪的內在對話，從感動、覺醒，進而產生改造行動的能量」（林美琴，2001：55），這就明顯的忽略了閱讀行為所受權力關係預設的影響而導至所論略有「失根」的遺憾（其實這只要從他自己「要以這一番論說來影響或支配其他讀者」的後設知覺，就可以意會前語的「不能盡善」而別為尋求補救或保留一點彈性空間）。

　　後者（指無的放矢）是強爲析辯閱讀觀的「人非己是」，而不知道閱讀行爲的差異是源於閱讀者各自不同的前結構、意識形態以及權力關係的預設，並沒有所謂的「是非對錯」，也沒有所謂的「可以不可以」。如「現代的文學批評，重視的是『對作品的闡釋』，也就是『對創作活動的闡釋』。一個批評家在批評一部作品以前，必須對那部作品進行『最精到的閱讀』。他要一遍又一遍的讀那部作品，直到他領會得夠多，甚至發現了許多原作者不自覺的特色，然後才動筆分析那部作品……嚴格的文學批評，既然是『對創作活動的闡釋』，那麼超出這個範圍的，就不能當作文學批評來看待。十九世紀英國詩人『濟慈』，初次讀到『查普曼』用英語翻譯的兩部希臘史詩，心情非常愉快，就寫了一首優美清麗的十四行詩，描寫自己心中又驚又喜的感覺。『濟慈』形容自己的感覺就像『天文家發現太空裡有一顆新行星在他視線中運行』，又像『強壯的探險家科底茲用他的鷹眼凝視著新發現的太平洋』。比喻優美生動；可是不知道是記錯了還是疏忽了，他弄錯了一個人名。太平洋是『巴布阿』發現的，並不是『科底茲』。『科底茲』是西班牙駐墨西哥的總督；兩個人都是十六世紀的西班牙人，也可以說都是探險家，不過功業並不相同。不要說『濟慈』安錯了一個人名，就算『濟慈』竟利用那人名的『諧音』來製造詩的趣味，從文學藝術的觀點來看，那首詩的意象的優美，也仍然絲毫不受損傷。如果有人在『科底茲』這個錯誤上大作文章，給這首詩一個惡評，那麼這人的著眼點卻是『正確的歷史知識』；他的批評不能說絲毫沒有意義，不過卻跟『文學批評』沒有一點關係了」（林良，1997：218-219），這就明顯的漠視了閱讀行爲不能「一致性」的事實（也就是容許閱讀者有不同的前結構、意識形態以及權

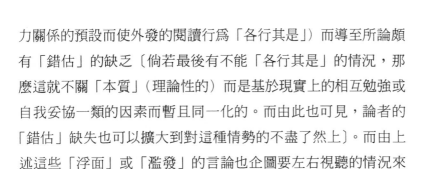

力關係的預設而使外發的閱讀行為「各行其是」）而導至所論頗
有「錯估」的缺乏〔倘若最後有不能「各行其是」的情況，那
麼這就不關「本質」（理論性的）而是基於現實上的相互勉強或
自我妥協一類的因素而暫且同一化的。而由此也可見，論者的
「錯估」缺失也可以擴大到對這種情勢的不盡了然上〕。而由上
述這些「浮面」或「濫發」的言論也企圖要左右視聽的情況來
看，所謂權力關係的預設的相關論述，可以說是「無人能夠阻
擋」了。

第五節　閱讀行為的「傳播」欲求

　　權力關係的預設所隱含的對他人的影響或支配企圖，一旦
具體成形或日漸強化後，就會展現出更進一層的社會性的傳播
衝動。這種傳播衝動的滿足，也就是閱讀行為的社會性達到徹
底「明朗化」的時候。換句話說，閱讀行為所受前結構和意識
形態的制約以及相關權力關係的預設等等，都要在實際傳播該
閱讀成果的過程中才能完成閱讀行為的社會性的最後階段儀
式。而在這種情況還未能如願實現以前，只存「欲求」在心；
而即使只是「欲求」，它也未嘗減低它的社會性（雖然這種社會
性是在「潛藏」狀態）。因此，探討這種欲求，也就可以為閱讀
行為的社會性再添一個「特大」的面向。

　　基本上，傳播是一個「意義化」的過程（參見鄭貞銘主
編，1989：107-158）；只是這種傳播意義（信息）的行為或活
動卻有不同的認定。所謂「廣泛來看，傳播有兩種定義：第一
種定義將傳播看作是一種過程，A傳輸了一個信息給B，而對B

產生效果。第二種定義則是將傳播看作是在協商和交換意義，人們在同一種文化以及『眞實』的信息之中交相互動，因而產生意義或讓彼此理解。第一種傳播的目標，是爲了確認傳播所經過的每一個階段；也因而正確在研究每一個階段，以及這每一個階段在整個傳播過程中的角色及其影響。拉斯威爾用『誰在什麼管道中，對誰說了什麼，有什麼效果』的模式來研究傳播的過程。在這種研究取向中，當然有許多值得爭論的地方：例如在這個模式中，看不到傳播的意向包括其中。馬凱就認爲一位地質學家能從一塊岩石中得到許多信息，但岩石並沒有傳什麼給他；因爲岩石並不具備傳播的意向，也沒有選擇的能力。其他還有用符號來分析的作家們，也認爲一個人（或其他有機體）會用符號去影響其他的人……第二種傳播的定義是結構主義所使用的，它強調的是那些會讓意義發生的一些必要因素之間的關係。這些要素可以分爲下列三組：（一）文本，文本的符號及符碼；（二）閱讀文本的人，以及形成這些人和他們所使用的符號／符碼的文化經驗及社會經驗；（三）文本和人們都注意到的『外在眞實』（這裡的『外在眞實』，指的是除了這個文本之外的其他文本）。有一些權威人士，像索緒爾強調的就是『文本』群（也就是符號／符碼／語言）；像巴特注重的則是文本和文化之間的互動；還有那些比較在哲學層次上探討的像皮爾斯或奧格登和李察茲，他們所注意的是他們稱之爲客體或指涉體的『外在眞實』。上述三組要素之間的互動所產生的意義，就是符號學主要研究的範圍」（歐蘇利文等，1997：68-69），就是在指出這種情況。因此，最後就得由傳播者或整體傳播機制視「情況」或「需要」而決定傳播的目的及其傳播方式（參見周慶華，2002a：349-350）。所謂閱讀行爲的傳播欲

求，自然也得在這個框架中尋找所要傳播的對象及其可能的傳播模式。但不論如何，它的欲求只要形成了，就會讓整個閱讀行為顯得「意氣風發」，而不是一般人所想像的它只是一種「默默承受」式的領會罷了。

這一點，我們還可以更深入的來看。首先是閱讀者他想推銷自己的閱讀經驗，這就有透過「人際傳播」和利用「媒介或媒體傳播」等形式的選擇或並備考慮。它跟一般行為的傳播模式幾乎沒有兩樣；所謂「人際傳播，是指人際之間不透過像電視、印刷、無線電或電影這些科技媒體來中介，而是人和人之間的傳播……（它）有一種眾所周知的二分法：一類是認為人際傳播具有高度的結構；另一類認為人際傳播是一種較有創造性或豐富性的會話。前者認為傳播會經由經驗和演練，發展出許多規則、儀式和符碼；後者則認為傳播的基礎呈螺旋狀，當中充滿了冒險和隨興，而大多數參與者或所有的參與者都不知道遭遇的終點究竟在那裡」（歐蘇利文等，1997：202）、「媒介／媒體，概括性地來說，這是一種能夠讓傳播發生的中間動力。更明確地說，它是一種可以延伸傳播管道、範圍或速度的科技發展。廣義來看，言語、書寫、姿勢、臉部表情、衣著、演出及舞蹈種種，全部都可以視為傳播的媒體；每一種媒介都能夠在傳播管道中傳送符碼。但這種用法已經越來越少見了；現在已經開始用它來指技術性的媒體，特別是大眾傳播媒體。有時候會用這個詞條來指傳播的工具（例如印刷的或廣播的媒體）；但通常指的是實現這些傳播目的的技術形式（例如收音機、電視、報紙、書籍、相片、影片及錄音。按：當今還有CD、VCD、DVD、網際網路等）」（同上，228）等，把這放在閱讀領域，也是同樣的情況（至於傳播本身的訴求或對待媒體

的態度所顯現的「內在差異」現象，那就有相當的「隨機」性，這應當也不難理解）。除非不閱讀，不然閱讀者一定會有意無意的在人際或媒體上展現他的影響或支配企圖。

其次是閱讀者他在推銷自己的閱讀經驗的過程中，如果沒有意外（包括自己斷然中止閱讀以及別人強迫自己中止閱讀等等），該影響或支配企圖還會期待它出現「滾雪球」般的效應。所謂「稍早認為媒體信息是由人際關係仲介而來的一種重要認識。兩級傳播模式出現後，告別了更早期的那種直接或『皮下注射模型』的『一級』傳僑的觀點：從

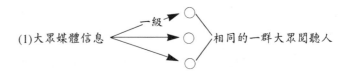

發展成一種比較複雜的想法，認為信息是在社會團體中傳布的兩級傳播模式：

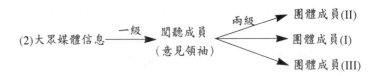

這個模式的重要性在於它挑戰了以往閱聽人和媒體信息之間的關係的觀念。兩級傳播模式所以會發展出來，大部分是透過分析閱聽人如何接收選舉活動中的媒體報導，以及綜合了團體關係的實徵研究而來的。從此再也不能將閱聽人視為一群彼此沒有關聯的個人；相反地；閱聽人彼此在社會上是相關的，而那

些關係又影響到他們接收和轉接媒體資訊的方式……多級傳播
模式：這是『兩級』傳播模式在邏輯上的延伸，它更進一步強
調了在大眾傳播媒體的閱聽人之中，傳播和社會關係影響的重
要性。多級傳播模式只不過將前面一個模式，在閱聽人的接收
過程中建立出更多的階段或『中斷』之處：

(3)媒體信息

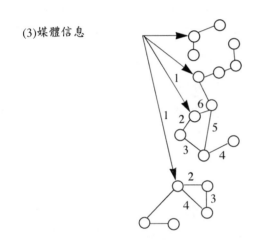

因此，也更加代表了這種模式想要透過在團體關係中傳布的媒
體信息，更精確地測量這些複雜的『級』的網路及其影響。這
個模式的重要性，在於它不再將閱聽人視為沒有結構的、消極
的大眾；同時也不能再將媒體的信息看作是單一面向的且對於
所有的個人都具有同樣的意義。它所標示出來的是從『媒體對
人有什麼影響』到『人們怎樣對待媒體』的一種決定性的轉變」
（同上，409-411），像這種多級傳播的情況不可能只有在一般信
息的發送時才會發生；閱讀者所要抒發閱讀的心得或規模閱讀
的前景，也都冀望形成普遍的效應而頻受同一個模式的制約。
換句話說，沒有一個閱讀者會甘願只讓少數人知道自己的「善
於閱讀」或「閱讀有成」（尤其在他已經躍居「批評者」或「學

者」或其他具有相當影響力的「領導者」身分的時候）；以至所謂的多級傳播也就成了閱讀者在所能掌控範圍內的「終極」的渴望了。

閱讀行為的這類傳播欲求，當然是一種「綜合命題」，需要經驗的檢證來支持它的成立。但所謂的經驗的檢證，在它有「普適性」的可能性時，也就可以先從理論上予以肯定，然後「虛位以待」任何相關案例的考驗。在前章第四節已經指出閱讀行為的對話訴求，這裡自然可以繼續推衍它必有的並具的傳播衝動。這些傳播衝動和對話訴求共同構成了閱讀的場景；而該閱讀行為的「對話體」性質也因此而更加明顯。所謂「對話體」，這是所有表意的屬性；也就是說，所有的表意都能結構成對話。瓦洛辛諾夫反對索緒爾強調語言的形式是抽象的、結構的，因而鑄造了這個新字，用來強調語言有它持續的、互動的和生成的過程在內。瓦洛辛諾夫堅信，每種語言所表達的就是一種社會關係，也因此每一句話都可以被結構成對話。也就是說，說話的人（或書寫的人）會怎樣組織一句話，是為了期待能夠獲得聽者（或讀者）的參與回應。此外，一旦收訊者接到了那句話，也只有透過瓦洛辛諾夫所謂的『內在言語』的對話互動，才能夠產生意義和理解那句話（這種內在言語是一種內心的對話；它不只能夠將符號轉譯成意念，同時還會產生一種回應來表達『下一刻』的對話）。瓦洛辛諾夫堅信，這種表意的特徵不只在言語中如此，同時它也是所有表達的特色。即使在獨白或自言自語（沒有收訊者的言語）當中，也有像對話一樣的內在結構存在。或者像書籍和大眾傳播媒體這種收訊者不在現場或發訊者不知道收訊者是誰的情況下，這種特徵也一樣存在。一本書的每個字、每個句、每段落，都是一種對話；而整

本書的進行，也都會針對特定的收訊者發訊。也因此在表意內容的進行中，會考慮到如何選擇、組織和排列那些期待的回應出來」（同上，113），這說的雖然是一般性的表意行為，但實際上也不難看出閱讀行為就是這般在體現著對認同者或再傳播者的全面性召喚。且看：

知識分子常常忽視了大眾文化的價值和影響力。事實上，大眾文化對傳統思想和價值信仰的傳承，往往比學術經典扮演更重要的角色。早在半個世紀以前，胡適之先生就舉過一個絕佳的例子……胡適博士不肯承認《三國演義》是一部「有文學價值的書」，卻不得不指出《三國演義》給予中國無數平凡老百姓的恩惠……事實上，被歸類為大眾文化的創作，往往和《三國演義》一樣，是中國傳統思想的「通俗化」和戲劇化；絕大多數的中國人是透過大眾文化作品來理解「過去的中國」（不管是文化的外系統或內系統），而不是知識分子以為的四書五經。面對《金庸作品集》，我們恐怕也要作如是觀……在最近五十年的中國文學作品中，最能傳承中國文化而又為眾多普通老百姓所接受的，應該是金庸的作品無疑……正因為金庸作品融入了中國人數千年的「生活心得」，許多人就發現作品中「細至博奕醫術，上而惻隱佛理，破孽化痴，俱納入性格描寫和故事結構」（陳世驤教授語）。也因為金庸作品的繁複性（這是來自中國文化內容），才會有人把它當禪來參，當語文教材來看，或當作哲學象徵結構來解析（詹宏志，1990b：207-209）。

佛洛伊德畢生著作甚豐，多數以德文發表，用句冗長、文字深奧，能讀完他所有著作的人，非常有限。幾年前我曾在 New School University 心理系旁聽一門新課「心理分析理論與佛教」。授課教授本身也是精神分析師，教授佛洛伊德理論三十年。第一天上課就告訴大家，他沒有讀完佛洛伊德全部著作；不過他偏好一再重讀佛洛伊德的某幾本書，每一次閱讀都有新的發現或不同層次的理解。事實上，我們對某個思想家的研究理解，無可避免地融入我們主觀的認知和生活脈絡。即使是閱讀原著，我們對作者的了解，都包括我們自己主觀的投射和再建構。當我們試圖要闡述作者的思想立論時，通常跟作者原意已經有些距離。何況我們閱讀的材料經常是稀釋多遍的二手資料；如同盲人摸象，很難描述大象的全貌。因此，我們更應謹慎小心，不輕易以某作者的代言人自居，或流於斷章取義，將作者標籤歸類〔摩倫（P. Mollon），2002：導讀 10-11〕。

我記得年少時，在禁閉而僵化的教育機制下，最可紀念的就是「竊讀」的樂趣了（《三國演義》是在昏暗的蚊帳中，《金瓶梅詞話》在校園水銀燈下，《性史》偷偷在夜市書攤旁……一點一滴的文化神韻不知不覺在心中成形）。緊接著就展開了「新潮文庫」的時代；從十六歲生日買給自己的尼采《瞧！這個人》，到佛洛姆《人類新希望》、湯馬斯曼的《魂斷威尼斯》、波特萊爾的《巴黎的憂鬱》……1973年我入伍前，頗有幾個「同黨」，閒時樂道《夢的解析》和《未來的衝擊》。一小撮人暗中較勁，誰如果沒有東翻西探的閱讀習慣、不能從書中偷得一招半式，清談的江湖他是

很難混的。類似的閱讀歷程，這一代知識分子誰沒有？有
些閱讀更映照出個人在大洪流中非凡際遇的身影，尤足以
為今天的青年朋友參照、啓發。聯副因此跟文建會聯合策
劃了「閱讀之旅」這樣一個專輯，在大約一年的時間中，
訪問了五十位不同領域（包含學術研究、文學創作、藝術
表演、政治、宗教、體育界等）的傑出代表，談讀書的方
法、方向、啓蒙和發展。作為一個專題策劃人和訪問者，
我是深深地感激他們不藏私地為大眾指引出一條親近智慧
的路（陳義芝主編，1998：序二6-7）。

這不論是在（自我）剖白一種「規範」式的閱讀經驗，還是在
（代人）陳述一種「自由」式的閱讀經驗，或是在（引人）透露
一種「歷程」式的閱讀經驗，都無不在暗示相關的傳播既成事
實之前（也就是相關的閱讀行為化身成篇章發表或出版之前）
已經先有該一欲求的存在；否則接下來的實際傳播也就無法理
解它的必要性或強求性了。因此，儘管沒有閱讀接受者在眼
前，閱讀行為一旦發露，就必然要朝向一個「小眾傳播」或
「大眾傳播」的情境去尋求影響或支配的出口，它的社會性永遠
處在不斷「強化」的過程中。

第五章

閱讀活動的社會化現象

第一節　概說

　　閱讀行為的進一步顯象化，就是所謂的閱讀活動。而這種閱讀活動的種種可能性，已經在閱讀行為的醞釀階段就決定了，使得「已現行動」的閱讀活動可以逆溯回到「蓄勢待發」的閱讀行為中去尋得「一以貫之」的脈絡。倘若依照這樣的理路，那麼閱讀活動的相關現象就得在談論閱讀行為時一併處理（而實際上並沒有這樣做）。但也不然；有時候是閱讀活動已經要進行或正在進行了，閱讀者才急著「整理」或「精密」自己的閱讀行為，而使得該閱讀活動可以有條理的開展。以至由閱讀行為到閱讀活動的一貫聯結，就是一個表面的現象；實際上它有著「外觀」和「內應」等兩種可能性。也因為是這樣，所以在談論閱讀行為時所不便處理的一些課題，就得留到談論閱讀活動時再來處理。這樣的「分工」，只是為了避免理論出現罅隙，並不影響所要肯定的閱讀活動的社會化進程。

　　由於探討閱讀活動的社會化現象也是閱讀社會學的重點之一（詳見第二章第三節），而它跟解釋閱讀行為的社會性之間又不免於發生上述那樣的「牽連」，所以必須要有「多」一點的說明才能順利的論述下去。這就得從「活動」說起：從哲學論辯的立場，可以說在「一切存有物上，我們都可以發現它們具有各種形式的活動。起初可能認為活動的本質是製造某物或使某物成為存有。可是仔細考察以後，就會發現活動有兩種樣式。第一種是外在的或及物的活動，動作者在別的存有物上運作（如雕刻家把一塊大理石塑成石像）。第二種是內部的或內在的

活動，這時活動者僅發展自身（如植物的生長）。這兩種活動往往糾纏難分；尤其當及物的活動根源於內在的活動時（如雕刻家的思想和意志轉發爲每一次的雕鑿動作）。由於活動的起點是存有物，所以活動的完美等級相應於存有物的存有等級。這一事實可以用下面的原則來表達：第一個原則是活動視存有而定；另一個普遍有效的原則是存有物越完美，它的特殊活動也越內在。無機物或無生命的東西完全侷限於外在的活動，因此它們只能運作於別的事物上。在顯示內在活動的存有物中，植物是個起點；這種內部活動相當於生命。不過，植物還是完全封閉在它的軀幹內。這種外在性只能由感覺生命（也完全緊繫於軀體）、尤其是由眞正超越身體的精神生命去克服。較低等級的活動無法超越有形之物的限制範圍，精神活動卻可以延伸到全部的存有世界、甚至可以一路超升到萬物的最高根源」（布魯格，1989：45）。把這點轉用在閱讀上，所謂閱讀活動中的活動，自然是指兼具內在的活動和及物的活動（它要從形塑閱讀行爲到外顯爲具體的閱讀動作）；同時這種活動也一樣可以無止盡的向外「延伸」（延伸到所有的閱讀對象）和一路的向上「超升」（超升到契入閱讀對象的最終的模型因）。而依（社會）心理學的講法，也可以籠統的說「活動，指有確定的目的並具有一定社會職能的各種動作的總和；也就是人們爲了達到某種目的而採取的有意識的行爲動作的總和。社會生活條件決定了活動的性質、目的和發展；而人的心理是在人的實踐活動中形成和發展起來的，所以心理又調節著人的各種實踐活動」（袁之琦等編譯，1993：116）。雖然如此，閱讀活動基本上還是「試圖」要把閱讀對象「還原」爲被寫作時的樣子，所以這種活動的性質就可以連同寫作的活動一起而重新界定在「某物由潛能

到現實或其相反的過程」（參見布魯格，1989：46）的層次
〔按：這裡的所謂潛能，是指能夠變為事實、能夠實現的，但目
前尚未實現、尚未成為事實的「實有物」；而所謂現實，是指
已經變為事實、已經實現的「現有物」（參見曾仰如，1987：
168）。它們不是兩個完整物，而是一個完整物的二部分（同
上，168-169）。因為潛能和現實有這樣的關係而又不能在同一
程序內（潛能不能同時是現實，現實也不能同時是潛能），於是
從發生學的角度看（由另一現有物來推動），潛能變為現實必有
一段過程；而從認識論的角度看（由另一現有物去逆溯），現實
還原為潛能也必有一段過程，這都稱為活動。在文化領域中，
寫作和閱讀正屬於這種由潛能到現實和由現實到潛能的過程
（前者由寫作者把潛在的作品質素實現為實際的作品；後者由閱
讀者把實際的作品還原為潛在的作品質素）。參見周慶華，
1996b：129〕。至於它的社會化一事，就委由它所內蘊的閱讀者
的意識形態和權力意志等去「擔負」。而在這種情況下，閱讀活
動也就有「規模」可說了。

　　首先，閱讀活動會涉及選材、理解、評估和推廣等問題，
這些問題的解決就是為了逆返寫作的當下以滿足影響或支配的
慾望而完成一個社會化的儀式。其次，閱讀活動所會涉及的選
材、理解、評估等這些「次活動」，都在前結構、意識形態和權
力關係中成形並化為具體的行動；而推廣這一「次活動」就是
傳播欲求的具在化或顯明化。換句話說，閱讀對象的選擇（選
材）得有選擇的標準，而該標準就在前結構和意識形態中得著
「定位」；而閱讀本身（理解）的可被普遍接受的訴求和閱讀前
後的自我衡量（評估）的反覆考慮等，也早有權力關係的預設
在作「保證」；至於閱讀成果的柔性或強力促銷（推廣），則是

在傳播欲求下始終「樂見實現」的，它可以先行存在而再回過頭去「發展」傳播欲求（這時就是一種「當下頓悟」或「後設強化」式的表現）。而不論如何，閱讀活動都可以基於論述的需要而暫且將它「截斷」來凸顯它的社會化事實。這種社會化事實，就是顯現在閱讀活動的選材的典式約定、理解的求售心理、評估的環狀方法意識和推廣的教化取向等等。這種情況，也可以反過來說已經在閱讀行為形成的過程中就具備了，但又為什麼不在談論閱讀行為時一併處理？這也一樣是牽涉到「分工」的問題：如果也在談論閱讀行為時一併處理，那麼它除了會造成論述無法「清晰」析論的窘境，還會讓人無緣見識到它跟閱讀行為所可以有的「正反」兩種聯結情況。再次，閱讀活動的「次活動」在理論上可以無限多樣，但實際上卻沒有人能夠這樣掌握並且可以一一給予細密的討論。因此，權宜的從中「萃取」幾項來發微，也就勢在必行了。而這也就是本論述不在選材的典式約定、理解的求售心理、評估的環狀方法意識和推廣的教化取向等項目外另作增列的原因；有本事的人，不妨別為開闢可以論述的領域，以便豐富對閱讀活動的社會化現象這個課題的認知。

第二節　閱讀活動「選材」的典式約定

　　照理閱讀活動在選擇閱讀對象上「無所不可」，而該選擇的標準也毋須有任何的框限或一定的策略；但實際上每一次第的閱讀活動卻有意無意的受制於一些特定的意識形態和前結構而顯現出一種「典範」或「典律」式的選材現象。前者（指意識

形態），關係到該閱讀活動能否撐起影響或支配他人的形勢；後者（指前結構），則是該閱讀活動可以遂行的背景或前境。而不論如何，閱讀活動一旦意識形態化了，它就不脫離典範或典律的情境；而閱讀活動的前結構條件也會強化該典範或典律的情境的形塑。

雖然如此，實際的閱讀活動還會展現出一種「期約」式的選材準則；也就是由自我符應進而邀人符應既有典範或典律的要求，以便能夠取得「通行證」或「護身符」以及在言論市場上樹立必要的權威性。這種情況，可以是前結構和意識形態的「一貫」顯性化的表現，也可以是受外在環境或時代風氣的刺激而回過頭去「調整」或「改造」前結構和意識形態（使它仍維持一種「先驗」的制約性）。以至閱讀活動在選材上的典式約定，就可以從這裡談起；而它所不便再重複觸及的前結構和意識形態一類因素，也就由這種典式約定去「隱約涵蓋」或「模糊象徵」了。

一般所說的典範，是從孔恩（T. S. Kuhn）《科學革命的結構》一書來的，指常態科學所遵守的範式：「我所謂的『典範』，指的是公認的科學成就，在某一段時間內它們對於科學家社群來說是研究工作所要解決的問題和解答的範例」（孔恩，1989：38）。而典律，則是通見於基督教系的教會規條和文學的準則等等：「『典律』一詞譯自canon一字。這字一般用來指稱基督教系的教會規條以及上自古埃及下至現代造型藝術的比率準則。文學上（廣義）則首見於西元前第二世紀的『亞歷山卓典籍』，其中羅列荷馬等古希臘宗師以爲各文類（包括史哲）楷模」（劉光能，1994）；此外，「文學典律的存在有賴於文學『公器』（institution littéraire）的推動和維繫。所謂的institution未

必具有嚴密明確的職權組織，但多少具有專業獨攬、權威公信的特性。姑且合併『機構』、『體制』等詞彙的部分涵義譯為『公器』。所謂的公器又有直接、間接兩面：直接面由開創至守成，統括文學流派運動、出版業、批評和理論工作、修史和教學；間接面涵蓋的主要範圍當然是政權，或是以意識形態、思潮等形式發揮影響力的反政權。兩面之中，教學的公器化或機構化、體制化最為深刻，也最受政權所左右。文學典律的成立和更易，是經由文學公器藉助標榜／漠視、響應／孤立、鞏固／削弱之類正／反選擇並進的行為而正當化、通則化乃至教條化、至尊化的結果。受到反面行為壓制的，是前一代的典律或是同時期但無法讓新生代典律兼併整合的競爭對手和零散個體」（同上）。可見典範和典律都是一種「約定俗成」或「強行制定」的規範或法則。它們專用在文學上，就形成了一種文學社群所可以思維寫作和閱讀的準據以及向外爭取發言權的理論憑藉。而依此（片面）類推，其他作品的閱讀活動也得有這種典範或典律式的約定，才能通過自我和他人的考驗而許以「特具意義」或「深富價值」的雅號。

　　由於典範或典律都是經由特定的社群的「承繼」或「新塑」才成立的，所以「背後」這特定的社群也就成了我們理解典範或典律的一大關鍵。所謂「每個社會群體都有它的文化需求以及屬於它的文學。這樣的社群可以是一種性別，也可以是一個年齡層或一個社會階層；比如女性文學、兒童文學、工人文學等等。這些文學各自掌有獨特的交流系統……掌有最明確文學性質的社群，就是文化團體；這一類『文人雅士』也就是眾所皆知文學概念的起源。這些文人們起初是在一種封閉的『種姓階層』裡自成天地，即使迄今也仍不同化於某個社會階級或層

次，甚至不跟任何社會職業團體為伍。我們可以將文人的定
義，當作是那些受過相當的智識培育及美學薰陶，既有閒暇從
容閱讀、手頭又足夠寬裕以經常購買書籍，因而有能力作出個
人文學判斷的人士們……過去這個文人群體指的就是貴族，而
漸漸跟有文化修養的中產階級聲息相通；這個有文化修養的中
產階級，其文化養成的據點就是舊制的中學教育。現今這個群
體又接納了智力勞動者；其中從事教育的人士尤其成為主力，
另有藝術勞動者和極少數受初級教育或現代教育所栽培的體力
勞動者。這就是我們所稱的『文人圈』：聚集了絕大多數的作
家們；而且也吸收了從作家到大學文史研究員，從出版商到文
學批評家等文學活動所有的參與人士。這些『搞』文學的人全
都是文人，因而他們的文學活動又是在一個內部封閉的文流圈
中流轉運作……相對於文人圈，則有『大眾圈』的發行系統。
通常大眾圈讀者所受的教育還不足以掌握理性判斷和詮釋能
力，僅能粗具一種直覺的文學鑑賞力；而工作環境和生活條件
並不利於進行閱讀或養成閱讀習慣，甚至收入也不容許他們經
常購買書籍。這些讀者有的是小中產階級；卻有更多是上班
族、勞動者和農民。比起文人圈的讀者，他們不論在分量上、
類型上以至於品質上都有著同等的文學需求；可是這些文學需
求卻得仰賴他們社群的『外部』來滿足，他們本身沒有任何手
段來使作家或出版商等文學成品的負責人了解他們的反應」（埃
斯卡皮，1990：91-93），這所區分的「文人圈」和「大眾圈」，
就是影響「雅文學」和「俗文學」兩種典範或典律形式的決定
性因素。雖然它並沒有進一步指出「文人圈」和「大眾圈」內
部還可以有各自的「異質」表現（也就是「文人圈」和「大眾
圈」本身還有「次文人圈」和「次大眾圈」的差異現象），但有

這種自覺就已經足夠「激勵」我們再想及其他的問題了。

　　所謂「其他的問題」，籠統說來，包括閱讀活動「永遠是體制性的」意識、閱讀活動「就是在參與創造文本意義」的一種集體性行動以及閱讀活動在選擇對象上的典式約定也是「自己可以晉身爲相關社群的一分子」的最佳保證等等：

　　由於研究文學的人的認知模式不一，他們對創作起源的説法也不同；因此文學形式如何，自然言人人殊。馬克思主義批評家會認為作品的語言結構反映出生產因素、階級衝突或社會結構；深度心理學批評家就會認為文學形式無非是一些幻想、潛意識情結或原型的表相，至於韻律、行段等小設計無一不附麗於這主要的表意結構。我們常聽人不自覺地引述廚川白村的話，文學是苦悶的象徵。這句話代表一種投射文學觀；就是文學是後設的、後設於苦悶，是苦悶的轉換或翻譯。持這種粗糙精神分析文學觀的人，從事閱讀工作時，就必然會根據這種成見，從後設的作品裡追溯那個原先存在的苦悶；他對形式的認定是如此，對作品效應的解釋也是如此……文學創作和閱讀永遠是體制性的。在某時代、某社會、某些人共同認可某些文學的假設，他們就形成了一個閱讀及詮釋團體。當這個閱讀團體為大多數人景從而居於文學社會的中心時，他們所偏愛的形式和文類也變成主流；如新批評統領風騷時，詩成為寵兒，論者對詩形式特質的詮釋，竟然也被挪用到其他文類如敘事文上去（張漢良，1992：58-60）。

　　詮釋社群為閱讀提供了特定脈絡。這樣文本的意義永遠是

一種情境中的意義，在特定的脈絡中產生。就像費許所說
「意義既不是屬於固定或穩定的文本，也不屬於自由和獨立
的讀者，而是屬於詮釋社群所有；詮釋的社群不但形塑了
讀者的活動，也決定了這些活動所產生的文本」。此外，一
個文本不可能在特定的情境之外具有意義⋯⋯費許舉了一
個例子：一群學詩的學生如何應用上一堂課留在黑板上的
四位語言學家和一位文學批評家的名字。當這些學生走進
教室，費許告訴他們黑板上是一首十七世紀的英國宗教
詩。從這個信息出發，這些學生開始仔細而毫不含糊地將
黑板上的五個名字當作一首十七世紀英國宗教詩來讀⋯⋯
費許從這個例子得出一個結論：文本的特質並不能決定詮
釋的結果，而是身在詮釋社群中的讀者所演出的詮釋預設
和策略造就了詮釋的結果。所以他認為「詮釋並不是一種
解析的藝術，而是一種建構的藝術。詮釋並不是解開詩的
密碼；詮釋製造了詩」（史都瑞，2002：93-94）。

長久以來，學者一直不斷發現閱讀莎士比亞《哈姆雷特》
的新方法（還有波特女士的《兔子彼得的故事》以及懷特
的《夏綠蒂的網》）。事實上，區分最重要文學的東西，可
能是它從讀者那裡產生新的詮釋的能力。柯爾摩德主張，
讓文學文本成為經典的是「一種對於適應的開放，而讓它
們在無窮盡的各種配置之下常保鮮活」。讓它們鮮活，並促
使我們不斷思考它們的，是我們能夠不斷以新的方式閱讀
它們，持續注意它們之中至今還未思考過的意義的可能性
⋯⋯儘管如此，我相信典範的概念仍然是有用的；因為它
促使我們去思考為何有些書天生就比別的書要好。思考的

過程、作為人的過程，幾乎總是在評斷某些東西優於其他
東西……普爾夫斯、羅哲爾斯以及索特爾提供最後一種為
什麼我們必須知道那些是經典文本的理由：「一群文本…
…已經被那些形成共同經驗一部分的社群組織給取消了。
這些社群組織已經挑選它們，當作餘興的時候閱讀。每一
次遇到那些文本，就會幫忙把一位個別讀者更深入地帶進
一個特別的讀者團體當中……文本和讀者藉著這種過程，
已經發展出一組彼此有關的聯結。因而適應進入這種傳統
的作家，就會製作出跟該共同文學組相當具有間接關聯的
文本」。知道典範文本不僅幫助我們了解其他文本，它也把
我們帶到跟其他讀者一塊兒，並使我們進入跟他們的對話
（諾德曼，2000：217-220）。

這些所指的雖然都是文學領域的情況，但也不難想及其他領域
同樣也不離類似的閱讀情況（否則我們就無法想像其他領域的
閱讀者為什麼要閱讀以及該閱讀又如何可能等）。因此，閱讀活
動在選擇對象上的典式約定，就是貫串過去、現在和未來的一
條通路，不斷地「引領」著每一個後起的閱讀者向它奔馳而
去。也因為沒有人能拒絕這種典式約定，所以所有的閱讀活動
也就從一開始就走向了社會化的途徑。

　　從上述可以知道，典範或典律是相關社群所藉以選材的依
據；它除了「期約」閱讀活動所實施的對象而使該對象無從
「漫無定準」，此外對於閱讀活動所能發掘（或建構）的信息也
具有相當程度的制約力。有個案例說到：「作為審美活動的修
辭活動，同時也是一種社會活動。修辭活動賴以進行的語言是
社會化的；包括一些約定俗成的意義載體，也是社會化認同的

通用代碼。例如『折柳』、『青樓』、『紅顏』、『桑梓』、『翰墨』、『玉兔』、『懸壺』等符號形式，分別代表『送別』、『妓女』、『美女』、『故鄉』、『文章、書畫』、『月亮』、『行醫』等語義內容。共同的社會文化心理積澱，使上述符號形式進入修辭話語後，仍然是使用該語言的社會全體成員共同理解的符碼」（譚學純等，2000：172）。這就貼切的喻示了典範或典律的理解方式施加在文本上所會產生的「解碼」效應。它除非是不同典範或典律的「較勁」〔如在中國有關「鄙人」、「拙筆」、「謬獎」等符號形式所代表的「自己的謙稱」、「謙稱自己的文字或書畫」、「謙稱對方過獎」等語義內容，對西方人來說則很難（甚至不可能）產生認同心理（同上）〕而讓人對典範或典律的可鬆動性有所覺悟，不然這種典範或典律就永遠要在每一次第的閱讀活動中展現它的「權威性」支配力。

曾經撰寫《西方正典》一書的布魯姆（H. Bloom），就是一個活生生的例子。他雖然知道「正典」（歷代「公認」的經典）並無統一性或穩定性的結構，而僅僅是「在眾多相互搏鬥以求存留下去的文本當中作選擇」的一個結果，但他卻忍不住要尊奉莎士比亞的作品為西方正典的核心，並以它作為評判標準而考量它和其他作家作品的關係〔包括一些影響莎士比亞的作家（如喬賽、蒙田等）的作品以及受莎士比亞影響的作家（如米爾頓、約翰生、歌德、易卜生、喬伊斯、貝克特等）的作品、甚至企圖拒斥莎士比亞的作家（如托爾斯泰、佛洛伊德等）的作品等〕；同時對於多元文化論和女性主義、馬克思主義、拉岡學派、新歷史主義、解構主義、符號學派等嘗試瓦解傳統正典地位的學說就謔稱它們為「憎恨學派」或「啦啦隊員」（殊不知它們也正在樹立新的正典）（詳見布魯姆，1999），這就明顯受

制於典範或典律觀念而爲權力意志所「合謀」的具體情況。因此，有人所作的「正典者，歷代『公認』的經典著作是也。這原本似乎天經地義的觀念，近年受到學術界嚴格的質疑和批判。因爲經典的形成，有太多政治、種族、性別、權力等因素介入。反對者認爲所謂西方的經典只能代表歷史上白種歐洲男人的偏見：所謂美學，不過是特定階層人士的喜好。然而，對傳統的挑戰，其實正說明了傳統的根深蒂固以及它在文化演進發展中的關鍵地位。想要眞正了解一種文化，認識它的重要思想或人文特色，閱讀它的經典著作、分辨它們的背景脈絡，仍舊是不二法門」（同上，彭鏡禧序10）這類企圖爲布氏「圓說」的舉動，所宣告的不是什麼正典眞有它的重要性，而是權力意志促使它顯得重要且必須予以突出而可以成爲大家期約的對象。類似的情況，在歷來所見的文學或經典文學的爭議以及試圖樹立某些文學典範的文學史著作中，也都能讓人清晰的感受到（詳見彭品光編，1977；尉天驄編，1978；葉石濤，1987；彭瑞金，1991；陳義芝主編，1999；劉大杰，1979；鄭振鐸，1999；蘇光文等，1996；黃修已，1997；黃偉宗等，1998；劉登翰等，1993；公仲等，1989；趙遐秋等主編，2002）；它們在選材和解讀上所顯現的「競勝」心理或「權威」心態，無不印證了典式約定在沒有意外的狀況下將會一再的成爲閱讀者的一種影響或支配情結這一論點。

第三節 閱讀活動「理解」的求售心理

所選擇來的閱讀對象，終究要予以理解，才能顯示閱讀活

動正式進入「閱讀」的階段；而理解本身不論是那一種情況或有什麼取向的差別（詳見第四章第二節及第二章第三節），它都不會僅止於自我完足。換句話說，閱讀者所決定的理解方式，最終也會期待它成為一種典範；而這種望人普遍接受的求售心理一旦發用，整個閱讀活動就會顯得「張力十足」（一方面擔心沒有認同者；一方面又得準備迎接不認同者的挑戰，以至整個閱讀活動充滿著戲劇性的張力）。同時也因為有這種求售心理的存在，所以閱讀活動的社會化傾向就比在選材時還要容易看出來。

在傳播學上有所謂的「閱聽人」，他們被認為是社會所結構出來的：「閱聽人／受眾，指的是大眾傳播要傳遞信息的那些不認得的個人和團體。最早的時候，這個術語指的是能聽到戲劇表演的一群公開但相當有限的聽眾⋯⋯後來這個術語引伸用來形容在先進工業社會中的所有人；這些人消費媒體的產品以及跟媒體產品互動，構成了『至少是現代社會成員的一種標記，甚至可能成為現代社會成員的必要條件』⋯⋯早期所研究出來大眾傳播媒體的閱聽人形象，都是孤立、消極又不具人格的；也因而在面對強而有力的傳播媒體刺激時，個人是脆弱的。這種觀點現在被許多更複雜、更豐富的觀點取代，認為閱聽人在本質上是由社會所結構出來的；其中特別強調的是，在不同團體成員和大眾傳播媒體的文本之間所建立出的各種詮釋關係的社會網絡」（歐蘇利文等，1997：26）。那麼作為結構這些閱聽人的作用力，無疑就是相關文本所內蘊或被賦予的意義了。只是當所有領會文本意義（信息）的閱讀活動陸續展開後，彼此相互刺激或相互影響的結果，又會讓閱聽人本身出現一種政治性的結構（也就是有支配者和被支配者的分布情況），

導至理解文本一事也是人可以藉爲自我強化權力欲求的一大場域。在這種情況下，某些傳播學者所指出的「解讀」（理解）的多種形態，也就不僅是表面區分那樣的單純了：「一個文本可以有許多不同的解讀，但通常都只會『比較喜歡』其中的一種（這就叫做『從優解讀』）。我們可以去分析那個文本的內在結構，就會發現究竟它喜歡你怎麼順它的意……賀爾等人提出了三種在閱聽電視時閱讀人會依自己的社會條件（而不是文本的結構）而出現的解碼或解讀形態：（一）優勢霸權型：根據編碼者的設定，『完完全全』接受了文本。這就是從優解讀；同時也回應了派爾金所分析的優勢意義系統；（二）協商解讀型：雖然知道優勢符碼的正規性，但會用解讀者的社會條件來進行解讀。這回應了派爾金的隸屬意義系統；（三）對立解讀型：這會產生一種基進的解碼，而且會激烈地反對從優解讀；因爲它是從一種另類、對立的意義系統而來。這回應了派爾金的基進意義系統〔按：派爾金的意義系統理論，是爲了用來說明各種不同的團體對於它們不同社會條件的回應而構設的。他認爲在西方工業民主的社會中有三種主要的意義系統：（一）優勢系統：這個意義系統承認現有的社會、經濟和政治關係中的結構，而且人們會了解自己在既存的權力、財富和工作分配當中的社會位置。這個系統是因爲隸屬階級恭順或渴望的回應而創造出來的：恭順的回應來自於那些接受了自己所處位置的人；而渴望的回應則來自於那些想要在這個系統中『改善』的人；（二）隸屬系統：這種系統全盤接受優勢系統；但認爲一些特定的團體有權在系統中擁有較好的位置。這創造出協商的回應；這種回應經常企圖利用系統以對某一個特定團體或階級有利；（三）基進系統：這個系統拒絕接受優勢系統，而且會

提出另一套系統來反對它；也因而創造出對立的回應（同上，226-227）〕。舉個實例來看，當我們看到一系列女人圖像的廣告時，也許會出現不同的解讀，視她們為性的對象、穿了衣服的馬或是母親的形象。根據優勢霸權符號碼的從優解讀來看，我們會同意而且接受廣告中自然、精確又吸引人的情景。但一位中產階級的職業婦女，很可能就會用協商解讀的方式來看，她大致同意從優解讀的看法；但『那是別人的看法，不是我的』，她保留了自己對於廣告解讀的權利，她要有一種能夠符合她作為一位獨立女性這種社會條件的解讀法。然而，如果是一位女性主義者，就可能出現對立解讀；她也許會認為這種廣告是污辱、墮落、狹隘的，並且是男性剝削女性的明證。女性如果出現了第一型的解讀，可能就會購買那個產品；用第二型解讀的女性，如果產品剛好適合她的目的，她就會購買；出現第三型解讀的女性，則不會購買該項產品」（同上，306-308）。這背後還牽涉著各種解讀之間競相自我推銷的意欲踐行功力，不能因為自己「觀察」不到或「意識」不及，就輕易的把它放過去。

從整體情況來看，閱讀活動中的理解工作還可以做得非常的繁複或精細（而不只像上述所引論者所歸結的那幾種解讀法的「簡單分立」而已）；而越繁複或精細的理解方式，就越會顯出它的求售的強烈企圖（否則我們就無法想像閱讀者為何要那麼拼命的發展出那種理解法呢）。好比有人為了探討瓊瑤的一系列言情小說，而形塑了底下這麼一種「多重交互作用」的文學社會學模式來進行解讀的工作：「以往有兩種主要的研究取向來探索文學和社會的關係。第一種取向是檢視作品內容中所呈現的社會現象；如某本小說如何描述了種族衝突和歧視、某個劇本刻劃階級躍升的過程並嘲諷暴發戶的粗魯不文等。這可

說是由文學作品來看社會現象和人生百態，把文學作品化約為社會概念的具體化，使我們能以具體的例子了解抽象的社會概念：如什麼是中產階級的興起、什麼是人口遷移和都市化。嚴格說來，這並不是『文學社會學』，而是由文學了解社會現象。第二種研究取向則是探討社會環境和結構如何影響作品的生產和流通。研究項目包括：作家的來源及其社會地位、文學贊助的形成、出版業的結構、讀者群的人口和社經地位組成成分等等。這方面的研究可說是『文學生產社會學』或是『文學消費社會學』，嚴格說來，仍然不是『文學社會學』。我們需要一個概念及方法架構來綜合處理文學的每一個面向：從它的內在文本形式到它的生產和接受過程以及在整個社會和歷史環境下集體意義的建構。在本章中我提出一個多重交互作用的模式來整合文學社會學的不同層面；這個模式不僅適用於研究文學，也可廣泛應用於文化分析，如對電影、電視、建築、宗教……等任何象徵符碼的研究和分析。我首先提出文化分析的四個階段：這四個階段分別是（一）形式／文本分析；（二）制度分析；（三）社會／歷史分析；（四）批判／二度詮釋分析。這四個階段主要是依據湯普森於《意識形態與現代文化》一書中所提出的文化分析模式。這四個階段又可再延伸為八個單位：文本、作者、讀者、類型、文學社區（或其他專業團體）、文化工業、制度和社會。最後，我提出流程式的意義建構概念來對上述多元的分析階段及單位作一整合工作」（林芳玫，1994：17-19）。這所表達的對先前兩種文學社會學所提供的解讀方式的不滿以及對自己所形塑的新文學社會學的解讀方式的驕傲（雖然它多所取鑑於別人所形塑成的分析模式；同時前兩種文學社會學也可以因人的「界定」而成立，我們未必要認同論者的

「非是」的指控），正好可以看出論者以「新規」取代「舊規」且冀其發生普遍效應的「昭然」意圖。凡是有這種「跨科論述」或「科際整合」觀念的人（有關跨科論述或科際整合的情況，參見殷海光，1989；劉介民，1990；周慶華，1998），他們在從事閱讀活動的過程中所作的理解工作，就大體上像上述那樣的不厭繁瑣；而想要「促銷」成功的興致也遠比他人濃厚。

　　正因為理解的求售心理的恆久存在，所以閱讀活動的社會化情況也就可以「轉期待」它更富理論意義。換句話說，從認知的角度看，我們如果想進一步知道這種社會化究竟是「怎麼運作」的，那麼就必須對理解本身的「因時制宜」性有所了解；它實際牽涉到為因應特定的理解接受者而選擇相關的理解方式這一課題。似乎只有解決這一課題，我們才能對理解一事有一全面性或完整性的概念。而這一點，可以這麼說：任何一個有自覺的閱讀者，勢必得儲備有關理解「何時發用」、「何地發用」、「如何發用」等知識，才有可能從容或充分應付具體的情境「所需」；而這可以統稱為理解的地誌學。

　　一般所說的地誌學，也有簡稱為地誌（topography），它是揉合了希臘文中「地方」（topos）和「書寫」（graphein）二字而成。因此，就字源來說，地誌學乃是有關某一地方的描繪。但現在地誌學一詞的英文已經有三義：（一）是對某一地方的描繪；（二）是圖解；（三）是紀實方式如地圖、航海圖、鉅細靡遺地描繪任何地方或區域自然特質的藝術或作法和某一地表的形構（包含它的凹凸形狀及河川、湖泊、道路、城市位置等等）。最初地誌學是以文字描寫某一地方，可說「名實相副」；但後來地誌學的重心逐漸轉移到以圖象而非文字的製圖藝術上，甚至更進而成為繪圖之名，而越來越遠離書寫。有人認為

這些定義經歷了三重的轉移：首先，它的原義是以文字爲景物創造出它對等的譬喻；其次，經由第二重移轉，它變成某種繪圖系統裡根據約定俗成的圖象來呈現出景物的意義；最後，透過第三重移轉，地圖的名稱被引伸爲地圖命名的由來。這第三重的譬喻移轉，它的涵義不僅深遠，並且十分微妙。繪圖的傳統、地名和地方之間的相互作用，它的影響力所及足以使我們將某一地的景物視同一張只有全部地名和地理特徵的地圖。地名本身因此似乎已經含括它的命名的由來；而且地名將景觀情感落實書寫爲既成的產物，也就是該地的地誌學，或者「譬喻學」（參見顏忠賢，1996：3）。然而，值得注意的是這類地圖繪製背後所隱藏的一些問題，如「每一張地圖繪製都無可避免採取某一種觀點；因此面對地圖，除了問『這張地圖如何愚弄我？』更要問『爲何我一開始就如此容易全心全意地相信它？』是怎樣的知識論立場讓我們認爲地圖代表的是毋庸置疑的事實呢」；「傳統的地圖觀是笛卡耳世界的產物。地圖被視爲是眞實世界按照一定比例的再現。地圖是傳遞信息的媒介；而信息和眞實世界之間有著一對一的對應關係。溝通指的是將信息從繪圖者經地圖到閱讀者作機械式的轉換。一個好的地圖繪製者能夠很忠實、沒有扭曲地將眞實世界利用地圖傳達」，但「這種將客觀的地圖繪製和宣傳地圖作截然的區分是建立在一個錯誤的知識論基礎上。當我們對地圖繪製者發問時，這個區分馬上就瓦解了。只有刻意地製造扭曲印象的地圖上才是宣傳地圖嗎？或者所有的地圖都是宣傳地圖？然而將所有地圖視爲宣傳地圖，只是迴避了眞正的問題。既然所有地圖都是在一特定脈絡下所建構的意象，只是重視說明一般地圖和宣傳地圖都涉及詮釋和扭曲並無濟於事。它一方面預設了存在著一個可以對照

詮釋和扭曲的根本客體；一方面迴避了一個可以批判閱讀地圖的理論。我們所要面對的客體是認識地圖作爲文本的論述本質，並建立詮釋地圖的判準」；通常「我們相信地圖，以爲它代表不容置疑的事實，而跟繪圖者的目的和意見無關。這種天眞的信心反映了我們忽略地圖是一個強而有力的武器；它形塑了我們的生存世界。繪製地圖是一個詮釋的行動；它不僅僅是技術性的問題。這一行動的結果，就是地圖；它不只傳達了事實，也反映了作者的意圖，以及我們所體認或沒有體認到的關於作者的專業、時代和文化的境況和價值。因此，地圖是一種文本，它的意義和影響遠超出技術、作者意圖以及資訊傳遞的範圍」等等〔渥德（D. Wood），1996：中文版序viii-ix〕都是。當中所指出的地圖繪製和事實存在的關係，未必是「單向」的，也可以是「辯證」的。換句話說，當繪製者有能耐掌握或體察更「多」或更「實在」的事實時，他很可能會藉以修改所繪製的地圖，而不只是一味地依「己見」強爲繪製罷了（參見周慶華，1998：201-203）。既然每張地圖都牽涉某種觀點和爲了某種特定用途，所以有人認爲「除了行政區域圖或地形圖，也許我們還需要聲音地圖、氣味地圖、公共廁所地圖……小孩也許需要的是關於泥巴、蟬鳴和蝴蝶的地圖。既然每張地圖都服務某種利益，我們每個人都可以製作地圖，以賦予人們力量，並形塑不同的未來。我們也許需要女性公共空間危險地圖、女廁地圖……讓這些地圖成爲女性之間交換經驗的媒介、提升女性意識，進而形成公共輿論、形塑公共政策。我們還需要貧窮地圖、地下水污染地圖、濕地地圖、社區的活動地圖……」（渥德，1996：中文版序xi-xii）。這在具體實踐上，已經不乏其例〔詳見海野一隆，2002；魏特罕（M. Wertheim），2000：

勒范恩（R. Levine），1997；曼古埃爾（A. Manguel），1999；羅
賓遜（J. Robinson），1999；曼古埃爾，2002；顏忠賢，1996；
周慶華，1996a；布魯姆，1992〕。而從整體上來看，地誌學式
的思考，明顯具有圖形思考和系統思考的特徵。所謂圖形思
考，是指「用畫圖的方式來表達事物間的關係和屬性，藉以幫
助人們分析問題、解決問題的一種思維（考）方法……思維科
學認爲，形象的整體顯示對於科學思維具有獨特的作用。正如
美國數學家斯蒂恩所說：『如果一個特定的問題可以轉化爲一
個圖形，那麼思想就整體地把握了問題，並且能產生創造性思
索問題的解法。』所以圖形思維是一種優異的創造性思維方法」
（張永聲主編，1991：417-418）；所謂系統思考，是指「一種
看待世界的特殊方式」〔切克蘭德（P. Checkland），1990：7〕，
它是「第三波資訊社會時代的思考方式；該思考方式強調各專
業領域間的互通性。在思考互通性之後，重新定義人類追求或
探討的標的；並且在考慮過程中，必須將總體大環境視爲一體
系或系統，試圖以各種不同的方向，切入剖析單一問題，以規
避『輸贏』的對峙結果」（張建邦等，1996：126-127）。地誌學
式的思考把思考對象納入知識結構圖表中加以理解，並且照顧
到該對象和整體的關聯，可以說兼備圖形思考和系統思考的特
色（參見周慶華，1998：205-206）。這頗能用來探討或構設閱
讀活動的可能的圖象，而給予理解一事標出必要或合適的地理
位置。

　　由於所有的理解工作都以理解的訴求對象爲依歸，所以在
最低層次上閱讀者就得因接受者的年齡、性別、職業、階級、
知識程度、所屬族群、宗教信仰等差異而有不同的理解策略
（在這種情況下，也就沒有所謂的「標準」的理解或「正確」的

理解一類迷思的存在）。此外，爲求理解工作的信度或效度，閱
讀者也得深知閱讀對象所可以被「廣開深掘」的成分或元素
（如抒情性作品有所謂「意象的安置和韻律的經營」的普遍律以
及在高標上得有「深情或奇情」的蘊涵和在低標上不妨以「矛
盾語或反意語」及「形式變化」來取勝等層面可以著力；敘事
性作品有所謂「敘述觀點」、「敘述方式」和「敘述結構」等層
面可以發掘；說理性作品有所謂「邏輯結構嚴謹」和「前提高
度可信或深具啓發性」等層面可以使勁。參見周慶華，1999b；
2001a；2002），以便在必要時可以「就近支取」或「經濟利
用」。至於在較高層次上閱讀者也不免會有的轉益文化前景的計
慮，那麼就得別爲發展一些可以實地產生作用的基進式或獨特
式的理解方案（諸如批判的理解、解構的理解、甚至乖異的理
解等等），才能起到引導其他人「一起」或「合力」創新文化的
作用。而我們把這些予以有效的整合，也就是進入了理解的地
誌學思考的階段；而一般教人怎麼閱讀的論著所不及如此「考
慮周詳」的（這類著作，詳見錢伯斯，2001b；蔡淑媖，2001；
許慧貞，2001；王淑芬，2001；古德曼，2001；洪材章等主
編，1992；曾祥芹主編，2000），也可以由這裡所提供的資源來
彌補而重新展開一番「不同凡響」的閱讀氣象。

第四節　閱讀活動「評估」的環狀方法意識

　　閱讀活動在理解上的地誌學式的思考，固然可以由閱讀者
依照實際的需要而發用，但在整個過程中要如何建立起每一次
第理解的地理位置，卻得別爲牽涉「評估」的問題。這種評估

可以回到一般的地圖繪製上來得著想像：現代人根據長久累積
下來的經驗，已經知道地圖的繪製終究是「權力的象徵」（參見
渥德，1996）；而不再像早期的人所幻想的可以達到什麼客觀
的「完美」化的地步〔這種幻想，可以詳見考恩（J. Coman），
1998〕。因此，像有人所考察到的「地圖本來是非常典型的『用
完就扔』的東西。然而，頗爲不可思議的是，事實上幾百年前
甚至幾千年前製作的地圖卻留存了下來。爲什麼這些地圖會留
存下來？當然這個問題本身就是一個需要研究的學術課題。在
印刷術發明之前，古時候的政權機關一般都要使用一些大型而
又精細的地圖；但通常這些地圖的製作份數都很少，而且一旦
內容更新的地圖出來以後，舊的地圖就被廢棄了，因此事實上
這些地圖都很難流傳下來。跟這種情況相反，小型的、內容簡
略的地圖，因爲外行人都可以簡單地模仿轉抄，所以當中的一
部分反而可能歷經歲月而留存下來。這個現象，或許可以稱之
爲『精亡粗存』……作爲地圖史上的普遍現象，除了上述的
『精亡粗存』，還應補充如下幾點：（一）由於每次轉抄都使脫
誤、退化增加；從地圖系譜上看，年代越晚的這種情況越明
顯，也就可以稱爲『同系退化』現象；（二）地圖內容並非單
向進化；雖然處同一時代、同一社會，但所據信息及處理方法
的各不相同，導至了地圖事實上的『多系並存』現象；（三）
幾乎所有的地圖都參考了先前已有的地圖製作的成果，因而總
能在新地圖上找到舊有地圖的痕跡；這應該叫『舊態隱存』現
象」（海野一隆，2002：6-9）這一類現象，就是以權力意志爲
中介；此外我們很難相信還有什麼更終極的因素可以用來解釋
它。在這種情況下，一張地圖的繪製就得有多一點的（自我的）
評估，才能確定它要以何種面貌出現；而理解一事也相仿。

　　前節提到「由於所有的理解工作都以理解的訴求對象爲依歸，所以在最低層次上閱讀者就得因接受者的年齡、性別、職業、階級、知識程度、所屬族群、宗教信仰等差異而有不同的理解策略。此外，爲求理解工作的信度或效度，閱讀者也得深知閱讀對象可以被『廣開深掘』的成分或元素，以便在必要時可以『就近支取』或『經濟利用』。至於在較高層次上閱讀者也不免會有的轉益文化前景的計慮，那麼就得別爲發展一些可以實地產生作用的基進式或獨特式的理解方案，才能起到引導其他人『一起』或『合力』創新文化的作用」。這一點的「細緻化」，還必須考慮到理解本身所可以「窮盡」的層次以及理解在面對「文化差異」時的因應方式和理解爲突破現狀所能展現的「力道」或「幹勁」等問題。這些問題合而構成了閱讀活動在評估上的環狀方法意識；而這種環狀方法意識在每一個特定點上都關聯到他人或更大範圍的歷史文化背景，以至這類的評估工作也就不得不也是社會化的。

　　就以理解本身所可以窮盡的層次的評估來說，它所涉及的不外有理解所能達致的「廣度」和「深度」以及這種「廣度」和「深度」如何可能的問題。有個案例說：「理解是符合客體意義並符合其各種細節的領悟方式。外表無法理解的一件事物，必須尋求其內在根基。下面三個步驟慢慢地使理解由淺入深：第一步語意的理解把握到可感覺的記號的意義；有些記號的意義可以立刻領悟，有些記號的意義則需要解釋才能了解。字義的理解尤其重要，因爲字是思想的記號；記號所揭示的事物內容，又須作進一步的理解。第二步目的性理解揭示出事物的動態的一面，就由事物的目的及領導價值去理解它的形態或它的存在的所以然。第三步形上學理解努力領會存有的意義，

就由存有本身或它的本質闡明存有；這樣也使一切事物的價值及目的有了基礎。理解必須同時把握目的和本質的基礎，這是理所當然的；因爲本質和目的本來就有內在的關聯：本質指向目的，目的則在本質尚未完成時先替它作了預告。在同情的理解中我人設身處地意會到別人的存有和行動，這時上述的理解三步驟已聯合在一起；精神科學尤須如此。一般所稱的理解首先就指人文科學的方法；這時我人往往把理解和解釋互相對立起來。自然科學只作因果的解釋；也就是把事物或自然界的過程歸結到決定它們的主動因、結構因素及普遍規律。這一作法對精神生活及精神的產品則無所施其伎倆。因爲精神的自由創造不受明顯的因果關係所支配；精神所特有的整體性也不能僅由因素來解釋；最後普遍規律絕無法完全解釋歷史中一次性的事件。理解比解釋更上一層樓；因爲理解把握到精神生活的實現意義和價值的一面。精神生活決定於超因果的價值；它的整體性的特質來自一種價值或價值等級。具體的歷史人物、事件、形態只能由它的領導性價值或所實現的價值才能理解；有時某一人物實現了這樣的價值，有時則是民族整體實現了這樣的價值。比較精確的方式是從記號開端（一個時代的遺物、某一人物的言論），以後由意義結構而步向最後價值的理解。這時我們不僅去理解一個時代的價值表現，而且也設法加以判斷」（布魯格，1989：555-556）。這所展示的理解觀不能說沒有照顧到所該有的廣度和深度，但它也只能是一種「可能」；此外凡是理解在實施上足以顯現「廣布」和「層次」感的（如前節末所提及的），也都算數。但最重要的是，這種理解方式只能由帶公共性的文本來作保證，而無法推及該文本在被創作時就註定要有「這樣」的理解。這種創作和閱讀不能「一路雙向」的問

題（但不妨偶有相合的情況），並不妨礙理解本身的價值；反而可以藉機豐富文本的內涵或再創造出另一個文本。換句話說，創作（由潛能到實現）只負責「生產」文本，而理解（由實現到潛能）只負責「發掘」文本，彼此可以「巧合」但終究得「各行其是」。倘若理解一定要宣稱是在逆溯創作的歷程，那麼它也只能由權力意志來作「終極性」的保證（也就是任何的理解都是為了藉來影響他人、支配他人，而跟所謂的「事實」不必然相關），從此不必再以什麼「客觀性」相添加（參見周慶華，2002a：263-264）。

再以理解在面對文化差異時的因應方式的評估來說，它所涉及的也不外有對不同現象的「深入」敏感以及發展出合於「理度」的理解的問題。好比神話和童話這兩類文本，向來在被理解時就相當缺乏這種敏銳度，以至所有的理解成果也就不甚可觀。如在神話方面，有底下這一代表性的說詞：「希臘之神話中，多言神人之衝突，神之播弄人……人由神造之歷程，在希臘及猶太教神話中，亦皆有極詳細之描寫。凡此等等，皆足證在他方宗教中，神高高在上之超越性與人神距離之大……中國古代神話中，有關於大禹治水之神話，有后羿射日之神話，有夸父追日之神話，有嫦娥奔月之神話，有共工氏怒觸不周之山而天柱折之神話，有女媧氏煉石補天之神話，有倉頡造字『天雨粟，鬼夜哭』之神話，有神農嚐百草之神話，此皆為人力勝自然、補天之所不足之神話」（唐君毅，1989：29-30）。這僅以「為人力勝自然、補天之所不足」和「神高高在上之超越性與人神距離之大」來區別說明中西神話表現的差異，顯然是不夠的（也就是我們可以再追問為什麼有這樣的差異）；它還得追溯到中西方的宗教信仰才行。在西方，因為以上帝（神）為

主宰，所以才有戀神情結和幽暗意識的存在（戀神而不得，必致怨神，所以有人神衝突；而人有負罪墮落，不聽神遣，所以會遭神懲罰播弄）；而在中國，沒有唯一主宰的觀念（在氣化觀底下，只有「泛神」信仰），所以才會有那些「人化」的神話被用來共補天地人間的「缺憾」（參見周慶華，1997b：124-125）。至於中西方又為何有不同的信仰存在，這就沒有什麼跡象可以考得了（它可能是受各自背後神靈的啓示或偶然靈光一現而開始這種差異信仰之旅）。又如在童話方面，大家始終都能為它內涵的奇幻性或虛幻性所著迷，但在理解上卻只能做到它是「為符應兒童的智識未開或為滿足兒童好奇的本性」一類的了知（參見洪汛濤，1989；陳正治，1990；洪文瓊主編，1989；周惠玲主編，2000；格林兄弟，2000；張嘉驊，1996；廖卓成，2002），而根本還沒有搆到這種奇幻或虛幻色彩的內在根源。就以童話中常見的巫婆角色為例。她的存在多半代表著「邪惡」；而「每個重要的童話故事其實都在處理一項獨特的個性缺陷或不良特質。在『很久很久以前』之後，我們將會看到童話故事處理的正是虛榮、貪吃、嫉妒、色欲、欺騙、貪婪和懶惰這『童年的七大罪』。雖然某一個童話故事可能處理不只一項『罪』，但當中總有一項佔主要地位」（凱許頓，2001b：35），這就由巫婆在「擔綱」演出，將那些罪惡「攏總」的承擔起來。而最後巫婆也「一定要死」（同上，42-43），才能大快人心！但我們要納悶的是為什麼這種角色是一個「女性」？一般人都很少思考這個問題，以至相關的理解等於沒有理解。其實，這跟西方人的負罪觀念有密切的關係（童話起源於西方，所以只能從西方去追溯根源）。在《舊約·聖經》〈創世紀〉裡明白的記載了人類的墮落是從夏娃受蛇引誘而偷吃禁果開始的

（她偷吃禁果後又拿給亞當吃，亞當也才跟著一起墮落）。因此，「罪」是從夏娃一人開啓的；而她一人所無法「全部」承擔的，就有可能被轉移到其他的女性身上（也就是其他的女性會被連累而一併遭忌受怨）。所謂的巫婆，就是在這種氛圍下被創造來受「類型」式的指責的。而她在西方的文化傳統中，也合該得到這樣的待遇（除非西方人不再留戀他們的宗教信仰）。所謂「在中世紀晚期，教會對人們熱衷於奉獻聖母瑪利亞的現象感到不安，於是下令禁止人們向祂禮拜。因而在十四世紀之後，對女性的敬重也漸趨式微了。許多婦女失去她們的財產所有權；在某些國家裡，女人竟然成了她們丈夫的禁臠。黑死病的流行，甚至進一步貶低婦女的地位。在瘟疫流行期間，死神的象徵符號成了『一個罩著黑色斗篷、留著長髮的老女人。她的眼神令人不寒而慄；隨身帶著一把寬刃、致命的大鐮刀。她的腳下是爪而非腳趾』。（而）晚近這三百年裡，對死神的恐懼，還有逐漸受到抑制想像力以及對自然界的誤解，都助長了歷史上這段最要命的時期。把女巫送上火刑臺，是歐洲歷史文化中最黑暗的祕密之一。大約有九百萬的女人（還有一些男人）被指為女巫，在火刑臺上被活活燒死。為了減輕婦女分娩時的痛苦，許多產婦竟然遭到殺害。這似乎逾越了僧侶的角色了；而且跟《聖經》中要女人因為夏娃的行為而受苦的誡命相違。那些懂得運用草藥的療效和知道其他自然療法，以及因為懂得觀察季節變化和陰陽曆法而被視為異教徒的女人，都被懷疑是在施行巫術。言行並不符合社會習俗所規範的女性角色的女人（因為她們是聰明的，或是因為她們未婚、沒有子嗣，或擁有財產），全都生活在恐懼中。她們之間有許多人被扭送到有關當局，受到不公正的審判，嚴刑拷問，然後被處以死刑，許多人

就這樣在火刑臺上結束她們的生命」〔艾翠斯（L. Artress），1999：175-177〕，這段話所提到西方婦女被怪罪的因緣，多少都可以用來印證這裡所說的話。而從另一個角度看，西方的神話和童話，正好體現了兩種「對立」而「互通」的思維；也就是西方式的神話是西方人「模擬」上帝創造的行動而出現的一種文體，而西方式的童話是西方人「模仿」上帝創造的風采而出現的一種文體（以超現實的創作來展現人「操縱」語言構設事件的「不可一世」的能耐），彼此在表面上相對而實際上卻是相通的（也就是只要敬仰了上帝，難免就會接著想辦法「媲美」上帝；而神話和童話的創作正是能夠滿足這類的需求）。我們如果要理解這兩類作品的相關的創作經驗，而不以上述所提供的資源爲依據，就不曉得還有什麼更可稱道的資源可以援引。相同的，中國傳統的神話形態不一樣，也缺乏西方式的童話，就是根源於中國傳統並沒有西方人的宗教信仰；彼此原有不可共量的因素在，很難相互遷就（參見周慶華，2002a：297-300）。因此，在這個環節上能夠有上述這類的自覺，自然可以使所作理解帶有「綿密理路」的特性而容易獲得別人的優先採納；不然至少也因此而成就了一種可以期待「內行人」來鑑賞的理解成果。這時閱讀者所預設的權力意志，也才有可能廣爲得著遂行的機會。

　　最後以理解爲突破現狀所能展現的力道或幹勁的評估來說，它所涉及的也不外有理解的「因時制宜」以及這種「因時制宜」的策略爲何必要的問題。在一個普遍「求新」或雖然保守但也不放棄「求變」的時代，理解本身也能滿足潮流所需，也就是一件特能「與時遷移」且「功德圓滿」的事。這種因時制宜的策略，無非是要開發新的理解的對象，而可望藉它來轉

益文化「日臻精實」的前景。因此，這已經不只是一種純理解的策略，它還是一種發展文化的策略。雖然所要開發的新的理解的對象得受類似新歷史主義「歷史是一種由歷史學家所建構出的自圓其說的論述，而由過去的存在中，並無法導出一種必然的解讀：凝視的方向改變，觀點改變，新的解讀就隨之出現」〔詹京斯（K. Jenkins），1996：68-69〕這種觀念的制約，而無法保證它確實具有「新意」或真有「啟迪」他人的作用；但經由多方的比較選定，還是可以讓所理解的對象有相對的新穎性（參見周慶華，2002a：300-301）。而這以目前的情況來衡量，大體上有兩個途徑可以遵循：第一是透過科際整合「多方」的揭發文本的意義，而就以這種方式來顯現理解的「能出新意」或「別出新裁」。第二是透過發掘文本所「掩蓋」的眾多事實來新展理解的對象，而就以這些對象為基礎再啟另一波「逐異」或「趨新」的理解思潮（也就是它的出現對仍困於泛泛理解情境中的人來說，不啻有「激勵」或「啟導」的作用）。前者，如《海上鋼琴師》影片，我們把它當作「文本」看待，可以從許多角度來談論：首先從敘述學的角度看，它以限制觀點中的第一人稱觀點（敘述者「我」是配角）來倒敘兼插敘故事情節，這有利於凸顯海上鋼琴師片段的「精彩」的人生（如果換另一種敘述觀點或改用順敘一類敘述方式，那麼很可能就會流於冗長累贅而不利審美的下場）。其次從符號學的角度看，它有一組符號在對比運作，就是「喇叭手」（代表平凡、潦倒、忍辱偷生等）和「鋼琴師」（代表不凡、風光、不隨波逐流等）的對照，隱喻了現實中兩類人生形態。再次從心理學的角度看，片中主角鋼琴師在最後所以「不怕死」，可能跟下列幾個因素有關：（一）無親無故，毋須牽掛身後事；（二）沒有把握適應陸地上錯綜

複雜的生活，與其屆時死得不明不白，不如現在就決定去留來得稱意；（三）相信死後有天堂可去，或早或晚並沒有什麼不同。此外，天才或因為高傲而有「自閉」傾向。再次從社會學的角度看，現實社會很難接納一個沒有身分證明的人，導至像海上鋼琴師這樣的人才也必須面對自我「終了殘生」的悲劇結局。再次從哲學（後設思維）的角度看，海上鋼琴師仍不免有不確定死後世界的憂慮和恐懼（從他臨死前對喇叭手所講的有關天堂的「可能際遇」笑話可知），這使得原先堅決跟船共存亡的意志大為「鬆動」。而因著這一矛盾情結的出現，當事人不再是「性格平板」而是「富有深度」的人了。這遠比把海上鋼琴師塑造成可能的刻板的「聖潔」形象要耐人尋味（畢竟「千古艱難唯一死」呀）。再次從宗教學的角度看，海上鋼琴師的琴藝「不學而能」，很可能來自外鑠（某一音樂家的亡靈附身或靈界協商合力給予助力）而不是出於內蘊。這也可以解釋他始終不離船的原因：一離開船就感覺神力不再，從此可能連謀生都會有困難。這種科際整合的作法在此地的表現雖然太過粗略（而且也還無暇處理當中所會出現的「矛盾」或「歧見」問題），但已經可以看出一點規模了；而它無異開啓了一條可以「新奇」理解的生命的道路（也就是只要帶入一種「新」的理論，就可以理解出文本的「新」的意涵）。後者，如「默頓認為清教倫理有如下三條原則：（一）鼓勵人們去頌揚上帝，頌揚上帝的偉大，是每個上帝臣民的職責；（二）讚頌上帝的最好途徑，或者是研究和認識自然，或者是為社會謀福利，而運用科學技術可以創造更多的物質財富，所以大多數人應該去從事科學技術和對社會有益的職業；（三）提倡過簡樸的生活和辛勤勞動，每個人都應該辛勤工作，為社會謀幸福，以這一點感謝上帝的

恩德」（潘世墨等，1995：114），這段話所提及的清教（基督教中的新教）所遵守的三個倫理信條（另參見韋伯，1988），表面上有相互衝突的現象（如第三個信條就跟第二個信條很不搭調），其實則不然！因爲只有過著簡樸的生活，才能「累積」財富以傲人！而清教徒所以要有這類的現世成就，一方面是想藉它來尋求救贖（冀望可以獲得上帝的優先接納而重回天堂）；一方面則是想展現自己的本事而媲美上帝的風采（參見武長德，1984；周慶華，2001b）。此外，清教徒所認爲的爲社會謀福利（創造更多的物質財富）一事，明顯是基於「自利將促進物質福分的增加」這個理念，但它所以可能是建立在「塵世是短暫的，不值得珍惜」（可以無止盡的開發利用；即使耗用完了也不足惜）的前提上；而這已經演變成地球的資源日益枯竭，且因科技不斷發達所帶來的污染、臭氧層破壞、溫室效應、核武恐怖、生物或化學戰爭風險等後遺症無法解決〔參見雷夫金，1988；萊昂（D. Lyon）等，1988；田納（E. Tenner），1998；費根（B. Fagan），1999；萊斯理（J. Leslie），2001；雷夫金，1999；輕部征夫，2000；奧利佛（R. W. Oliver），2000〕。同時影響所及，有上述那種「急迫」感的人（包括同爲基督教系統的天主教和東正教徒，都會受到鼓舞），爲了取得當下的「競爭」優勢，不惜侵犯、剝削別人的權益，導至殖民主義或帝國主義的興起（由過去的軍事殖民「擴及」現在的政治、經濟、文化殖民）（詳見第三章第四節）。這些都被文本的「表面」現象給掩蓋了；我們試著把它彰顯出來，在相當程度上可以「開人眼界」而重立一套理解的新規模。而這對非西方社會中想要抵殖民的人來說，也是一種最好或最合適的理解策略。所謂閱讀活動的評估工作能夠做到這個地步，可以稱得上

是「難能可貴」了；而它已經不知要經歷過多少回的跟整體環境和歷史文化背景「互動」，才能發展出這樣的方法意識。

第五節　閱讀活動「推廣」的教化取向

　　整個閱讀活動從選材的典式約定，到理解的求售心理和評估的環狀方法意識，無非都是要形成一個模式而向社會推廣。這種推廣，在先天上就是一種權力的象徵；但在後天上它卻經常用「教化」一類名義來包裝（甚至還會藉機謀利一番），以至它在總結或統合閱讀活動的儀式中相關的社會化現象也就最為明顯。如果閱讀者有機會或能為自己的閱讀模式樹立起權威性，那麼擴大推行該模式以取得教化權的心理會更為急切。雖然它只是一種權力意志的表現，但不容否認這裡面也會含有一份文化理想。換句話說，推廣閱讀模式是為了教化人心；而教化人心則普遍會以文化理想為前提。在這種情況下，閱讀者要以推廣閱讀模式來總結或統合閱讀活動的儀式，也就有一些更為具體的目標可以形塑了。

　　一般所說的教化，可以有相當廣涵的意義。所謂「教育上之所謂教化，譯自德語之bildung，本為賦事物以定形之意；與言『形成』略同。形成者，不獨指其外體，亦兼內力發育之意以言，故可謂之教化也。英法語之culture，本多譯作文化，特假借以當之耳。至教化與教育二語之區別，學者為說不一。茲但引威勒曼、福格之說以明之。由威勒曼，則教化乃所以促進社會文物之發達者；所著《教授學》中，指社會組織及其生活狀態為文物，而所以產此組織及狀態之精神能力則謂之文化。其

促進此文化者，即教化之謂。其意雖足包文化之全，而範圍與之有出入。由福格，則教化一語，指凡身心所受影響，本與教育無殊。唯教育出以故意，此兼無意：（一）教育限於個人，此兼社會；（二）教育以未成熟者為對象，此兼成人；（三）教育有年限，此無窮期；（四）要之，解教化為廣於教育者是也。又福格言，教化但關於知識；其關於意志及行為者，宜別稱道德的教化。是說也，人不盡贊之，而謂學藝道德各種影響，俱可括入教化中」（商務印書館編審部，1971：603-604），由這段辭典中的界定，就可以想像得到大家所用的教化一詞未必會是同一個意思。為了方便指稱，這裡把它當作教育（不論是制度性的還是非制度性的）所要達到的效果；而這個效果可以是多元化的（好比有關教育的目的可以是為「傳遞社會思想意識」或「培養適應現代生活的知識技能」或「提高人文素養」或「成己成人成事」或「承襲舊文化和創造新文化」或「追求完美人性」或涵容其他帶有後現代特徵的多元文化觀等。參見成有信主編，2000；王道俊等主編，1998；陳桂生，2000；高廣孚，1995；詹棟樑，1999；伍振鷟主編，1999；陳迺臣，2001；張文軍，1998）。如果用前面曾經分辨過的閱讀可以有的三種取向（就是知識取向、規範取向和美學取向等。詳見第二章第三節）來說，那麼它所要達到的教化效果，就是影響其他人來接受閱讀者所掘發的真、善、美等價值。這一方面可以滿足閱讀者的權力慾望；一方面還可以期待受影響者跟自己「齊一水準」，以便「共同營生」或「合創未來」。

閱讀活動在最後要把整個閱讀模式推廣開來（以便達到實際教化的目的），它所憑藉的就是一套話語（言說；論述；論說）。所謂「文學理論家、批評家和教師們，這些人與其說是學

說的供應商，不如說是某種話語的保管人。他們的工作是保存
這一種話語；他們認為有必要對它加以擴充和發揮，並捍衛
它，使它免遭其他話語形式的破壞，以引導新來的學生入門並
決定他們是否成功地掌握它。話語本身沒有確切的所指，這不
是說它不體現什麼主張：它是一個能指的網絡，能夠包容所有
的意思、對象和實踐。某些作品被看作比其他作品更服從這種
話語，因而被挑選出來，這些作品於是被稱作文學或『文學準
則』。人們通常把這種準則看作十分固定，甚至在不同時代也是
永恆不變的，這在某種意義上具有諷刺意味；因為文學批評話
語沒有確切的所指，但它如果想要的話卻可以把注意力或多或
少地轉向任何一種作品。準則的某些最熱心的保護者，已經不
時地表明如何使這種話語作用於『非文學』作品」（伊格頓，
1987a：192-193），正道出了「箇中消息」。而所謂的話語，實際
上就是一種或多種意識形態的運作或實踐（詳見第四章第三
節）。因此，當有兩種或多種閱讀形態在相互對立或較勁時，所
代表的不是當中有什麼「是非對錯」可以分辨，而是不同的意
識形態在競爭「主導權」或在排比「優位性」。好比文字文本的
插圖對閱讀者來說，向來就有兩種相互對立的反應。如底下這
段敘述所隱含分列的：「我自己的書大都是有插圖的，插圖將
故事內容重述一遍或作說明。我覺得有些插圖比別的好：我那
時候覺得我的德文版的《格林童話》的水彩插圖比英文版裡的
複雜線條插圖好看。大概是因為水彩比較符合我想像中的故事
人物或地點，或是更能填滿我按文字描述構成的景象，能把文
字所說的加強或修正。福樓拜爾堅決反對以圖片搭配文字的主
張。他有生之年，一直不肯在作品中納入任何插圖；因為他覺
得畫出來的影像會把共通的變成獨一的。『只要我活著誰也別

想給我插圖，』他寫道，『因為最美的文學描寫會被最低劣的圖畫吞沒。一個人物一旦被畫筆定了模樣，就喪失了普遍性，不再像許多有普遍性的事物那樣觸動讀者說，「我見過這個」，或是「這一定是某某人」。用筆畫出來的女子看來像個女子，僅此而已。這意念畫出來之後就告終了、完結了，所有的文字都沒用了。但文字寫出來的女子，在人們腦際勾起的是一千個不同的女子。因此，這既然是個美學的問題，那麼我鄭重拒絕任何類型的插圖。』我從來不贊成這麼固執的分隔」（曼古埃爾，2002：8）。顯然這是兩種不同的審美觀（意識形態）在抗衡（一種是強調單一媒體的審美觀；一種是容許多元媒體的審美觀），並不代表誰絕對的有理。而由於沒有什麼是非對錯可說，所以接受者要怎麼接受，也就「各隨其便」了。

　　雖然如此，一個有「深沈感懷」或「崇高理想」的閱讀者，還是會努力把他所能塑造的閱讀模式儘量往可以「恆久影響人心」或「促成文化新生」的境界去自我定位。有個案例說：「看看下列由一位到訪美國舊金山的旅人所訴說的情景：『你應該在下午五點時分去看看中國城的那條大街。真是令人驚奇！我可以輕易地想像自己就走在中國的城市中。這地區人口非常密集，幾乎到處都是人。汽車行駛在狹窄的街道上必須要相互協商誰先誰後，車子要猛按著喇叭，才能迫使人們讓出路來。人們像卡通動畫一般地交談，說的大部分是中國話。街道兩旁成排的彩色大廈，許多都複製了東方建築的結構形式。有許多不同類型的商店，販賣著罕見的商品。每一件事看起來和聞起來都如此地不同，讓我禁不住想要去觸摸和品嚐。有些商店賣的是各式各樣的魚類和軟肢動物。有些商店櫥窗就倒掛著看起來像是醃漬或燒烤的鴨子。也有許多商店陳列著我從來沒

見過的蔬菜。此外，還有珠寶店、充滿異國情調的茶坊、吸引
人的餐廳和販賣中國風小擺飾及紀念品的雜貨鋪。而最令我感
到新奇的商店，則是販賣中國藥草的店。一堆瓶瓶罐罐裡和籃
子裡，滿滿是我無法辨認的東西。我被這些奇怪的味道和景象
弄得有些昏昏沈沈。由於東西上面所標示的名稱和價格都是中
文字，我所能做的只是想像，而這些商店對我來說仍像是不可
解的謎一般。中國城裡的人們也很令人好奇，就像個混合體。
有年輕人和老人、中國人和非中國人、已被西方同化的和仍穿
著傳統中國服飾的人（大部分是老年人）。有些女人用一條看起
來像是毛毯的東西斜裹著背部背著孩子，而其他女人卻推著現
代化的嬰兒車。其他的男人和女人雙手中提著滿滿剛買的貨
物，匆匆忙忙橫過街道，很可能是趕著回去做晚餐。看著男男
女女在商店中廝殺魚類或蔬菜的價錢，是一件很有趣的事；即
使我並不了解他們真正在說些什麼。我買了一件珠寶飾品，但
還是沒辦法熟練討價還價的藝術，所以我付了我開口要求的價
錢，我想這是一件蠢事。討價還價並不是我文化中的一部分。
我想即使我在中國城待上許多天，大概也不能了解得透徹。這
真是有趣的經驗！』如同前述舊金山的中國城一般，描述可能
是客觀的，只是這個人對所見所聞的報告。然而，即使是最基
本的描述，也包含了目的（否則為什麼要描述呢）和讀者聽眾
（誰會看到或聽到這些描述呢）以及觀看者的選擇性注意……在
上述對舊金山中國城的描述中，敘述者是依據商店裡所販售的
物品來組織商店，了解其間的關聯性，並以說明個人最感興趣
的是草藥店，來聯結它和敘述者的關係」〔史粹斯（A. Strauss）
等，2001：24-27〕。文中所轉述的那段敘述在論者的解讀中僅
看重它的敘述特性，顯然這是不能滿足「想多一點認知」的人

的需求（也就是那段敘述所呈顯的一些事件為什麼都像敘述者所說的那樣「不可理解」呢），以至得有另一種解讀策略來填補這個匱缺。倘若由我來做，我會比照前節跨科論述的方式而作這樣的理解：從符號學的角度看，敘述者極力編綴舊金山中國城內地狹人稠、街上車多吵雜、商店販賣西方罕見的物品、顧客喜歡討價還價等等符號來象徵中國人的「髒亂無序」以及身在異國卻難被同化的「冥頑性」。從結構主義的角度看，這裡有把中國和西方區隔開來的二元對立結構。從系譜學的角度看，這裡隱含有舊金山中國城中的人所以會跟西方人格調差距甚大，全是承繼於中國文化所致。從心理學的角度看，敘述者的潛意識裡有不喜歡中國人的情結。從社會學的角度看，敘述者沿襲了西方社會鄙視中國人的價值觀。從現象學的角度看，敘述者意識到了自己和他人的存在差異。從詮釋學的角度看，敘述者帶著自己文化的印記在看中國人，最後仍以「非我族類」定位中國人，並沒有嘗試深入了解中國人或融入中國人生活的意願。從文化學的角度看，這裡所對比的「有序」和「髒亂」等兩種生活方式，其實背後各有不同的世界觀在促成著，彼此不可共量，也沒有好壞的區別（也就是說，在中國是氣化觀；在西方是創造觀，彼此難以「一概」看待。前者，讓人不得不比照大氣的「流動」而「和合」著過；後者，既然相信萬物為上帝所造「各別其類」，那麼過「井然有序」或「互不干涉」的生活，也正表示能善體上帝的旨意。如果要「相互勉強」遷就對方，一定難免人為的殖民災難）。這容或「未能盡意」，但大抵上已經展現了一種基進式的理解模式了；它將不斷地提供給人對文化差異性的「敏感」所需的資源，進而重新思考「和諧相處」或「合理對待」的有效方案。

　　透過上述這類的自覺，那麼有關要不要自我堅持一種特定的閱讀模式以及需不需排斥別人所建構的閱讀模式等一類問題，也就有跡象可循了。換句話說，凡是有所堅持的，都以能產生高教化效率爲準則；同樣的，凡是有所排斥的，也都以不能產生高教化效率爲依歸。它的衡量、去取等過程所需的識見和抉擇毅力，也許不能「如期」體現；但只要有決心像這樣一直往前「衝刺」，一定會看到佳績的（不然也可以期待它出現佳績）。我們試著比較底下這兩種閱讀模式：

　　我把閱讀稱為心理語言的猜測遊戲，目的是要強調讀者在理解書寫語言時所扮演的積極角色，這應該是我們對閱讀歷程的認識中既新潮又重要的一環。我希望你們拋棄把閱讀視為精確、連續地辨認字母和單字的論調。我希望你們了解讀者如果要理解（建構意義），他們會：（一）從複雜但不完整而且含混的文章中選擇最少量的信息，並且持續地運用這些信息；（二）應用他們對語言和這個世界的知識；（三）利用預測的策略並推論文章的發展。總歸一句，我希望你們了解，讀者在閱讀時會根據信息作推測。我花了許多年專心研究並思考，想更透徹地解釋並了解閱讀的歷程……然而，我們永遠不會完全了解。閱讀是個動態的有機體，人們為了重要的個人和社會性理由而閱讀。華特·惠特曼曾經寫了一首詩叫做〈當我傾聽博學的天文家〉……詩是這麼寫的：「當我傾聽博學的天文家／當證明數據排列成表呈現在我眼前／當他給我們看表格和圖形來作加除運算並測量／當我坐著傾聽這位天文家演講，演講廳中掌聲不斷／很快地我無法解釋為何我變得這麼疲憊

和厭惡／一直到我獨自站起來向外緩緩走出去／在神祕濕冷的夜氣中，不時地／在完美的靜寂中往上看著星星，我終於知道為什麼。」對我而言，惠特曼似乎在說明科學性的星星研究和他身為詩人對星星的好奇並不相容。閱讀是美妙的，人類有特殊的語言能力（口語、書寫、手語）來溝通詩情畫意的情感、奇妙的觀念以及科學知識，而這也是美妙的。科學性的研究和認識閱讀的運作並不會減低這種人類特殊成就的美妙特質（古德曼，2001：198-200）。

本書的目的有二，都稱不上雄圖壯志；而書名的模稜語意也已將它道盡：一為閱讀拉崗、德希達和克莉絲特娃的主要文本；二則為他們理論的提要鉤玄。雖然坊間不難看到這些作家的思想導論，卻沒有一本從修辭策略下手細味他們的主要文本。這些理論家的著作其實都在閱讀其他文本，而要如上述來細案他們的重要論點，似乎只要追索他們解讀所及的事例就可以了。拉崗向佛洛伊德回航，目的在傾聽他的文本中流露出來的潛意識的聲音。德希達審度所讀文本的結構，發現解構的罅隙——對著位在其外或已躍等而過的思想結構開敞。克莉絲特娃則錘鍊解析記號學的各種方法，使這種經精神分析強化後的符號學拉薄抽長，可以細究說話主體和社會實踐的表意結構。這樣看來，他們的文本所倡導的都是精緻出塵的省思性閱讀過程，難怪本身都經細織密縷；而且字斟句酌、錙銖計較得一絲不苟……我致力於本書的撰寫，原因有二：第一，我發覺書中所擬討論的文本思想靈活，巧筆聯翩，非得抉其精微，否則難以獲益，是以可謂深具啟發性。如果拉崗就

人類主體所發的議論一點也不假，如果德希達在語言上的
所論和克莉絲特娃就說話主體的所見也都是真的，那麼我
們當務之急所要全面重估的不僅包括人文學科和各種人類
學問，也涵括人類的理解本身。這些文本到處滲透，力道
強勁，讀了就足以摧枯拉朽；或者使我們徹底更新角度，
為它們所迷。第二，我發覺當代理論界有一醜態：不論是
在大眾傳媒或在學術刊物上，許多有關理論之作不是志在
要略，就是旨在排斥；或者用在褒揚所論理論的整體，卻
未嘗試為理論家作一區辨，也未曾挑出特殊段落試為析
論。這些極端論述倘若跟書中我擬細究的文本有關，我會
引出作為殷鑑〔潘恩（M. Payne），1996：原序xi-xiii〕。

前者只停留在讀者和文本不斷互動的「詮釋循環」情境裡，明
顯少了讀者更需要跟作者及其歷史文化背景互動那些環節。後
者雖然未能處理跨文化領域的閱讀模式如何建構的問題，但大
體上已經意識到了閱讀在揭發作品所隱含信息上的必須基進
（才有看頭）的旨趣。因此，要在這二者之間作選擇時，我們自
然得優先形塑類似後者這種閱讀模式，才能藉為改善文化的
「體質」，而終於確保了一種高效率的教化的存在。

第六章
閱讀主體的社會性認知

第一節　概說

　　閱讀行為和閱讀活動都是由人在醞釀和發動，這種人表面上稱為閱讀者或讀者，實際上他應該叫做閱體主體。這種主體跟一般哲學界或文學界所泛稱的主體性的主體不同。後者多半指人在認識、判斷和意義選擇上的自主性，無異等同於西方的人文主義〔參見李德順，1987；張汝倫，1988；九歌，1989；王一川，1988；俞建章等，1990；柏林（I. Berlim），1990；阿德勒（M. J. Adler），1986〕；這能不能如期彰顯，還頗有疑問〔參見布洛克（A. Bullock），2000；史密士（H. Smith），2000；威爾伯（K. Wilber），2000；阿姆斯壯（K. Armstrong），1999〕。前者可以指「對事實認識知解（包括感受）的來源是建立在個別我的個別經驗的基礎上的『人』」（參見游喚，1991）但又嫌不夠貼切；它應該是說行為或活動的促動者或實施者。這用在閱讀上，就是指閱讀行為或閱讀活動的促動者或實施者。由於閱讀主體一開始就不是個別性的存在，而可以由閱讀社會學來強化對他的社會性的認知，所以這個課題也成了閱讀社會學的重點之一（詳見第二章第四節）。現在就仿照前例，為它再作一點比較周詳的論述。

　　從整體上來說，所以要這樣精細的區分閱讀主體和閱讀者或讀者，主要是受到敘述學者分別敘述主體和作者的啟發。敘述學者認為在敘述活動中實際在場的是敘述主體，而不是那個作為「署名者」的作者。為了有所區別，敘述主體的作者的身分被稱為「隱含作者」；他跟作為生活人的「作者」」彼此有關

聯，卻又不等同。所謂「敘述主體如果指敘述活動的實施者，那麼他似乎非作者莫屬。然而，事實並非如此。因爲我們知道，一般說來，一部敘事作品的作者是個實實在在的人；這樣一個人既可以寫小說也可以不寫。因此，他跟他的作品的關係可以是分裂的：人們早已發現，果戈里在他的作品裡表現出無比的偉大和崇高；但在實際生活裡的他本人卻正像他在小說中所嘲笑的那種卑劣、自私和虛僞的人」（徐岱，1992：66）、「同一個作者可以寫出完全不同的隱指（隱含）作者，因爲他完全可以在不同的作品中使用完全不同的價值集合；有時是因爲他思想變化了，有時卻可能是他戴上了不同的面具而已」（趙毅衡，1998：11）等，說的正是這個意思。因此，敘述主體只是作爲生活人的作者的「第二自我」，「它一方面受『第一自我』的制約；另一方面也受到創作實踐的影響，具有自己的特點。所以韋恩‧布斯說到『一部偉大作品建立起它的隱含作者的『誠實』，而不顧及創造了這個隱含作者的那個眞人，在他的生活的其他方面如何跟他在作品中所體現的價值相悖離』」（徐岱，1992：66-67）。換句話說，敘述主體是作爲生活人的作者所化身的；他實際主導敘述活動的進程，是整體敘述成果的直接關係人，所以才把他列爲敘述學的討論對象（而不是那個作爲生活人的作者）（參見周慶華，2002a：106-107）。所謂的閱讀主體也是類似這種情況；他在每一個行爲或活動的當下，都只帶著作爲生活人的閱讀者或讀者的部分經驗，以至他只能爲後者所隸屬而不能等同於後者。

　　雖然如此，有關閱讀主體的形成及其性質也需要再作進一步的考辨。這還是得從敘述學者對敘述主體的論說談起：敘述學者認爲敘述主體雖然是作爲生活人的作者所化身的，但有關

他的「存在」狀況卻又有待定位。所謂「隱指（隱含）作者和作品同時誕生；他不可能脫離作品而存在。法國批評家布朗肖說：『不是靈感把祕密賜給一個預先存在的詩人，而是把存在賜給一個尚未存在的人。因此，我們說：詩創造詩人。』他這裡談的當然是隱指作者。實際作者當然先於作品存在，但隱指作者的人格卻是作品賦予的；當作者成爲作家時，他接過了他所有作品隱指作者人格的集合」（趙毅衡，1998：12），這把敘述主體的形成定位在作品構設的當下，自然沒有問題；但它並未考慮站在敘述主體的立場（而不是像論者那樣站在旁觀者的立場）究竟是「誰」形塑了敘述主體自己。一般人可能會直覺的以爲是作爲生活人的作者；但依照古典馬克思主義、精神分析學、新馬克思主義、結構主義和解構主義的講法，卻不是這樣。古典馬克思主義認爲主體是「社會環境」建構的；精神分析學認爲主體是「潛在性欲」結構的；新馬克思主義認爲主體是「意識形態」形塑的，結構主義和解構主義認爲主體是「語言」塑造的（當中解構主義更進一步認爲該語言是「分裂性」的）（參見譚國根，2000：1-9）。這都否認作爲生活人的作者有「自主性」可說；而作爲生活人的作者所化身來實施敘述活動的敘述主體，當然也沒有所謂的「自主性」。這如果不把它說得那麼絕對，那麼我們當還會發現：每一個有這類主張的人，都會意識到自己在從事相關的主張，以及當彼此有不同的見解時又可以相互妥協或自我作古，可見這背後還有更優位的權力意志在；這（權力意志）才是敘述主體的終極決定者。因此，當有人說「韋恩·布斯曾舉英國作家亨利·菲爾汀爲例，他的三部主要作品有三個完全不同的隱指（隱含）作者：《大偉人江奈生·懷爾德》的隱指作者『十分關心公共事務，擔心野心家掌

握權力可能危害社會」；《阿密利亞》的隱指作者是個板起面孔說教的道德家；而《約瑟夫‧安德魯》的隱指作者卻是個玩世不恭的樂天派」（趙毅衡，1998：11-12），這並不是代表作為生活人的作者有著「分裂的人格」，而是代表作為生活人的作者有著不同的權力意志要遂行的對象（他才要化身為那麼多不同的敘述主體）。至於敘述主體在作品中所起的支配作用，也得有「屬性」上的認定。這向來無非是以「塑造風格」來為敘述主體定位；所謂「在小說世界中，敘述主體佔據著舉足輕重的位置。無論是敘什麼還是怎麼敘，都會受到敘述主體的敘述觀念和個性的制約，反映出敘述主體獨特的精神風貌和文化品格。這種風貌和品格不僅賦予敘事作品以風格，使它能擁有獨創性而在文學史上佔據一席之地（如葉聖陶的〈一生〉和魯迅的〈祝福〉，敘述主體在精神上和思想上的差異，使得這兩篇在題材乃至情節上都十分類似的小說各具特色，讀來絕無任何雷同之感）；而且還能夠給作品以情趣，使它因具有魅力而獲得讀者的青睞。如陳建功的〈轆轤把胡同九號〉中的這段開頭：『敢情』（這又是北京的土話）。說『敢』字的時候，您得拖長了聲兒，拿出那麼一股子撒漫勁兒。『情』字呢，得發『輕』的音兒，輕輕地急促地一收，味兒就出來啦。別人說了點子什麼事兒，您趕緊接著話荐兒來一句：『敢情！』這就等於說：『沒錯兒！』『那還用說嗎？』甚至可以說有那麼點兒『句句是真理』的意思。其實，此話在北京尋常得很，大街小巷、胡同胡閭，不絕於耳，本來不值得在此絮叨。可是在轆轤把兒胡同九號，這話可就不尋常啦。這裡有一位姓馮的寡婦老太太，也和別的老太太一樣，喜歡接在別人的話荐兒後面說：『敢情！』（您可別大意了）。馮寡婦的『敢情』卻不是隨隨便便說出來

的。您要是不夠那個『份兒』，不足以讓她羨慕、崇拜，人家還是金口難開呢！這兒既沒有扣人心絃的懸念，也沒有富於刺激性的場面，無非敘述者提到了一位『姓馮的寡婦老太太』，而這樣的人在生活裡眞是多而又多；本來換一種講法，人們很可能對她毫無興趣。小說中這段文字的主角是敘述者的『聊』，北京人說話『侃』。但現在只是由於這番『侃』得帶勁，『聊』得有味，居然使我們因『話』及『事』，對那位馮老太太的故事也發生了興趣。而這種興味顯然跟透過作品中那位敘述者形象折射出來的敘述主體的活潑的個性不無關係」（徐岱，1992：68-69），就是這一類論述的代表。這原也沒有什麼大問題；但既然敘述主體是稟自作爲生活人的作者的權力意志，那麼所塑造的風格也得依權力意志所要遂行的對象而有所易動或調整（也就是並非一成不變）。這樣一來，敘述主體的性質，就不只是外顯風格的摶成者，更是內在權力意志的維護者。這也使得作爲生活人的作者所化身的不同敘述主體在塑造風格上的「差異」成爲可能（參見周慶華，2002a：107-109）。所謂的閱讀主體的形成及其性質的定案同樣也是類似這種情況。由於他還有其他的心理、社會、歷史文化背景等因素在制約著（權力意志只是「終極」的決定者），以至他的「自主」成分就相當有限了（即使是權力意志的伸展，也得受到所要影響或支配的人的「牽制」，並沒有絕對的自由度）。

從上述這個非自主性的「基礎」出發，有關閱讀主體的社會性認知所可以談論的不外有閱讀主體存在的非個別化、閱讀主體活動的非單線性和閱讀主體發展的非自屬主義等課題；這些課題由過去、現在到未來的線性聯結，可以一窺閱讀主體的多重且相關的面貌。雖然如此，在前兩章討論閱讀行爲的社會

性和閱讀活動的社會化現象時，已經可以充分感受到作為該行
為和活動的促動者或實施者的閱讀主體不可能是一個個別性的
存在了，現在為何還要「另加」討論？對於這一點，只能說基
於「完密」論說的需要，在分別處理完閱讀行為和閱讀活動的
問題後再獨立出閱讀主體一項，只是為了「強化」對閱讀主體
在主導閱讀行為和閱讀活動的過程中就已經非個別化了的認
知；此外沒有別的考慮，也沒有什麼特殊的用意。

第二節　閱讀主體存在的非個別化

　　如果撇開人文主義和價值理論那些主體觀的牽扯（詳見前
節），而純就現象來說，那麼閱讀主體也還有存有論和心理論的
意涵可以分辨。這是從主體本身曾被「二分」處置而得到啟發
的：「就字面來說，主體一詞，英語為subject，有『丟在下面』
及『置於下面作基礎』的意思；因此跟底基及實體二詞意義相
近。主體的存有學意義，跟上述意義頗為相符，指作基礎的、
『負荷的』、『攜有的』實在存有物，因此本質地表示出跟主體
所負荷而在主體身上的實在事物的關係；被負荷的事物是負荷
者的存有限定及進一步的組成部分，因此藉負荷者始得成立，
並以最廣意義稱為型式。型式對主體的依賴，它本身並非效果
對原因的關係，因此型式未必由主體所產生。所謂『負荷』、
『攜有』等說法，最初只可貼合在自我對於自己的行動及情況：
自我清楚意識到行動及某些情況屬於自我並在自我身上，這件
事實在哲學上就用『自我係其行動的主體』來表達。通常我們
所稱的主體是一個獨立的實體，而非另一主體的限定；然而主

體對它的型式的關係卻未必就是實體和附質的關係。首先，實體未必是附質的主體，例如有神論所主張的神是沒有任何附質的實體；其次，附質也可能是另一些附質限定的主體，例如運動是速度的主體，但運動又是物體的附質。此外，為主體所負荷的型式未必是附質型式，也可能是實體型式，例如肉體是靈魂的主體⋯⋯存有主體的一個特殊情形是心理主體，就是負荷它的行動的自我。行動如果是意向的而趨向一個對象，那麼這些行動就會使自我的意識和另一事物（對象）相對立。當自我和一對象相對立時，自我也稱為主體；主體一詞於是有了跟第一意義有出入的另一意義，就是指認識自己、希求、感受而指向一個對象（客體）的自我。這時主體概念就跟客體概念相對立：它可以指心理物理主體，就是指由肉體及靈魂所組成的人的整體；或者可以指心理主體，就是意識到自己的自我」（布魯格，1989：512）。閱讀主體原也可以比擬這種方式而區分為存有性的閱讀主體和心理性的閱讀主體，但因為存有性的閱讀主體的存有情況事涉的究竟有多廣多深始終是一個「未知數」或「不確定對象」（參見第一章第二節），基本上難以談論；最後只得把可談論的部分侷限在心理性的閱讀主體（在這裡還要特指「意識到自己」的自我這種情況）。

　　心理性的閱讀主體既然指能「意識到自己」的自我，那麼這種自我就約略只能以話語形態呈現（或說只有以話語形態呈現才能被理解或被掌握）；而這就可以連到前章第五節的話語觀來一併思考。本來話語相對應的英語是text或discourse，它指的是任何書面的或口頭的在內容和結構上組合成為一個整體的文字材料或言說。換句話說，話語是大於句子且可以分解的言語單位（參見王福祥，1994：46-68）。稍早，它曾被藉來區分

文類的依據；後來，則被引進思想和政治的分析中，特別是後
結構主義學家傅柯（M. Foucault）所從事的一系列知識考掘的
工作。大體上，話語的基本單位是陳述；陳述方式的構成影響
著話語的整體表現，「當中的關鍵環節是：（一）誰在說話，
他憑什麼權力說話？（二）說話者所憑藉的制度地點，也就是
使他的話語獲得合法性和應用對象的來源；（三）說話者和各
種對象領域的關係。在這些環節中，說話並非是我們所能看到
的純淨狀態的思想或經驗；在它的背後，是一個緊密的多重關
係的網絡」（張文軍，1998：71）。用傅柯的話來說，話語是一
個社會團體根據某些成規，將它的意義傳播確立於社會中並為
其他團體所認識交會的過程。因此，我們所接觸的各種政教文
化、醫農理工的制度和機構以及思維行動的準則，都可以說是
形形色色的「話語運作」的表徵（詳見傅柯，1993：93-131）。
而它的實質性結構，就是權力：

> 「話語」是現代和後現代社會將人作為「主體」來進行組構
> 和規定的一條最具特權的途徑。用當今流行的話來說，
> 「權力」透過它分散的制度化中介使我們「主體化」：這就
> 是說它使我們成為「主體」，並使我們服從於控制性法則的
> 統治。這法則為我們社會所授權，並給人類自由劃定了可
> 能的、允許的範疇（這就是說它「擺布」著我們）。實際
> 上，我們甚至可以假定，權力影響著我們反抗它所採取的
> 形式〔蘭特利奇（F. Lentricchia）等編，1994：77〕。

根據這個觀念，權力之外並不存在本質的自我；同樣的，對權
力任何特定形式的反抗（也就是對任何散布的「真理」的反

抗），也是依賴於權力，而不是某些有關自由或自我的抽象範疇。換句話說，我們所生存的世界，就是一個話語運作的場域，而權力則為該場域終極的主體（參見周慶華，1999c：227-228）。因此，話語（按：一種特定的話語，就是一種特定的意識形態的象徵；反過來說，一種特定的意識形態，就是以一種特定的話語形式存在）承載著權力，而權力構成了「意識到自己」的自我這種在終極上的主體；以至所謂的閱讀主體也就在這種影響／被影響或支配／被支配的終極關係網絡中無從離開他是一個社會存在了。

在傳播學上，凡是個人和制度都被認為是不可能絕對自我控制、自我決定和獨立行為的：「自主性／相對自主性，指的是社會歷史的結構和過程，所能決定個人和制度的程度；而個人和制度在面對這些外在力量時，絕不可能自我控制、自我決定和獨立行為的。在研究社會、文化和傳播問題的時候，這個術語會引起一般性的問題出現；但我們可以從下列三個不同的分析層面上來看待它：（一）結構層面：指的是社會結構要素之間的相互關係。因為在這些相互關係之中，它們也許有著歷史性的聯結或相關；特別是當我們談到社會變遷或社會轉型問題的時候更是如此。例如長久以來一直在爭論：在觀念、意識形態或文化這些運動中，相較於其他像經濟、政治和科技這些結構性的力量，究竟是前者產生了後者？還是後者形塑了前者？在這當中，運動的自主性究竟有多大？（二）制度層面：在社會組織發展的過程和體制之間，或者在這二者之中，權力關係究竟是什麼？這個層面的問題，我們可以用廣播系統的體制和它的人事來比照觀察，看它們在面對國家和商業控制時有多少的自主性？（三）互動層面：究竟個人的認同、一生的發

展和個人的行為，是社會、心理和歷史的過程和結構所決定的產物？還是這些是自主、自發和創新的？所有這些狀況以及環繞在這些狀況中可能引發的問題爭論中，相對於完全的決定論，真正的問題很少跟絕對的自主或沒有約束的自由有關。比較嚴重的問題是，究竟在一些現象下，相對自主的程度可以發揮到什麼樣的地步？因為在這裡自主的定義是在某些限制或結構中重新界定出來的」（歐蘇利文等，1997：31-32）；閱讀主體自然也不例外。而即使閱讀主體只作為一個文本或媒體內容的消費者，他也不盡能以純粹的消費者予以定位：「消費，是指耗盡任何一種產業的產品或生產量以支持任何一種製造過程的行為或事實。生產和消費的用語，是從政治經濟學借用來的，而且（經常沒有批判地）用來形容傳播的參與者以及傳播的業務。也因此，就將意義、媒體內容、文本等，看作是生產和消費之間的關係。媒體的專業人員被當作是製造業的生產者，而閱讀人或讀者就被當成意義的消費者。到目前為止，用製造業這譬喻既有用又可以引發聯想；但如果太忠實看待的話，又會發生問題。特別在消費的概念上更是如此；因為消費所意涵的是個體將加工後的產品用罄。然而，意義和傳播是不能像加工後的產品一樣消費掉的。所以在消費信息的同時，也是一種生產意義的行為」（同上，313-314）。所謂「在消費信息的同時，也是一種生產意義的行為」，指的就是閱讀主體的「能動」性；而這種「能動」性所徵候的是他在整個權力關係網絡中始終處於一個「向著他人」存在的地位。也正因為閱讀主體是向著他人而存在的，所以他所能自主向著自己而存在的機會就相對的減少（甚至幾乎等於零）。

　　閱讀主體的這種存在的非個別化現象，除了他在發為行為

或進行活動的過程中所不得不如此顯現（也就是前兩章所論及的那些社會性徵候或社會化圖象），還有整體社會情境也是這樣在塑造著他。這就好比作家或作品的出處所被塑造的情況：「作家／出處，從創作和個人的源頭來考量它的意義的一種常識概念。就常識上來說，作家的意圖會支配了我們如何閱讀文本的方法；文本的意義被當成是作家本人特性的一種形式（其實以一本書的形式來說，即使是文本都是屬於讀者的）。我們經常會將意義視爲是經由作家個人的天分或經驗創作出來，而後以線型的方式轉換，直接進入讀者的腦海中所造成的。閱讀活動被化約了；彷彿讀者是個接收器，只要撥對了頻道，就可以選擇到作家早就在傳播管道中放好的意義。在近來的文本批判中，經常出現這類研究著作來源的常識性研究爭論；文本批判所批評的是：這類的論調認爲文本本來就是由個人書寫出來的，他們用這個事實來認定意義早就在文本中呈現了，而文本批判則認爲這是一種極其意識形態的理論……作品的出處是文藝的文化和市場所創造出來的。它是藝評家（和市場經理）用以評量相對於『流行』文化的一種『高級』文化；他們不僅用意義，還用價值（美學的、道德的和貨幣的價值）來評量什麼才是『重要的』作品和作家。一旦作家的名氣建立起來了，你會發現只要在這個作家名下的所有東西，都算得上是具有出處的作品。例如我們撿到了一張購物單，忽然發現：『哇！這是莎士比亞寫的購物單！』這些就是對『重要』與否的諷刺。因此，出處是強加在寫作領域的一種社會制度；它根本不是寫作的行爲或寫作行業這回事，它是在那個領域中產生階層的一種制度。作家是社會勞動分工下的一個產物，而出處更成爲一種意識形態上的觀念；它的作用不僅使得某種作品或作家擁有特

權，更重要的是它還提供了一些如何思考文本意義的方法」（同上，27-28）。一個閱讀主體所以爲閱讀主體，就是他的可被利用來充當社會的一個角色（不論是一個消費者還是一個消費者兼生產者）；這個角色既相對於敘述主體又相對於其他的閱讀主體，而他永遠都得等待別人在必要的時候把他派入論說中（成爲對方所可以「支使」的對象）。在這種情況下，閱讀主體的存在性，就是由社會所賦予的（而他實際上也表現出十足的社會性來相「符應」）；他「無從」自我標榜絕對的獨自存在（他凡是有所表明的，都已經在社會的階序中取得「關係」式的身分證明。好比說「我是閱讀主體」這樣的話，明顯就蘊涵了自己跟社會中其他相關的人的對立性；其餘的可以依此類推）。

這麼說來，好像沒有一樣東西的存在是不帶有社會性的，又爲何偏偏要（在這裡）凸顯閱讀主體？關於這個問題，可以這樣說：所以強調閱讀主體存在的非個別化現象，是因爲它一方面對於現有相關理論的「空逞意見」能給予一點必要的針砭；另一方面又能有助於閱讀社會學理論的建構。前者，諸如「讀者的閱讀行爲受他的動機的驅使，帶有明確的目的性。這種閱讀目的決定著讀者對讀物和閱讀方法的選擇；同時這種目的意識和意志對於讀者的行爲又具有控制和調節力量。因此，我們可以毫不誇張地說，閱讀是讀者的一種全身心的活動境界。因爲在閱讀行爲中表現著讀者的一般心理過程（感覺、知覺、記憶、想像和思維等認識過程以及情緒和意志過程）和一般心理狀態（情感、注意、意志等），表現著讀者的個性心理特徵（智慧品質、性格、氣質、興趣、能力等）。讀者的閱讀歷史是他心理過程、心理狀態和心理特徵的完整的紀錄。在這一紀錄中，保存了讀者全部心理活動的動態和靜態的特點，反映著讀

者全部心理活動的穩定性和漸進性特徵。只不過因爲這些特徵
總是帶有極深的內潛性，因而往往不爲人所注意，也不爲讀者
自身所意識罷了」（曾祥芹等主編，1992a：279）、「從認識論
角度看，閱讀是人類的一種認識活動；認識的客體是讀物，認
識的主體是人。讀物是文字符號編列而成的；它包含著作者對
客觀事物的認識和對自然社會現象的把握，也包含著作者的感
情、志向、信念、願望等主觀因素。閱讀時，不但要把讀物當
作一種客體進行認識，同時要在感情上產生共鳴和產生情感、
信念等方面的成果；可見閱讀時具有更加複雜得多的心理活動
過程。這個過程是有一定規律的；了解這些規律就能幫助我們
揭示出正確的閱讀規律。因此，閱讀心理的研究就成了閱讀研
究必不可少的基礎」（洪材章等主編，1992：71-72）這一類講
法，就很不搭軋。它對於閱讀如何的被閱讀主體「帶入」社會
情境中去發揮相關的影響或支配策略一節全未觸及，就陡地論
及不知何處「繫聯」的閱讀心理；它的蕪雜且徒然的舉動，豈
不可以藉由這裡所指出的閱讀主體存在的非個別化現象來「對
治」？後者，則已經解釋過閱讀行爲的社會性和探討過閱讀活
動的社會化現象，那麼再抽繹出閱讀主體來強化對他的社會性
的認知，正好可以爲閱讀社會學的理論建構奠定更堅實的基
礎，這就不必多作解釋了。

第三節　閱讀主體活動的非單線性

　　閱讀主體所以「存在」，既然得力於社會的賦予，那麼社會
也應該有相當的「接受環境」這種空間讓他活動，以至他又有

「活動性」可以談論。這種活動表面上顯現在選材、理解、評估、推廣等具體的閱讀作為（詳見前章），實際上則還有整體的接受環境讓他主動的「突圍」或呈「輻射」開展。原因是他在每一個當下被化身來從事閱讀的選材、理解、評估、推廣等工作時，他就已經在進行一種多方的比較、選擇、新創等等的「投石問路」或「披荊斬棘」之旅；而一旦他獲得回饋或取得優勢處境後，又會衍變發展而再採取下一波或無數波的能顯出局部差異的行動。換句話說，閱讀主體所實施的並非是一次或一度的選材、理解、評估、推廣等的「單線性」活動，而是在這個過程中就同時隱含著多方的比較、選擇和創新等等的「多線性」活動；而就因為這個緣故，閱讀主體存在的社會性又可以「進一步」的得到印證。

　　這不妨從閱讀者或讀者對閱讀主體在實際閱讀中的「涉入」問題談起。對於這一點，仍然可以比照敘述主體的情況來思考：在敘述活動中，作為生活人的作者除了以權力意志影響整個敘述的方向，此外還會有其他自覺或不自覺的因素對該敘述起著「次支配」或「次次支配」的作用〔套句博藍尼（M. Polanyi）的話說，前者是「焦點意識」，後者是「支援意識」；而後者可能在「無意」中不斷地提供前者以必要的「資源」。詳見博藍尼，1986：36-39〕，這都可以再作討論（詳見周慶華，2002a：217-257）。現在所要關心的是作為生活人的作者的認定及其檢證問題；也就是作為生活人的作者的身分及其對敘述主體所實施的敘述活動的介入問題。根據新批評的講法，作品的意義須求諸作品的內在結構，而不必假借任何外在因素，尤其是作者的意圖。因為作者個人宣示或希冀的，不一定就是他所表達的；他實際完成的意圖只存在於作品的內在證據中。既然

這樣，讀者只須從語言事實著手，經由作品的語法、語意結構和讀者自己對語言約定俗成的認識，以及借重文法、字典和構成字典的一切文獻，去從事作品意義的考察和追索，而不必考慮作者的原始意圖。同樣地，以作者的意圖作為作品成功與否的判準，也是無效的（一來作品不是作者的意願所能控制；二來作品的價值在於作品本身的性質，而跟作者的意圖表達是否成功無關）（參見吳潛誠，1988：122-123；胡經之等主編，1989：251-268）。而根據結構主義和解構主義的講法，作品只是純粹的語言的符徵體系，它的作用完全來自該體系的構成因素（有差異原則）的互動關係，而不是來自符徵和外在真實的關係。其中（後）結構主義學家巴特（R. Barthes）和傅柯，一個宣稱寫作解除了作者的聲音及其本源，而作品也不再是要「記載、充當備忘、再現或描述事實」，成為某一「內在靈魂」的表達，這毋寧是擷取自不同文化，彼此以對話、降格、爭論等關係交匯的多重文字（參見廖炳惠，1985：272-273）；一個說寫作只是指向自身，它像一場遊戲般呈現，不斷地違反自己的規則和超越自己的限制，而在寫作中「重點不是要顯示或提升寫作的行為，也不是要把主體固定在語言中，而是要創造一個空間給寫作主體經常地消失的問題」（詳見朱耀偉編譯，1992：57）。而解構主義學家德希達（J. Derrida）更把它推到極端：他認為作者是語言中的差異的自由遊戲運作所產生的效果，恆在語言的汪洋大海中載浮載沉，不知所始，也不知所終；沒有起源，沒有終極目的，也沒有中心。於是所謂的作者，不過是擺在一份文本前頭或末尾的一個符號標記而已。因為只有文本，別無其他（文本背後從來就沒有任何東西，只有替補，只有在一系列的差異指涉中才能出現的替代的示意作用）

（參見吳潛誠，1988：130-140）。前者（指新批評）仍承認作為
生活人的作者的身分，只是他難以影響已經完構的作品的理
解；後者（指結構主義和解構主義）則一概否定作為生活人的
作者可「認知」的身分（當中結構主義只認為作為生活人的作
者也是由語言所構成的，而解構主義則進一步認為作為生活人
的作者存在於「分裂」的語文中）。當代有所謂「作者死亡」的
論調，就是從這兩個系統「發展」出來的（參見周慶華，
1994：55-67）。倘若這是「事實」的話，那麼它無疑的會改變
大家對作為生活人的作者的看法；但實際上卻不是這樣。我們
都知道我們在（後設）意識有關作為生活人的作者的「生死」
以及我們自己相關的主張和對他人論說的批評，這就不可能讓
我們遁入一個「無所關係」的虛無情境中。因此，作為生活人
的作者依然可以有所「說」，也依然可以有所「意圖」。只是所
有後續的「追躡」或「複製」（前者指他人的考證，後者指當事
人的自述），都是在進行「二度的創作」，無從跟「一度的創作」
情況完全吻合；而這一「二度的創作」，又都是有目的的。所謂
「（傅柯說）作者不是填塞作品的無止盡涵義的泉源。作者並不
存在於作品之前；它是一種我們用來在我們的文化中作限制、
排除及選擇的某種運作原則。簡單的說，那是人們用來阻礙虛
構體的自由流傳、自由利用、自由組成、解組及重組的」（朱耀
偉編譯，1992：69），文中提及的作為生活人的作者並非客觀存
在一點，顯然太過武斷（不然說話的人就不知道他在說話）；
但它所指出的作為生活人的作者已經變成大家在利用的對象，
卻是深具啟發性的。也就是說，作為生活人的作者在他被說時
（不論是當事人自述，還是他人敘及），難免會遭到被「選擇」
或被「改造」甚至被「扭曲」的命運，以至要由他所化身的敘

述主體去追溯「原初的狀況」，就成了一件「吃力不討好」的苦差事！何況它還有底下這類作品的「原創性」難以判斷的問題：「我們把一部文學作品看作某一個人的創作〔偶爾也會是兩個以上的人共同完成作品（例如康拉德和福特、波蒙特和佛萊契，此外《舊約·聖經》也可以明顯看出多位作者的筆調）〕。這位『作者』『創作了作品』，而不僅僅是複製或模仿前人的文本。法律根據這樣一個創作過程，賦予作者權利，課以作者義務。但創作的過程並非必然如此……過去文學作品經常不具名出版，再不然就是把國王或繆斯女神這種虛構的人物當成作者。這種把虛構人物當成作者的傳統一直流傳到現在；有些作品顯然是他人代為捉刀的，卻由雇主擔任掛名作者。所以『作者』是一個功能性的標示，而非天經地義的名分（這表示書寫者要怎樣才能獲得作者的身分，其實並沒有必然的規定）。如果說一定要親手創造出來的東西才是自己的作品，發現、模仿或贊助的作品都不算，這種概念其實是某些特定文化的傳統。以現代的標準來看，莎士比亞是個抄襲者；但以他當時的標準來看則不然。人們之所以對抄襲有牢不可破的看法，是因為認定創作的核心在於原創性；而且堅持把文學和非文學區分開來，前者屬於虛構的領域，後者屬於非虛構的範疇。寫非虛構作品的人受到事實的箝制，作品勢必跟其他寫同樣題材的人類似。撰寫虛構作品的人則沒有受到這種限制，如果跟過去的作品雷同，就有抄襲的嫌疑」（波斯納，2002：446）。因此，我們只要有「我們在利用作為生活人的作者」的自覺，還是可以聲稱跟作為生活人的作者相關的議題「正如所見」。這時有關作為生活人的作者的實際狀況（如果可以追溯的話）就可以不必理會，而專心於自己所要利用資源的「蒐集」或「營造」。至於要

透過敘述主體去檢證作爲生活人的作者的情況也相仿：我們只是在利用我們所要利用的作者，而跟實際活著或存在過的作者不必然相關（參見周慶華，2002a：109-113）。所謂閱讀者或讀者對閱讀主體在實際閱讀中的「涉入」就類似這種情況；他永遠要成爲談論者所利用的對象（如果是閱讀者或讀者在談自己的「涉入」問題，那麼就是閱讀者或讀者在利用自己的身分）。因此，閱讀主體儘管展現他的專業性（爲維護一種意識形態或多種意識形態而形塑的話語），而閱讀者或讀者也儘管被利用來作爲閱讀主體的「先驗主體」，它都不妨礙我們對閱讀主體活動的非單線性的認知。換句話說，閱讀者或讀者不論是如何的「操縱」他所化身的閱讀主體的活動，都「阻止不了」閱讀主體在這一活動中所要取得或正在取得的多線性影響力的主導權；而事實上每一個閱讀者或讀者在化身爲閱讀主體後也都不會放過這樣既可以藉來獲致尊嚴又可以藉來爭取權益的機會（不然整體閱讀活動就沒有「更好」的理由可以用來解釋它）。

　　這種情況，有一個簡便的理解方式，就是把它置入「語境」中而看它如何的顯現一種「不可能或缺」的樣態。所謂「語境」這個術語是英國語言學家哈樂迪特別強調的，用來說明語言是如何跟著它所使用的情境而變化。根據哈樂迪的說法，我們如何選擇一句話的語言形式，有部分原因是因爲語言之外的網絡或網絡的情境特徵決定的。網絡相關的特徵，通常不只有周遭的物質環境或說話的背景而已；它還包括了其他一些因素，像社會關係的形態、所使用的媒介本質、在什麼樣的活動中說那句話以及要傳達什麼樣的主題等等。因此，身爲使用語言的我們，一直在語境中調整自己在語言上的選擇。因此，『我看到嫌犯沿著沙漆霍大街向東行進』這句話，就不可能是法

院聽證會之外的情境；如果這個語境不那麼正式的話，就會用
『我見他往城裡走去』。語境的變化很大，從相當開放和協商的
情況（像家庭或同輩團體的聚會上），到比較制式和封閉性質
（像開庭、媒體訪問、教室上課等）的情況都有。所有的社會或
社會組成，都會有一些共同的、再現的、但卻顯著不同的語境
的特色，哈樂迪稱之爲典型的語境。所有這些典型的語境，會
組成一個社會中的文化網絡」（歐蘇利文等，1997：84-85），這
是比較原始的語境的界定。後來又有人把它擴大到包含上下文
關係等層面上：「語境由那些因素構成？一般認爲『語境是使
用語言的現實環境』。但對這個環境的範圍大小，則存在不同觀
點。大致有三：其一，語境指上下文關聯。就是某一語言片段
跟它前言後語、上文下文之間的關係爲語境，它們互相聯繫、
互相影響，才各自彰顯出意義。這種上下文範圍的語境，一般
稱之爲『語言的語境』或『狹義的語境』。結構主義語言學派大
多持這種觀點。其二，語境指使用語言的外部環境。就是『語
境就是時間、地點、場合、對象等客觀因素和使用語言者的身
分、思想、性格、職業、修養、處境、心情等主觀因素所構成
的使用語言的環境』。這種觀點主要著眼於語言外部因素，不包
括上下文語境，一般稱之爲『言語的語境』。社會語言學派大多
持這種觀點。其三，語境指語言環境和語言外部環境的總和。
就是語境『包括作品的上下文、說話的前言後語以及說話和寫
作的社會環境、文化環境、自然環境、語體語境等』。當然，對
這種範圍內的語境的內部因素，還有不同的看法；除了以上幾
種，還有人提到心理因素、背景知識、交際話題、時代環境等
因素。這種範圍的語境通常稱之爲『廣義的語境』。一般地說，
語用學領域所指的語境多爲這種範圍」（王建華，2000：214-

215）。如果我們把上下文關係這類語境排除掉（嚴格的說，這種內語境也很難不受外語境影響而獨自存在），剩下來的就是外語境；而外語境毫無疑問的會制約著閱讀主體的閱讀活動。雖然如此，閱讀主體也可以反過來改造外語境（以利於閱讀活動的開展）。這種改造不論是透過強力講述或媒體炒作或其他途徑，都顯示了閱讀主體不會甘願「屈服」於現有的外語境的籠罩；而實際上也真有許多這種改造外語境成功的例子。遠的不說，就以現代興起的女性主義話語為例：這是從不滿現有語境對女性不利而開始的；女性主義者原來在閱讀文學史（或思想史或整體文化史）的時候，發現女性幾乎被「消音」了，於是她們努力於尋找歷史中「缺席」的女人，而試圖重構一部女性文學史（或女性思想史或女性文化史）〔詳見佟恩（R. Tong），1996；格林（G. Greene）等，1995；莫伊（T. Moi），1995；費雪（H. Fisher），2000；曹正文，1991；張京媛主編，1992；鄭明娳主編，1993a；顧燕翎主編，1996；林珮淳主編，1998；顧燕翎等主編，1999；劉霓，2001〕。而這跟著長期以來陸續在進行的女權運動相呼應的結果，在相當程度上改變了大家對女性的「刻板」印象，終於造成一種必須「重視」女性的新語境的出現。此外，像解構主義、後殖民主義、新歷史主義等一些在當代盛行的話語，也是同樣的情況〔參見王岳川，1993；廖炳惠，1994；楊大春，1994；王潤華，2001；艾坡比（J. Appleby）等，1996；詹京斯，1996；亨特（L. Hunt），2002〕。這些「成功」的案例，無不鼓舞著閱讀主體繼續再造「勝境」，而使得閱讀主體活動的多線性發展永遠不會缺乏實踐的動力以及實踐的成果。

第四節　閱讀主體發展的非自屬主義

　　從閱讀主體存在的非個別化和閱讀主體活動的非單線性的情況來看，如果閱讀主體有進一步「發展」的欲力，那麼這也一樣無法脫離社會性的限定。換句話說，這種發展的欲力也是非自屬的（不是純為自己的）。它一方面要向著社會而得受現實情境「許可」的制約；一方面不滿現狀而想改造現狀則又得受新的情境或理想情境「誘引」或「內激」的制約，最後閱讀主體所能保有的「為自己」的純度已經不到幾分（雖然閱讀主體所稟自閱讀者或讀者的只是部分的經驗，理當由閱讀者或讀者來「承擔」自屬或非自屬的比例，但考慮到所有發展的欲力已經見著於閱讀主體每一次第活動的當下，所以還是讓他來「領銜」）。

　　就像一位倫理學者所說的：「在國際層次上，哲學已經有了各種各樣的發展，它們表明生物學對認識『人性』的貢獻是不可忽視的。在這期間，就是在社會學方面，人們也在很多地方認識到這些貢獻的意義；雖然迄今為止，這些認識在德語區裡面的確還只有個別的站穩了腳跟。如果在研究社會現象中運用進化論，人們還常常容易將它跟半生不熟的社會達爾文主義混為一談，以『社會性』來對抗『生物性』。但人們應當逐步認識到『生物的』和『社會的』兩分法是不存在的。人類天生就是一種社會的生物；因此反過來把人的社會行為從他的天性裡剔除出來觀察是行不通的」〔烏克提茨（F. M. Wuketits），2001：序言8-9〕。閱讀主體從他的存在到有所活動以及力求發

展等都在社會中得到定位和找著出路，他所回返自身意識到自己的絕對獨處或完全超然的機會已經少之又少；以至不斷地從強調他的處境的社會性一點著手，也就有著「方便論述」或「規劃前景」的好處。

　　有人認爲近三百年來知識分子的權力實踐，顯現了「現代」和「後現代」兩種形態的對立：「典型的現代世界觀認爲世界本質上是一有秩序的整體，呈現一種非均衡性分配模式的可能，導至如果對事件的解釋正確，則成爲預測和控制的工具（如果能獲得所需的資源）。控制（支配自然、計劃或設計社會）跟有秩序的行動高度相關，被理解爲對於或然率的操控（增大／降低事件發生的可能性）。控制的有效性有賴於對自然秩序知識的掌握。原則上，這種合適的知識是可以獲得的。控制的有效性和知識的正確性高度相關（後者說明前者，前者證實後者）。無論在實驗室或社會實踐中，在這二者之間，它們都提供一種辨別既存實踐優劣的一套分類標準。原則上，這套分類是客觀的；也就是說，每一次都可以使用上述的辨識標準，而且這些分類可以公開檢驗和查證……而典型的後現代世界觀則認爲世界擁有無數的秩序模式，每一個都有一組相對自主的實踐。秩序並不先於實踐，因此不能作爲它的有效性的評判尺度。每一種秩序模式只有從使它實踐生效的角度看才具有意義。在每一種情況下，帶來有效性的標準是由它特殊的傳統中所發展出來的；它們由『意義共同體』中的習俗、信仰來維續，因而不承認其他的合法性檢驗。上述典型的現代評判標準在這裡不再是普遍法則；每一種終極評判標準都是由諸多可能的地方傳統來檢驗，而它的歷史命運依賴它所屬的傳統。不再存在於傳統之外，在地方之外的特殊實踐的評判標準。知識系

統也只能評判來自它們自身內部的傳統」；因此，「典型現代
知識分子工作策略的最佳描述特徵就是『立法者角色』的隱
喻。立法者角色建構在權威性的陳述上；這種權威性的陳述選
擇、決定那些意見是正確，應該遵守。知識分子藉由比社會中
其他部分的知識分子擁有更高層次（更客觀）的知識，合法化
他們的仲裁的權威……而一個典型的後現代知識分子最佳的工
作策略特徵就是『詮釋者』這個隱喻。詮釋者建構在轉譯性陳
述上；這種轉譯性陳述以某種公共性的傳統爲基礎，所以對一
個知識系統的了解建基在另一個傳統上，有別於傾向選擇最佳
的社會秩序。這種策略的目的是幫助自主性的（主權獨立的）
參與者間的構通。基於這個原因，它促進滲入到深層的、性質
相異的知識系統，轉譯活動由這裡產生。它還促成對兩種相對
傳統的微妙平衡，以至於信息不被雙方誤解（由傳遞者的角度
看）和理解（由接收者的角度看）是必要的」〔包曼（Z.
Bauman），2002：導論vi-ix〕。這兩種形態的對立，實際上也就
是「大敘述」和「小敘述」的對立〔參見佛克馬（D. Fokkema）
等，1991；貝斯特（S. Best）等，1994；哈山（I. Hassan），
1993；史馬特（B. Smart），1997；安德森（P. Anderson），
1999；康納（S. Connor），1999〕。前者（指大敘述），表現在對
人的主體性和理性的建立，企圖以完構一套套的知識體系來彰
顯人在擺脫中世紀神學的籠罩後所能「自主」的本事；後者
（指小敘述），則認爲前者的自主性不免流於工具理性化而未能
眞正的「自由」（也就是反受科技的牽制），以至得有解構的動
力來消解先前所建構知識體系對人的「壓制」。雖然如此，這種
支解或分裂知識體系的作爲表面上是一個「詮釋者」的職分
（而不再是一個「立法者」的職分），但各取所需而詮釋成的一

個個小敘述卻展現了另一種「建構」觀（以建立小規模或帶不確定性的知識體系爲目的訴求）；同時這種強調形塑小敘述傳統的後設敘述本身（也就是後現代理論）也是另一種形態的大敘述，導至一個「詮釋者」在實質上也是一個「立法者」（新的立法者），彼此再也沒有所謂的「上下等級」或「屬性分立」的差別。

　　依據上述這一點來類推，閱讀主體凡是有所「突進」意圖的，也都是爲了重建一個新的世界；而這個新的世界就是要由（期待）眾人來實踐的，它永遠不可能只是閱讀主體藉爲圖一己的滿足或攬爲自己一個人所獨享。好比「經典」意識（參見前章第二節），到了後現代社會，開始鬆動而有所謂「雅俗」泯界的新價值觀出現；甚至還有刻意標榜或培植「俗文化」當道的現象（參見陳平原，1990；孟樊等編，1992；鄭明娳，1993b；周啓志等，1992；牛愛忠等，1995；陳啓新，1996），這無非是要另立一種可以「活絡文化」或「刺激創意」的新經典觀。所謂「有些作品雖然以通俗筆法『極摹人情世態之歧，備寫悲歡離合之致』，但又『曲終奏雅，歸於厚俗』。相反的，有些自命高雅的作家，把自己封閉在『象牙塔』和『玻璃罩』中，但也恐怕難以做到使自己的作品不帶一點人間煙火味。還有形式的雅，完全可以包含內容的俗；而內容的俗，也可以出以形式的雅」（龍協濤，1993：254）、「以往偉大的文學和當今通俗娛樂之間存在著明顯的傳承關係。荷馬史詩和《藍波》（席維斯‧史特龍主演的電影）之間在故事講述方法上有許多一致的地方。不同類別的文學跨越時代被許多不同的作者根據自己所處的不同歷史背景加以改編，但它的基本本質卻相對不變。悲劇並沒有像批評家宣稱的那樣死去，只是在我們沒有發現的地方出現

了。史詩沒有死亡或退化成滑稽的模仿，只不過改變了形式，從詩歌變成了電影……於是垃圾文化和偉大傳統之間最重要的差別，在於我們體會它們時的態度（對娛樂隨意；對偉大傳統則苦思冥想）。電影通常是響亮、大型並且勢不可擋的。電子遊戲則要求我們積極參與；電視節目幾乎是美國家庭中不可或缺的東西。但一本書是你可以控制的東西；你可以闔上、放下、拿起，在自己的地方閱讀，你願意的話可以回到前面去讀。這在電子媒體是不可能的；然而通俗的印刷媒體中消費品或性感模特光滑的照片卻能夠壓倒文字，在心理上對讀者進行十分有力的操縱。這種差別不可小看。同樣地，我們把娛樂當成有趣的消遣，而偉大的文學則是艱深的、高要求的思想研究的食糧。但對娛樂也可以用同樣細緻和認真的態度；一旦如此，娛樂就幾乎完全成為經典。一個閱讀、觀看或消費偉大文學著作的個人有可能具有類似的體驗，條件是他們問同樣的問題，以同樣的方式對待這些材料」〔西蒙（R. K. Simon），2001：34-36〕等等，都有這個意思。這也許會被論述大小傳統的人所刻板的二分而忽略了它重建世界秩序的功能〔根據希爾斯的說法，傳統可以指從過去延續到現在的事物，也可以指一條世代相傳的事物變體鏈。前者是傳統一詞最基本的意涵，它包括一個社會在特定時刻所繼承的建築、紀念碑、景觀、雕塑、繪畫、音樂、書籍、工具，以及保存在人們記憶和語言中的所有象徵建構；後者是傳統一詞較特殊的意涵，它圍繞一個或幾個被接受和延續的主題（如宗教信仰、哲學思想、藝術風格、社會制度等）而形成的一系列變體（詳見希爾斯，1992），這都沒有什麼大傳統、小傳統的分野。但從有雅俗觀念強為區別以來，就有人「順水推舟」的把社會上層生活和知識階層所代表的文化視

為雅致文化而推許它為大傳統；而把社區俗民或鄉民生活所代表的文化視為通俗文化而姑且保留它為小傳統（詳見余英時，1993；陳來，1996），這種分法幾乎不知道俗民生活也在展現它的創造力（參見周慶華，2000a；2001b），實在不宜以「大小」這類歧視或褒貶用詞來作區隔定位〕。因此，不論閱讀主體如何的在現實情境中尋求突破口，他都會把他的影響或支配企圖「留給」眾人去感受而完成閱讀活動最終的儀式。相仿地，如果我們要鼓勵閱讀主體尋求「新變」的途徑，那麼這也得「引導」他進入現實情境去接受洗禮或考驗，並且努力設法為自己取得較為有利的位置。

　　在文學批評史上有所謂「具有創意的背叛」以及「誤讀」或「誤解」等說詞。前者是指文學作品被後代甚至當代的讀者所誤解而無意中成就了一種「再造之功」；這種具有創意的背叛，「最顯著的兩個例子就是斯威夫特的《格列弗遊記》和狄福的《魯賓遜漂流記》。《格列弗遊記》原本是一個憤世嫉俗、極盡諷刺能事的作品……《魯賓遜漂流記》則是替當時新興的殖民主義宣揚佈道。這兩部作品如今是以什麼面貌存續下來？如何享有久盛不衰的美名？竟全是拜兒童文學圈所賜，成了獎勵小孩的贈書佳品！狄福地下有知想必捧腹大笑，斯威夫特恐怕要暴跳如雷；兩位鐵定會為這個意想不到的局面張口結舌！這跟他們原先的意圖根本就風馬牛不相及。兒童少年們在這兩本書裡尋求的，主要是情節奇特或異國情調的冒險經歷；而這些對狄福或斯威夫特則不過是從當年社會裡慣見的文體中，擷用輯錄了哈克盧特、芒德維爾以及其他遊記見聞錄作者們而來的一個極其普通的手法……這一類具有創意的背叛，並不僅僅由於時代不同才會存在；從一個國度到另一個國度，甚至同一

個國家裡的各個社會集群之間也都所在多有。例如吉卜林，隨著帝國主義神話的幻滅在英國本土身敗名裂，然而他生前卻已由於優秀的兒童文學作品在法國備受推崇，也因為鬥士文學立足蘇聯文壇。他曾長期的思索斯威夫特的例子，以及剝去他既有勛績而偏偏又賜下他未曾企想成就的無常的文學命運。吉卜林晚年在英國皇家文學協會的一場演講中，就強調了作家是多麼的無力預見自己作品在超越個人天地之外所激發出來的愉悅以及其他實際狀況」（埃斯卡皮，1990：138-139）。後者是指每一位大作家的創新都是先經由對前行者反叛性的「誤讀」或「誤解」而來的；這種對前人影響的反動，在同一傳統的作家中最為嚴重。就以詩領域為例，它的嚴重程度到讓有些批評家認為「詩的影響已經成了一種憂鬱症或焦慮原則」（詳見布魯姆，1990；1992）。但焦慮反倒激起詩人的獨創性，而發展出六種抗拒方式以為解脫：（一）故意誤讀前人；（二）補充前人的不足；（三）切斷跟前人的連續；（四）青出於藍而更甚於藍；（五）詩人澡雪精神，孤芳自賞，以跟前人不同；（六）孤芳自賞既久，使人誤解藍出於青（參見張漢良，1986：56譯解布魯姆說）。以上這些應該都只是相對於「通見」來說的，不能截然的斷定那種閱讀方式就是「叛離」或「歧出」。它除了必須面對巴特的所謂「家系神話」（關係考證神話）的詰難〔按：巴特認為「每篇文本本身作為另一文本的相互文本是屬於相互文本指涉的，而這必定不能跟文本的源頭混亂過來：去尋找作品的『源頭』及受到的『影響』只是一種家系神話。構建文本的引述是無名的，不能還原的，而且是已經被閱讀的：它們是沒有引號的引述」（朱耀偉編譯，1992：19）〕，還得禁得起詮釋學者「那只是不同的理解而已」的嘲諷〔按：伽達瑪曾經為康德所發

「我所了解的柏拉圖更甚於柏拉圖自己對自己的了解」的豪語而帶點揶揄的口吻批評說：「我們不能自稱更加了解柏拉圖，我們只是了解的跟他本人的不同罷了」。詳見霍伊（D. C. Hoy），1988：32〕；到頭來還是要承認所謂的「叛離」或「歧出」只不過是相對上的「違俗」（不同於一般人的理解方式）而已，無法回到根源去追究作品的「本來面貌」。而即使是這樣，作為一個閱讀主體他也不無又多了一個可以馳騁的空間：就是社會所可能的發展文化的欲求所加諸閱讀主體的「創新期待」，只要閱讀主體的識見夠、毅力強，一定不會放過可以藉來一展長才和遂行權力意志的所有的機會。

第七章

閱讀客體的社會化創新途徑

第一節　概說

　　正由於閱讀主體在終極上必須被期待爲參與文化創新行列的能手，所以他所閱讀的客體以及他所轉創造的新的客體（可以成爲他人接受的新的閱讀客體），就得身負同樣的使命，才能被源源不絕的發掘「新意」以及等待他人來「尋幽訪勝」。這總說是閱讀客體的「進取之道」（不論它是原客體還是二度創造的新客體）；而它從被構思一直到完構而被傳播和接受，都未嘗「離開」過具體的社會情境，現在它要被賦予「創新」的任務自然就得「再」置入相同的情境而予以考量評定。而這還是要從客體談起，以便能夠契入它也是閱讀社會學的重點之一這個課題而可以進行必要的「展望」工作（詳見第二章第五節）。

　　一般所說的客體，也稱爲對象。它在哲學上有多重的意涵：「對象，這字（object）在西方語文中源自拉丁文objectum，意思是『迎面丟來之物』，原指事物對某人的關係。哲學的嚴格用法必須堅持這名詞的相對意義，因此不應隨俗把它作爲『事物』的同義字用。最廣意義的對象是一個主體的意識行動所指向的一切，或者是一種官能、一種持久的心理態度或習慣以及一門學問所能夠指向的一切。行爲或官能等的目的才是對象，因此存有物並不就是對象，而僅在它可認知、可希求……時才足以成爲對象；如果某一事物實際上被認知、被希求，則它更以新的方式成爲對象。士林哲學很恰當地作了質料對象和形式對象的區分：前者是主體所指向的具體存有物整體；後者則是在這整體存有物中所觀察的特殊觀點和特徵。例

如一種官能、一門學問、一種德性的形式對象是這官能、學問、德性特有觀點所及的一切對象及行動（視覺的形式對象是事物整體中的『可見』特徵；視覺的每一行動所及都是事物的『可見』層面）。較狹意義的對象並不指任何所認知或所希求的事物，而只是獨立地迎向主體的事物；而主體也必須把它當一回事，最好譯為客體。以這一意義來說，我們作創造性思考或對尚未發生的事作計劃時，這時思想和意志都沒有對象可說。從另一角度來看，對象僅限於感覺行為直接所指向的物質存有物，而主體性及位格性的一切，也就是自己和他人的自我，都不能列入客體範圍；因為自我僅於發生行動時才能經驗到，不是感覺行為直接所及。跟這點相近的是把客體限於不牽涉主體本身的純知範圍。但知識由意識的意象而獲致時，客體本身必須跟認識的內容分開。例如在概念或判斷中所含的意象是思想內容，客體則是不繫於思想而超然獨立的存有物，思想不過意向著它而已。如果把思想內容視為客體本身，那就會導至知識理論中的唯心論，客體就成為思想的產物。既然認識內容和客體應該有所區分，我們就不能把知識行為中的直接呈現者跟對象視為一事。『直接呈現者』是指不經過主體的意識努力而直接顯示出自己的『基料』（與件或與料）；例如外界感覺官能所直接顯示給意識的，就是『直接呈現者』。根據間接實在論的看法，『直接呈現者』還不是實在的外界對象，而是內在的、意象的（意向的）存有者，我們藉它才能窺視真正的對象。『直接呈現者』有時也往往被用為不繫於認識主體而獨立的對象同義；因此有人說我們的認識在於符合呈現於前的對象。但這時『直接呈現者』一詞跟上文意義已經完全不同，可以譯為『現成事物』」（布魯格，1989：376-377）。從理論上來說，閱讀客體

中的客體也「理當」有上述那些不同意涵的分立，而指閱讀主體所意識的一切或獨立地迎向閱讀主體的事物或閱讀主體的感覺所指向的存有物或不牽涉閱讀主體的純知範圍或閱讀主體思想的產物等；但這樣「分歧」的結果只會導至自我的混亂而無益於整體理論的建構。因此，只好實際一點，把閱讀客體視爲閱讀主體的閱讀活動所實施的對象。這個對象固然沒有一定的接受方式（也就是會因詮釋社群的詮釋模式的迴別而產生閱讀成果上的殊異現象。參見第四章第四節及第五章第二節），但它所根據來創作的一些規範只要經過「約定俗成」的程序而成爲認知的對象，那麼它也就有相當程度的客觀性（或說相互主觀性）而可以獨立存在。

　　這裡把閱讀客體視爲閱讀主體的閱讀活動所實施的對象，雖然是有點比照敘述學對敘述客體的指稱，但它僅止於已經完構的文本或作品，而不像敘述客體必須是「一部敘事作品中的題材、主題和情感思想等所歸屬於的一定的生活背景和客觀世界」（參見徐岱，1992：76）。後者尚未定型爲可以認知的文本或作品；而前者則已經文本或作品化而可以爲閱讀主體所直接掌握的對象。這個對象，傳統上稱爲「作品」（work，包括語言符號成品和類語言符號成品。前者如各種抒情性或敘事性或說理性的文章；後者如繪畫、音樂、建築、雕塑、景觀、擺設、姿態、表情等）；但從上個世紀三〇年代結構主義興起以後，卻力主要把它改稱作「文本」（text）。結構主義認爲文本是一個較爲中性化的字眼；同時包含了諸如新批評的將藝術作品孤立地閱讀、傳統的作者的「作品」以及接受美學的讀者反應各個方面（參見朱耀偉編譯，1992：10）。而首先區分文本和作品的不同的，是結構主義大家巴特一篇題爲〈從作品到文本〉的文

章。巴特在該文中極力分辨文本和作品的差異，共有七點：
（一）文本必定不能被想作一個可被決定的客體；（二）類似
地，文本不會在（好）文學中停下來，它不可被理解為等級的
一部分或文類的一個簡單分流；（三）文本是跟符號有關聯地
被接近及被經驗，而作品則是停在一個意指之上的；（四）文
本是複數的；（五）作品是困在一個家系的過程之中的；（六）
作品通常是一個消費的客體（而文本漸漸把作品從它的消費中
倒出來，並把它蒐集為遊戲、工作、生產及活動）；（七）在
這裡我將建議應付文本的最後一個部署：關於樂趣的，我不知
道一種享樂主義美學是否存在過，但我可以肯定是有跟作品相
關的樂趣的存在的（同上，16-22）。根據巴特的區分，作品意
指成品，佔有空間；文本則指涉方法論的場域，隸屬語言範
疇，是一「意符示義過程」，一種「意符的實踐」，具有不斷運
作的能力。換句話說，文本具有多重意義，可以經由意符不斷
產生、活動、再重組而不斷擴散，而不是一個被動的消費品，
被化約為溝通、再現或是表現的語言（參見朱崇儀，1994）。這
種文本觀自然甚為新穎，而且在當代也頗有主導力；但從整體
上來看，文本是「人」所組構的，並且在特定的「社會」、「歷
史文化」等背景中得著定位，它不僅有物質面（語言組織的展
現），還有心理面（個體意識的介入）和社會面（集體意識的介
入），這些都可以經由自我的「經驗」和大家的「相互約定」而
成為可以認知的成分（參見周慶華，1996a：141-144）。因此，
文本觀就不宜像結構主義所說的那樣自我封閉起來（也就是只
限於語言的體現而不涉及其他），反而要跟作品「變換為用」
（可以因行文的方便而稱文本或稱作品）而擴大它的意涵度（也
就是兼顧物質面、心理面和社會面等）。

　　如果說閱讀在終極上是要從「接受」各種文化客體而再轉為「創造」新的文化客體（閱讀主體再創新的客體，可以是抒情性的文體或敘事性的文體或說理性的文體或其他類語言符號的體式），以便讓文化的生機能夠「綿延不絕」（參見第一章第二、三節），那麼每一個可以被閱讀主體藉來「使力」的文化客體也就得有「創新性」的表現，才能刺激閱讀主體勤於仿效或迂迴式的發揮所長而締造出佳績（參見前章第三節）。在這種情況下，我們對於閱讀客體在原生產的過程中得具備高度的文化價值也就有了一個可以殷切「期盼」或「展望」的機會。

　　後面這一點，不妨從「文化」本身說起。所謂文化，雖然也跟其他精神性的概念一樣難免會「眾說紛紜」〔參見懷特，1990；巴柏（K. R. Popper），1989；卡西勒（E. Cassire），1989；簡克斯（C. Jenks），1998；殷海光，1979；沈清松，1986；黃文山，1986；李春泰，1996；孫凱飛，1997〕，但它在總提上當作是「一個歷史性的生活團體（也就是它的成員在時間中共同成長發展的團體）表現它的創造力的歷程和結果的整體」，這應該可以成為大家在進行相關論說時的依據（不然它也可以成為一個「指標」）。而在這個文化大系統底下，還可以再分出五個次系統，包括終極信仰、觀念系統、規範系統、表現系統和行動系統等。當中終極信仰是指一個歷史性的生活團體的成員，由於對人生和世界的究竟意義的終極關懷，而將自己的生命所投向的最後根基，如希伯來民族和基督宗教的終極信仰是投向一個有位格的創造主，而漢民族所認定的道或理這一自然氣化過程和印度佛教所認定的佛或涅槃這一絕對寂靜境界也分別表現了漢民族和印度佛教各自的終極信仰；觀念系統是指一個歷史性的生活團體的成員，認識自己和世界的方式，並

由這裡而產生一套認知體系和一套延續並發展該認知體系的方法，如神話、傳說以及各種程度的知識和各種哲學思想都是屬於觀念系統，而科學以作爲一種精神、方法和研究成果來說也都是屬於觀念系統的構成因素；規範系統是指一個歷史性的生活團體的成員，依據他們的終極信仰和自己對自身及對世界的了解（就是觀念系統）而制定的一套行爲規範，並依據這些規範而產生一套行爲模式，如倫理、道德等等；表現系統是指用一種感性的方式來表現該團體的終極信仰、觀念系統和規範系統，因而產生了各種文學和藝術作品（包括建築、雕塑、繪畫、音樂、甚至各種歷史文物等等）；行動系統是指一個歷史性的生活團體的成員，根據他們的終極信仰、觀念信仰和規範系統而模塑的對於自然和人群所採取的開發或管理的全套辦法，如自然技術（開發自然、控制自然和利用自然的技術）和管理技術（就是社會技術或社會工程，當中包含政治、經濟和社會三部分：政治涉及權力的構成和分配；經濟涉及生產財和消費財的製造和分配；社會涉及群體的整合、發展和變遷以及社會福利等問題）（參見沈清松，1986：24-29；周慶華，1997b：69-139）。正因爲文化是一個歷史性的生活團體展現它的創造力的歷程和結果的整體，所以閱讀客體的創新以及激發新的閱讀風潮恰是滿足「推動」或「發展」文化的一大保證。而這放在當前的情境來看，不外有閱讀客體的後現代解構拾遺、閱讀客體的網路超鏈結續曲和閱讀客體的基進突躍全試等幾種途徑可以考慮。此外，這種創新性的策略所准用的範圍，也不妨僅限於閱讀客體本身，而把閱讀者或讀者是否（該）有相應的解讀對策一類問題暫時略過。換句話說，閱讀客體在被創新時可以不必管閱讀者或讀者「怎麼讀」而逕依自己的「理

則」去發展；它的新穎或罕見的特徵終將會在人類文化史上
「熠熠生光」（不然也會「曖曖含光」）！

第二節　閱讀客體的後現代解構拾遺

我們把閱讀客體定位在可被掌握的文本或作品後，接著所
能想到的期待它創新的途徑，再也沒有比繼續發揮後現代的解
構動力更具現實感且直接可行的了。也就是說，人類社會才剛
剛從後現代的情境中走過來，它的解構熱潮還未完全消退，如
果有人能夠試著比照再作翻新，那麼它的「創意」自然不會大
爲減卻。

現在以閱讀客體被創作的進程來說，大體上已經歷經了前
現代（十九世紀以前）、現代（十九世紀末至二十世紀六〇年代）
和後現代（二十世紀六〇年代至二十世紀末）等三個階段。當
中前現代時期，以「寫實」爲大宗。所謂寫實，是指模擬或再
現或反映現實。而它不外有下列兩種主張：「由於寫實派不想
借題發揮或感情用事，所以他們的描寫常顯有一個特徵，就是
他們的作品雖然取材廣泛，但他們的描寫多是停止在事物精神
以外的物象上。因此，他們所謂再現，又可以了解爲事物表面
的、物性表面上的再現。他們設計以行動（包括動作和語言）
代替人心的活躍，它屬於個人心理過程的交代，也限於人人所
經驗的心理，既不敢入於玄奧的衍釋，更不能作預期的設想；
凡屬於抽象世界中的人物精神或性格一類的東西，他們必須用
整部作品所造成的印象表示，絕不以空泛的形容詞作輕易的斷
語」（王夢鷗，1976b：55-56）、「所謂的模擬，不是把自己約

束在一些生糙的資料上，不是複演過去的經驗，更不是無選擇
地模擬自然。藝術家對客觀世界的模擬的活動是在藝術家主觀
的觀照下的活動；這就是主觀的想像和客觀的具體事物之間的
關聯；這就是一個藝術家所依存的世界和自我世界的不可分；
在藝術中這兩個世界已經渾然一體」（姚一葦，1985a：96）。前
者意指寫實是不涉主觀好惡的直寫；後者意指寫實是兼涉主觀
好惡（帶有「創造的想像」成分）的描述。這容或有「寫實」
和「虛擬」的差別；但在實際上二者所實踐寫出的作品，卻都
具有「眞實」感（參見周慶華，2002a：71-74）。至於現代時期
和後現代時期，則都在反對前現代的寫實作爲；只是後者（指
後現代）還進一步連現代相關的作爲也要反對。大致上，現代
的特徵主要是從現代主義文學的「陸續」實踐而抽繹的。一般
說來，現代主義儘管包含十九世紀末波特萊爾的象徵主義和二
十世紀初的前衛派（如未來主義、表現主義、存在主義、超現
實主義等），看似互不相干；但在彼此所抱持的價值觀和創作方
式上，卻有相當的「同質性」，也就是對於語言功能的信賴和形
式實驗的興趣。前者（指對語言功能的信賴），表現在對「眞」
和「美」的追求：所謂眞，是指作品所烘托的世界，而不是現
實世界。現代主義作家服膺的不是寫實主義或模仿理論，而是
文字能造象的功能。他們相信作家是藉著語言去創造一個想像
的世界；這個世界的眞實感是由作品的形構要素所構成，而不
是依附於外在世界所產生。所謂美，說明了一種超越論的創作
觀。他們認爲現實世界的感知現象，瞬息萬變，只有文學作品
上的美可以超越塵世的變幻無常。換句話說，美的事物在塵世
中隨時都會凋萎，只有透過文學來保存它們，將它們「凝固」
在作品中，才不至於像塵世的生命那樣朝生暮死。這顯示了他

們極度相信語言的堆砌就會構成意義：作家只要找到精確的語言符號（如意象、象徵等），就可以教它們裝載滿盈的意義。後者（指對形式實驗的興趣），表現在對小說敘述觀點、敘述方式的多方斟酌：小說家運用細膩的技巧邀請讀者涉入小說中的世界，辨析真相的所在（如福克納在《亞卜瑟冷》一書中，運用了四個敘述者以不同的觀點去捕捉故事的片面，而讀者必須整理出故事的來龍去脈，以了解故事的真相）。而這又根源於他們對自身角色的覺悟和期許（應該為現代人找到精神上的出路），儼然是時代的先知或預言家（參見蔡源煌，1988：75-78；周慶華，1994：3-4）。而後現代的特徵則由後現代主義文學所全力實踐。它在形式實驗方面有更新的發展，原先作家的自覺演變成對創作行為本身的自覺：小說家不但在從事杜撰想像，還同時將這個過程呈現給讀者，連帶也交代小說中一個故事的多樣真相。有人根據這一點，判斷後現代主義文學延續了現代主義文學所作的嘗試（因此稱後現代主義文學為「超前衛」），而解消了二者相對的一部分意義（詳見蔡源煌，1988：78-79）。然而，後現代主義文學所作的實驗，在「實質」上已經不同於現代主義文學，如何能說它們有相承的關係？何況現代主義作家所強調的語言功能，在後現代主義作家看來，無異於一種「迷思」而極力要否定它？可見後現代主義文學，完全站在現代主義文學相對的立場，獨自展現它的風貌〔按：後現代主義文學對寫實傳統的拒斥，跟現代主義文學一樣，也許可以看作前者承襲了後者。但後者的表現手法（如表現主義、超現實、意識流、魔幻寫實等），無非在擴大和加深寫實效果；而前者卻從根本上揭露寫實傳統的虛幻性，彼此並不相侔。因此，與其說後現代主義文學繼承了現代主義文學對寫實主義的批判，不如說

後現代主義文學徹底反對任何形式的寫實主義（包括現代主義
文學那種虛構的「真實」）。如果要說它是「超前衛」，那麼也
得就這一層意義來說（參見周慶華，1994：4-5）。

　　統觀所以會發展出後現代的解構類型，基本上是因為人類
對語言的反省到達了「超常」的地步。這點得從寫實主義所遭
後現代主義「溯源」的批判談起：後現代主義認為寫實主義傳
統主張「語言是中性的媒介」、「語言可以準確無誤地反映客觀
現實」等所假定的「現實」和「主體」（人）先於（並獨立於）
語言而存在這一觀念，並不合時宜。因為所謂的「現實」和
「主體」根本不是先於或獨立於語言而存在，反而是語言建構出
來的產物。換句話說，客觀現實（混沌難明）如果不把它編排
在特定語言系統內，使它標準化、社會化和客觀化，就不可能
被我們所認識；一旦我們能認識到客觀現實，它已經不是原本
的面向，而必定是由語言編輯刪減（扭曲、壓抑）後的結果。
同樣地，主體我所建立的內心世界（思緒意念）和私有空間
（生活形態），也只能運用標準化、社會化、客體化的語言來整
理和編排，才可以被自己準確掌握（參見周華山，1993：180-
194）。這樣寫實主義傳統所強調的文學模擬現實或再現現實，
也就成了虛有的「神話」了。再來，寫實主義傳統內部的某些
調適，如不以模擬活動是複演過去的經驗或無選擇的模擬自
然，而主張是主體觀照下有目的的製作（含有作家的思想和情
感）（參見姚一葦，1985a：96-99），以及力求超越粗糙（機械）
的直寫現實而進入批判現實（揭露社會矛盾現象）或社會分析
（描寫人的社會經驗以及社會本身的結構）（參見鄭明娳等，
1991：2-7）等等，看似避免語言無法模擬或再現現實的困擾，
而遂行它在哲學上逐漸和唯物主義密接、在政治上傾向集體主

義的「意願」（仍然擁有最接近「現實」的榮銜）。但殊不知這些理論本身依舊充滿虛構、不確定的性質，並沒有隨著方法的調整而有絲毫的改觀。畢竟人不能離開語言系統而別為建構現實或批判分析現實，以至大家所可能想到（發掘）的秩序、意義、價值、關係、結構和條理等，都是在語言系統的制約中發生，跟實際的外在現實沒有關聯。最後，即使把現實當作是以語言模式為張本所建構成的，問題也還沒有結束。因為語言所建構的這個類似外在對象的現實，固然如巴特所說的是敘述過程所呈現的和認定的內在邏輯使然，跟實際的外在現實不必相互對應（參見高辛勇，1987：142-143）；但它的構成要素（語言）卻無法將某一個預期的意義完全開顯，只能停留在若有若無、似隱似現的階段，致使寫作就像德希達所意示的要開啓一個空間，讓這種似隱似現的意義透過一連串的追蹤運動而襯托出來。因此，一部作品或一篇書寫的成章也大可稱作一種慣例性的追蹤運動；在這種追蹤運動中，每一個語言符號內就存有其他符號的痕跡（每一個意符所指向的意指，同時又是一個意符）（參見蔡源煌，1986：229-230）。從此文學變成一個語言遊戲的場域；而這個場域還充滿著各種變數，不但威脅著寫實主義的文學，也威脅著任何一種後起的文學（如現代主義中各派別的文學）（參見周慶華，1994：23-25）。以上是光就文學這種閱讀客體來說的，在其他類型的閱讀客體方面，「總體」上前現代是有關世界觀的建構及其運用；現代是將原世界觀予以衍變發展（前後的差距，不再是單線的承繼，而是多元的裂變）；而後現代則是對現代及前現代進行全面性的省察和批判（參見周慶華，2001a：75-94）。這麼一來，後現代式的閱讀客體在相對上也就具有「優位」性了。

從整體上看，後現代式的閱讀客體是以「解構」思想為核心以及突進奔躍的動力的，它所給人類文化帶來「開啓新猷」的功能自然不可輕視；只是它最後不免也要因為理論上有罅隙而成為別人反批判的對象。理由是它的理論中最強勢的語言「延異」觀（每一個意符所指向的意指，同時又是一個意符）本身，也是要延異的（參見楊大春，1994：29-35）；而該解構觀念一旦普遍踐行，又不禁要成為另一種形上學（這原是它所要破解的）：「假使我們盲目深信『解構』，我們不外墮進了另一種『形上學』之中。正如薩伊德在批評德希達時所說的：雖然德希達無須負責，他的文本播散性威力已經形成了一種新的『形上學』。當然，薩伊德想指出『播散』（延異）才是重點。可是很矛盾地，沒有薩伊德的文本，就沒有這方面的播散。換句話說，薩伊德為德希達的文本的播散提供了聚集的機會。當薩伊德解釋德希達的文本策略時，他提到『在閱讀一篇既有的文本時，一個批評家會傳統地尊重它被假定的穩定性，並在批評中將那種穩定性再造』。薩伊德的作法當非『傳統』的作法。他嘗試作的比再造穩定性多出很多：他要侵佔德希達的文本。所以薩伊德指出：『文本會命令、准許及發明所有屬於它自己的功能的誤解及誤讀』。因此，薩伊德變成『合法』的中間人，可以將德希達的文本中被壓抑了的一面解放出來，卻又在自己文中壓抑了另一些東西（按：這可以『反襯』出德希達的解構理論正是這般在演示著）」（朱耀偉，1994：60-61）。雖然有些人（包括解構理論大家德希達本人）一再的辯解說「解構文本的目的在要求透過不斷地重構過程，重新詮釋文本的意義，以開放其他可能的詮釋，並經由一連串的思考辯證，更深入地探討文本……換句話說，解構思考在解體現存的中心結構，破除二元

階級對立的關係，不斷重構，以進行歷史演變和思潮接替更換的不止息過程；如此循環不已，才能在各個歷史階段裡產生新象和新知，而不致封閉和約束在現存結構的『意識形態國家機器』裡」（楊容，2002：20），但它的實踐處（不論是執意於解構別人的文本還是自我構設解構式的文本）所給人的感覺卻是解構理論以它新的大敘述反對被解構對象原有的大敘述，這就顯得難以「自圓其說」（也就是彼此都是一種意識形態的實踐，目的在遂行各自的權力意志，沒有誰對誰錯或誰是誰非的問題）。因此，解構不再是「萬靈丹」，而以它為理論基礎的後現代式的閱讀客體也無從想像可以給予絕對化並期待它能普遍化。

雖然如此，後現代式的閱讀客體還是可以跟前現代式的閱讀客體和現代式的閱讀客體一樣，盡情展現它的「殊異」色彩；這時它所依憑的假象延異觀所能造成的「語言遊戲」效果，依然可以在前現代的「模象」作為和現代的「造象」作為外自成一格。所謂「如果我們對語言仔細審視一番，看作紙上一連串的能指詞（意符），意義最終很可能是不確定的；但當我們把語言看成我們做的某件事，跟我們的實際生活形式不可分離地交織在一起時，意義就成為『確定的』，像『真理』、『知識』、『肯定性』等詞語就恢復了原來的力量。這當然不是說語言因此就成為確定的和明白易懂的了：恰恰相反，它比最徹底的『分解了的』文學文本更加晦澀和矛盾。只有這時，我們才能夠以一種實際而不是學究的方式看到，那些東西算是明確無誤的、可信的、肯定的、真實的、虛假的等等，並看到在語言之外還有那些東西捲入這些界定之中」（伊格頓，1987a：142），這段話有多重的涵義：第一，我們可以操縱語言而使它

的意義「確定」或「不確定」；第二，由於我們知道自己在操縱語言而使它的意義「確定」或「不確定」，所以語言的意義不論是「確定」還是「不確定」都是一種策略運作；第三，既然語言的意義「確定」或「不確定」只是一種策略運作，那麼任何後起的語言（或類語言）觀都可以享有它「獨自」發展的空間。因此，後現代式的閱讀客體要在前現代式的閱讀客體和現代式的閱讀客體外自立一種風格，也就得正視它的「合法性」或「合理性」。而從現有的後現代式的閱讀客體的表現來看，它所努力於透過「解構」而達到「創新」的作用（以便能取得新的支配優勢），還是相當可觀而可以成為大家仿效的對象。好比羅青一首題為〈吃西瓜的六種方法〉的後現代詩所「示範」的：

第五種　西瓜的血統

沒人會誤認西瓜為隕石
西瓜星星，是完全不相干的
然我們卻不能否認地球是，星的一種
故而也就難以否認，西瓜具有
星星的血統

因為，西瓜和地球不只是有
父母子女的關係，而且還有
兄弟姊妹的感情——那感情
就好像月亮跟太陽太陽跟我們我們跟月亮的
一，樣

第四種　西瓜的籍貫

我們住在地球外面，顯然
顯然，他們住在西瓜裡面
我們東奔西走，死皮賴臉的
想住在外面，把光明消化成黑暗
包裹我們，包裹冰冷而渴求溫暖的我們

他們禪坐不動，專心一意的
在裏面，把黑暗塑成具體而冷靜的熱情
不斷求自我充實，自我發展
而我們終究免不了，要被趕入地球裏面
而他們遲早也會，衝刺到西瓜外面

第三種　西瓜的哲學

西瓜的哲學史
比地球短，比我們長
非禮勿視勿聽勿言，勿為——
而治的西瓜與西瓜
老死不相往來

不羨慕卵石，不輕視雞蛋
非胎生非卵生的西瓜
也能明白死裡求生的道理
所以，西瓜不怕侵略，更不懼

死亡

第二種　西瓜的版圖

如果我們敲破了一個西瓜
那純是為了，嫉妒
敲破西瓜就等於敲碎一個圓圓的夜
就等於敲落了所有的，星，星
敲爛了一個完整的，宇宙

而其結果，卻總使我們更加
嫉妒，因為這樣一來
隕石和瓜子的關係，瓜子和宇宙的交情
又將會更清楚，更尖銳的
重新撞入我們的，版圖

第一種　吃了再說

（張默等編，1995：606-609）

很明顯的，這首詩嘗試在造成多重的解構效果：第一，題為
〈吃西瓜的六種方法〉而實際上只著錄了五種方法，它所解構數
量後而保留的第六種方法，可以由讀者去填補，以至又解構了
讀者只能被動接受作品的傳統的觀念；第二，五種方法排列順
序的顛倒處理，無異在解構一般的秩序感，同時有四種方法跟
「吃西瓜」沒有直接的關係所顯示的寫作的任意性，又解構了現

實情境中的「對應」或「寫實」觀念；第三，詞句的拼貼或異質素的並置，以對比於平常所見的「邏輯關聯」或「首尾完整性」，顯然要突破語意連續或單一意義觀念的制約，而且標點符號的隨興置入更一併凸出它的解構用意。即使如此，這首詩所虛擬的一些吃西瓜的人「先說再吃」（以對比於「吃了再說」的人），依然有「重新建構」的作用。也就是說，吃西瓜要顯得有「品味」，必須從先「玩賞」而後再「品嚐」一端去著力；而「玩賞」本身，就不妨是詩中那些「血統」、「籍貫」、「哲學」、「版圖」式的發問或狂想。而從這一點來看，前面的那些解構策略，彷彿都是爲了後面的建構企圖而發；以至所謂的後現代式的閱讀客體也就有著一樣崇高的偉業在懷抱和踐行了。這在所見的詩文類是這樣，小說、戲劇、甚至其他的論述等文類也是這樣（參見孟樊等編，1990；黎活仁主編，1998；鍾明德，1995；巴特，1997）；循至能顯現創新功能的案例，都不能略過後現代式的閱讀客體這個範疇。而社會如果還沒有新形態的閱讀客體被塑造完成，那麼從這裡汲取養分融會再製或別爲創發，也就是推移變遷或改造修飾世界的不二法門了。

第三節　閱讀客體的網路超鏈結續曲

雖然後現代式的閱讀客體也隱含著現代式的閱讀客體或前現代式的閱讀客體所常見的崇高理想或用世情懷，但它的隨機性或遊戲性的表現卻讓人覺得「平面」（缺乏深度）且「虛無化」（盡以解構爲能事而不大願意顯露建構企圖）。這不免要引發人思考「前途」的問題。而這在二十世紀末所出現的某些復古思

潮中，也確實給了人一個「後現代之後」的時代就要來臨的印象。它的「進程」約略是這樣的：從二十世紀六〇年代以來，後現代思潮就「以橫掃千軍的姿態站在時代的前沿，它的解構、去中心、不確定性、平面化、無政府主義等特色，不知風靡了多少久受禁錮而亟思高翔的人心」，而這表現在寫作上的就是「沒了成規可循的『意符追蹤遊戲』以及不斷自我消解的『虛無主義作風』」；直到世紀末，仍在為社會「勾繪一幅擾嚷而無所止歸的圖象」（參見周慶華，2000c）。這幅圖象是從現代、前現代的舊勢力「反撲」開始的。後現代用它的「大敘述」來反對現代或前現代的「大敘述」，自我矛盾是顯而易見的（參見史馬特，1997）；以至論者紛紛斷言所有被「遺忘」或被「排擠」的舊勢力，都將重新登上歷史舞臺〔這些舊勢力，包括啟蒙時代的哲學、浪漫主義以及一種復歸式的批判社會理論、新歷史主義等等。參見阿皮格納內西（R. Appignanesi），1996；貝斯特等，1994；王岳川，1993〕。這後來幾乎都應驗了，也影響到後現代「各種超前衛的實驗在進入新世紀之前，也很識趣的立即偃旗息鼓，以免趕不上『以復古為新潮』的時代腳步」；雖然如此，「後現代的解構衝勁並沒有減退，它仍然在文化各領域產生顛覆、啟新的作用；所謂『沒有什麼不可以』的社會，是在後現代（流行過了）之後才真正的來臨。而文學的後現代性，也正『激勵』了文學人走向徹底的無政府境地。他們的終點站，也許就在網路文學王國新築完成的城前」（參見周慶華，2000c）。

　　以上是在說繼寫作的解構傾向後另一波新的寫作風潮，它正在興起和流行，是比解構還徹底解構的「多向文本」紀元。換句話說，過去在平面媒體上寫作所能造成的解構效果還是有

限，現在在電腦上寫作可以透過超鏈結達到超解構或無限解構的境地。而這完全是拜網際網路的出現所賜。所謂網際網路，指的是電腦和網路結合為全球性而沒有中央控管的新傳播媒體〔參見米契爾（W. J. Mitchell），1998：230〕。它原先是「美國國防部先進研究計劃局技術戰士的大膽想像計劃。它源於一九六〇年代，為防止蘇聯在核子大戰時佔領和破壞美國的傳播網。在某個程度上，它是種毛主義戰略的電子對等物，以在廣大領土中散布游擊力量，對抗敵人可能有的場域多樣性和知識。如同發明者所期待的，它的結果為一種網路結構，無法由任何中心所控制；而是由成千上萬的自主性電腦網路組成，它在各個電子障礙中，可以無數的方式相連接。最終，由美國國防部設立了普奧網路，成為成千電腦網路的全球水平傳播網路的基礎；全球各地的個人和群體，各就他們的目的使用網路，而離開了已經過去的冷戰考量」〔柯司特（M. Castells），1998：7〕。這被認為是繼現代社會科學後的一大改變，「現代社會科學崛起於工業秩序創造的巨變中，它來自封建社會的廢墟。然而，世紀末的今天，巨變再度降臨。資訊時代的特徵正在於網路社會，它以全球經濟為力量，徹底動搖了以固定空間領域為基礎的國族國家或任何組織的形式」（同上，譯序XVI）。這種改變，產生了廣大的虛擬社群，也確立了資訊時代的全球化趨勢；並且因為網路的「具有通達全球、並能整合所有傳播媒體及其潛在的互動性等特性，而正在改變著、且將永遠地改變我們的文化」（同上，335）。而在這個新的資訊環境中，已經可以看到一些有關人事的頻密的交錯更迭現象：首先是廣泛的社會和文化分歧，導至使用者／觀看者／讀者／聽眾之間的區隔。信息不僅在傳播者的策略下被市場所區隔，也被媒體使用者自身的利

益及其從互動中所獲取的優勢而日益分化。其次是使用者的日益階層化。不僅選擇多媒體被限制於那些有閒有錢的人以及有足夠市場資本的國家和地區；文化教育的差異，也造成使用者能否經由互動性使用獲益的決定性因素。多媒體的世界，將主要分成「主動的」和「被動的」兩種人口。再次是在同一個體系裡所有被傳播的信息，即使是互動的、有所選擇的，也都會導至所有信息被整合到一種共同的認知模式之中。媒介之間彼此借用符碼，並且因而模糊了自己的符號，在不同意義的隨機混合中創造出了多面向的語義脈絡。最後是多媒體以它的多樣性捕捉了它所在的場域中絕大多數的文化表現。它們終結了視聽媒體和印刷媒體、大眾文化和知性文化、娛樂和資訊以及教育和信仰之間的分離乃至區別（同上，381-382）。所謂網路「將永遠地改變我們的文化」，終將不再是一句虛擬的話。而寫作這件成就文化的工作，自然也得在這個網路社會中一再的遭受衝擊和挑戰（參見周慶華，2001a：248-250）。

　　具體的情況是，一些凜於網路社會威力的人，已經緊緊的在「擁抱」這一或許真能改變命運的機會，而紛紛以一種新的寫作身分出現。他們可以運用網路這一新媒體而將作品數化位處理以廣為傳播；而這被認為所依賴的「網路的去中心的作用力，將挑戰以副刊為主的文化主導權」以及「隨著作者發表空間的大幅擴張，被文學副刊守門人企劃編輯所排擠的作品，將可以在網路找到生機」（參見須文蔚，2000a）。此外，更「可觀」的是他們可以利用網路或電腦所有的媒體特質創作數位化作品，以達多元的互動效果。這是一種嶄新的寫作、傳播和閱讀的經驗（參見須文蔚，1999a；董崇選等，1999；林淇瀁，2001），也是一個可以稱為網路主義獨領風騷的新世代。其中網

路寫作的多媒體、多向文本（超文本）、即時性、互動性等等特徵，把後現代所無由全面出盡的解構動力徹底的展現出來了。尤其是多向文本，不啻真正落實了文本是一個無始無終的建構過程的後現代「宣言」。所謂「多向文本真正實現了作品不再是單向封閉系統的說法，它可以作成道道地地、貨真價實的寫式文本。多向文本要求一個主動積極的讀者，多向文本泯滅了作者和讀者之間的區別。多向文本是流動的、多樣的、變化的，它既不固定又不單一。多向文本無始、無終、無中心、無邊緣、無內外。它又是多中心、無限中心、無限大。多向文本是網狀式的文本，無垠、無涯，是合作式的文本，是沒有那大寫作者的文本，是人人都是作者的文本」（鄭明萱，1997：59），正說明了它永遠處在建構中（而不是「可以建構完了」）的特性（參見周慶華，2001a：250-251）。而這已經表現出結合文字、圖形、影像、動畫、聲音等多媒體設計以及創設故事接龍或多元互動一類的遊戲模式（參見李順興，1999；須文蔚，2002）。這裡僅以詩類型為例，它以跨文本的鏈結方式，可以造成無止盡的文本「互涉」或「衍生」的現象。如某BBS站曾經有一首詩是這樣呈現的：

　　還有薄荷的味道
　　傻孩子，你定不知
　　愛情像黏在小腹的脂肪
　　一放在結婚證書這張占板上就極度不快
　　如果早上醒來時你有一個飽滿的子宮
　　牛感到憂慮
　　可是你不喜歡等待

　　我不喜歡教堂

　　戒指有肉的氣息，傻孩子

　　合法的

　　使你發福

　　或者擁抱一張血淋淋的

　　占板

這乍看跟一般平面媒體的詩作沒有什麼差別；但在網路上呈現時，有些字串是可以在點選中作跨文本的鏈結。比如第四行中「占板」的「占」字就可以點選。點選後，讀者就能進入另一個子畫面／目錄：

　　◎占

　　敬告讀者

　　這是一個錯字

又如第八行「我不喜歡教堂」的「教堂」也可以點選進入：

　　◎教堂

　　我不喜歡教堂

　　教堂允許我們生小孩

　　卻不准我們做愛

依此類推，詩作中跨文本鏈結，可以鏈結到其他文類、其他媒體、其他作者、甚至不斷延伸個別作品的可能性，而形成有如「文字的歧路花園」（參見廖咸浩，1998），傳統單一文本的觀念

或一元意義的理解方式都要失去制約力。而以現在所可以看到的來說，已經有所謂的「新具體詩」（結合文書排版、繪畫、攝影和電腦合成的技術，強調出視覺引發詩的思考）、「多向詩」（詩文本利用超鏈結串起來，讀者可以隨意讀取）、「多媒體詩」（網路詩整合文字、圖形、動畫、聲音等多重媒體，使它接近影視媒體的創作文本）、「互動詩」（網路詩的寫作配合程式語言，如利用CGI或JAVA，文本就不僅具有展示功能，它還具有互動性，可以讓讀者參與寫作的行列，形成寫作接龍的遊戲）等類型可以歸納和指稱（參見須文蔚，1998；2001）。近幾年更有FLASH新軟體的出現，使得多向文本的鏈結方式又跨出了一大步：「過去網路文學工作者利用HTML或ASP語言、動畫或JAVA等程式語言為基礎，創作出新形態的『網路文學』作品。一般常見的創作方法多半是利用Photoshop、Photoimpact等繪圖軟體，以類似做卡通的模式，依照文字和圖案動態變化的順序做出一系列圖片；但通常這類作品變化較少，且有『體積龐大』、佔據頻寬、閱讀速度緩慢以及缺乏聲音和互動效果等缺點。再不然多半是改寫既有的Java Scrip，或是利用現成的Java Applet（一種程式），將文字和影像以動態特效形式呈現出來，透過參數改變，形式能進一步呈現些許變化……但這一類作法受限於內部程式的設定，以創新角度來看，拷貝的人如果沒有進一步添入巧妙應用或相互輝映的內容，有時不免讓讀者感覺好像是盜用，甚至是濫用。而FLASH這個套裝軟體出現，提供製作動畫網頁一個新利器，成品不但檔案小、傳輸快、影音可以合一；特別是在1999年底Macromedia推出Flash 4.0版，強化了多向鏈結的功能，讓創作者把文學作品轉化成影音動畫、動態互動作品、甚至遊戲都不成問題」（須文蔚，2000b）。一個寫作

的多向文本紀元確實來臨了；而且沒有人能預知它將會「演化」到什麼地步（參見周慶華，2001a：251-253）。

　　當然，這個整合多媒體而成的網路世界，卻不是一個讓人可以完全樂觀期待「如此」發展的。這種情況不是像某些人所專為文學而擔心的會造成「守舊者的拒斥」、「新霸權的產生」、「淪為多媒體的附庸」、「商業化」、「讀者至上」、「文學專才和藝術全人的兩難」等問題（詳見沈怡，1997；須文蔚，1999b；張政偉，2002）；它的對文學生態（包括作品的生產、傳播和接受等等）所引發的改變本來就得「別為看待」（而不是妄起以傳統的文學觀念去衡量它而要它再守住什麼「文學的本質」或「文學的主體性」一類不太相應的作為），不然又何必要有這一波網路思潮的更新（也就是既然文學已經多向文本化了，又怎好再要它「走回頭路」）？從整體上來看，它的真正的問題是在網路本身難可「久恃」以及新科技殖民的變局「難料」和地球有限的資源不容許無止盡的「耗用」等層面上。也就是說，網路世界的存在固然如柯司特所說的「從最壞的到最好的，從最菁英的到最流行的，每一種文化表現都來到這個鏈結了一個巨大的、非歷史的超文本和呈現了溝通心靈的過去、現在和未來的數位式宇宙之中。它們由這裡建構了一個新的象徵環境；它們虛擬了我們的現實」（柯司特，1998：382）；但這個虛擬的現實的代價是什麼？「是人和人之間親身接觸的隔離隔膜？新媒體和舊媒體之間，真的不能相容並存；新的真的有如後浪，將前浪覆滅一空，完全取代嗎？去中心、多線多徑的後結構，真的是事物本相？遇事建立結構、設定組織、尋找次序的傾向，真是我們從印刷文字文化習得的行為，而非本能？作者真願、真能、並且真的放棄了主控權利（鏈結是誰設

的，徑路組合是誰安排的呢），將他的藝術企圖交在讀者手中嗎（推動文本的那隻寫作者的手）？讀者眞願、眞能、並且眞的放棄心靈對話式的閱讀，反客爲主，動『筆』書寫起來嗎？『媒體』眞的就是『信息』，新的就一定比舊的好嗎（這也是線性思想）？科技眞的對人類有益，眞的代表進步，眞的決定一切，眞的不可避免嗎」（鄭明萱，1997：140）？恐怕沒有人能給一個可以讓大家信服的答案。而在寫作方面，多向文本的發展固然開拓了我們的視野，滿足了我們恣意寫作的欲望，但同時也阻絕了我們攀爬「高峰」的驅力，斷減了我們追求「理想」的意志。在整個過程中，我們不必成爲勇於發現新大陸的航海者；只要當一個不辨方向的泅泳者，或者在高度無政府狀態中隱姓埋名而終了殘生（參見周慶華，2000c）。這是網路世界所透露給人的信息（人一離開網路世界，就什麼也不是、什麼也無法全樣保存下來），我們能不感到悲哀嗎（參見周慶華，2001a：253）？就是因爲網路本身的不可久恃，所以又衍生出了另外兩個問題：一個是網路世界的變數太多，只有能掌握電腦科技（包括軟體、硬體技術以及相關的生產機制和行銷網絡等等）的人才能立於「不敗」的優勢；其他的迎合者和使用者只好淪落被片面宰制的命運。所謂「在以電腦爲基礎的資訊化科技發展的衝擊下，資訊化知識成爲直接社會生產力主體的同時，國際政治以爭奪資訊化知識的主導權爲核心，而那些掌握資訊化知識的生產分配主導權的跨國企業，更有可能成爲影響國際政治經濟甚至軍事文化發展的主要力量」（李英明，2000：25-26），這實際上已經得到了驗證。新科技殖民早就隨著全球化的浪潮在世界各地造成大大小小「強力支配」的災難〔參見曼德（M. J. Mandel），2001；勒比格（O. Lebinger），2001；格

拉罕（G. Graham），2003；湯林森（J. Tomlinson），2003；雷席格（L. Lessig），2002；喬登（T. Jordon），2001〕；讓無力操縱科技的人更不由自主（或活得更無奈）而對未來充滿著「不確定」感。另一個是電腦科技所要塑造的「理想化國度」〔按：這是特就一神教信徒來說。所謂「早期基督徒設想的天國，是『靈魂』完全擺脫肉體弱點困擾的地方。現今的網路族傲然聲稱，在這一『（數位）世界』裡，我們將豁免生理形體帶來的一切侷限和尷尬」（魏特罕，2000：2），正是他們的另一波的「勝利」〕，是要以無止盡耗用地球的資源爲代價的；而這樣下去在可見的未來在地球這一封閉的系統內一定會面臨不可再生能量趨於飽和的「能趨疲」（entropy）的壓力。試問在這種情況下所謂的網路世界又可以維持多久？且看一個使用電腦者這樣帶點沾沾自喜意味的自白：「使用電腦已經有七八年的時間；電腦於我，多半用在文書處理，像是一部昂貴的中文打字機一樣。七八年來，在電腦鍵盤上，我敲敲打打，用電腦打報告、打論文、打詩、打社論、打政論、打講義，幾乎天天跟電腦爲伍，『打』電腦替代了過去的『寫』稿子。先後使用了四臺電腦；除了第一部八位元的黑白電腦早已廢棄，386、486各一臺、586兩臺，分散在臺北、基隆和臺中。這些電腦都仍在服役中……」（向陽，2001：15）。這完全不理會背後可預見的「資源匱乏」和「自掘墳墓」的警訊；長期以往，倘若大家都這樣缺乏危機意識，那麼等到相關的資源無以爲繼時，大家又將要如何「生存」和圖謀「發展」？

　　這麼說來，透過網路超鏈結的方式來開發新的閱讀客體是要冒著高度「風險」的；但它已經漸漸要形成普遍的風氣了，當別人在相對「無知」上競相的走向一條不歸路，你自己一個

人又如何能恆久的力抗而獨立於世？因此，只好秉著「把它當作是一個可以存在的現象，而不必一定要絕決的『棄舊從新』。至於這種寫作模式是否眞的像『趨新者』所說的將長期以往的帶動風潮，那就『走著瞧』吧」（周慶華，2001a：254）或「讓它在『兩可』間成爲一個選項；『不信邪』的人就繼續再去嘗試，看看到底會『搞出什麼名堂』來」（周慶華，2002a：377）這類的信念，再看「後效」如何的啦！

第四節　閱讀客體的基進突躍全試

就當前的情況來看，閱讀客體的社會化創新途徑能夠撿拾後現代解構的遺響或接續網路超鏈結的新曲，似乎就「足夠入時」且可以聲稱「了無遺憾」了。但也不然；因爲任何一種形態的閱讀客體在經過一段時間後，都有可能變得「過時」而被另一種新形態的閱讀客體所「取代」或「超越」，以至這裡還有可以別爲展望的空間。這個空間，原則上無法預先爲它塡入什麼具體的內涵，但在理論上卻可以爲它引導或規模出一個「方向」。換句話說，只要有可能創新的機會，都是我們所要追求和爭取的，而後現代的解構作爲和網路的超鏈結嘗試還不足以限定我們的出路。對於這個細如縫隙的機會（也就是很難想像超越解構或超鏈結後的創新是什麼樣子），大概只有一個「基進」的概念，才足以促使我們去從事有效的「應付」或「把捉」。

所謂基進（radical），也稱激進，是一種空間和時間中的關係，是一種特殊的相對關係。它在被運用時，有衝破一切樊籬的效力和不拘格套的自主性。如呈現在空間關係上，它就反對

一切傳統霸權式的空間佔領策略（由侷限在山頭的堡壘逐漸蠶食鯨吞到控制廣幅空間流動的一方霸主）；而呈現在時間關係上，它也反對一切傳統霸權式時間佔領策略（一方面它透過歷史的造廟運動不斷地「塑造」悠久連續的歷史傳統；一方面它以「負責的」的社會工程師自居不斷地預言未來秩序，建構未來的新社會）（參見傅大為，1991：代序4）。換一個比較通俗的說法，就是「戰爭機器」：「戰爭機器的作用就是畫出『去中心化』的『逃逸路線』，穿越封閉的『內在環境』，逃出國家機器的捕捉。『逃逸』並不是消極的逃避，而是積極的開放和拓展。戰爭機器的逃逸路線穿梭於體制片斷僵化的畛域和輪廓，在不斷移位的『解除界域』的運動中，不斷佔領未開發的新領域。逃逸路線是遊牧的軌跡，沒有起點也沒有終點，沒有任何固定的領域和中心，只是不斷遷移，從一個『面』遊牧到另一個『面』。相對於國家機器所規劃分割的『區隔空間』，戰爭機器不斷開拓出自由開放的平曠空間。舉凡科學、哲學、文學、藝術、劇場、音樂都可以成為戰爭機器」（路況，1990：總序iii）。當然，戰爭機器也會突破國家機器所塑造排列的「區隔時間」，不斷地瓦解歷史傳統、解構廟堂神位，使自己處於不停流動的局部格局（參見周慶華，1998：1-2）。

　　雖然如此，基進卻有別於一般所說的「極端」或「偏激」。基進往往是基進者自我形容的詞彙，而極端或偏激則往往是權威保守者加諸基進者身上的標籤。這兩個詞常被懷抱不同意識形態的人用來形容一件相同的事物，表面看來有些類似，其實大不相同。理由是極端或偏激在被使用時，很容易讓人聯想到「不正常」；而社會上的一些「極端或偏激分子」往往也會被認為是情緒和心理不平衡、失調、甚至曾經受過傷害和打擊。另

外一種說法則是這些極端或偏激分子「貪心」、「不守本分」，所以在社會上或思想上有「野心」、想打擊他人等。總括說來，「『極端』（或『偏激』）這個標籤的使用，往往是在一種認定對方是心理上或情緒上『不正常』的條件下出現。這樣一個本是價值性或選擇性的問題被轉化成心理成熟度或成長度這樣的『心理和生理』的中性科學問題。使用『極端』（或『偏激』）這個標籤的人，往往隱含著他已經佔據了權威科學位置的立場。既然已經有了這個立場，權威科學者就不必浪費時間跟心理不正常或未成熟的人辯論。使用權力迫使對方就範，然後加以細心的輔導和感化，才是一邏輯的處理方式」（傅大為，1994：3-4）。相反的，「基進者的主場，既不可以用心理式的尺度來衡量，也不可以按生理成長式的標準來估計。根本上，他拒絕成為權威科學『職業性注視和診斷』下的一個subject。一個基進者涉及到的是一社會性、位置性和立場性的問題，而非心理、生理和態度的問題。基進者所尋求的是一些特別的社會空間和位置；它是在權威系統之外的自主性空間，它是一個可以擾亂、打破這整個權威系統的戰略位置」（同上，4）。縱是如此，基進者尋求所要的自主性空間或採取有利的戰略位置後，多少也有向人暗示這是一個可行的策略或合理的途徑；否則他的「苦心積慮」就只合自己賞玩而無法跟人分享。因此，像底下這一說法就得有所保留：「基進者的攻擊和批評，不是藉著向一反動系統的挑戰，以形成一『進步』的新系統（一個進步的『正常和不正常』的新分類系統）。恰好相反，基進者的傳統革命性較低，他不爭社會或文化霸權；但他的基進革命性卻更高。他所挑戰的，是那個『霸權性』、『系統性』本身。他要打碎的，正是一切『正常和不正常』分類邏輯所立足的權威系統

……在這樣的意義、策略和要求之下，『基進』和『極端』（或『偏激』）彼此是完全不可比較、無法混淆的。它們也無法以在左／右派、進步／反動、理性／蒙昧、真理／虛僞等這些啓蒙式的分類系統來加以了解。基進者固然不願成爲一個被診斷下的極端者，他當然也更無意佔據一個『新診斷者』的系統中心的位置。他所要打亂、破碎的正是這個『極端者；溫和者；診斷者』所構成的權威系統本身。無論任何一種形態的文化霸權、社會解釋權、民族診斷權，都可以是企圖吞食一切的權威系統的變相。基進者所要求的是一局部、自己的空間，他珍惜『局部性』、『非系統性』、『相對性』這樣的社會空間位置。在這樣的意義之下，基進性才是權威性和系統性最徹底的挑戰者；基進者的社會位置也才能跳出『進步和反動』互相交替的歷史循環之外，求得一自主而深耕的空間」（同上，4-5）。所謂有意／無意等說法，並不能只是自我宣稱或辯解就算數了，別人還（仍）會透視他背後動機或意圖的「不單純」（也就是試圖標榜以基進行徑爲新的指標或新的權威系統）。因此，我們實在也不必諱言基進作爲的「正當性」或「合理性」（進而希冀它有更多人來仿效）。如果還有可以討論的，大概就是如何避免「過度基進」所可能帶來的反效果。換句話說，過度基進以「執意直往而無悔」的態度出現，忽略了自己本身可能存在的某些盲點（如立足點的不夠穩定、攻擊目標的片面虛擬、所採取策略的效應短少等等），這就是一個值得留意的問題（參見周慶華，1998：2-5）。

　　那麼基進會有黎明嗎？對於這個問題，我個人可以相信它有，但不敢說「必定如此」（因爲它還有待別人的認同）；同時它也未必像一位論者所設想的這樣：「走出黑暗洞穴的小子

們，在知識／權力的空間和探照燈束的交織網中游走、流動和戰鬥，這些也許都是一種基進的黎明。但黎明還有另一層意義：它介於黑夜和白日之間，介於黑暗的尊嚴和監視燈束交織的白日之間。基進的黎明（這是一個關鍵）並不是由黑夜中出來，取而代之地在摧毀舊的光明王國後建立起一個新的光明燈束（『新啓蒙』）王國；基進的黎明並不是一種從黑暗到光明的過渡，只有過渡性的意義。事實上，基進根本地否定『光明燈束』和『黑暗尊嚴』這二者的權力劃分。基進只有兩個可能性的位置：被迫走進黑暗或黎明。在基進的時間和空間關係上，它沒有能力和條件成為一個新的光明燈束。在黎明曖昧的顏色和閃爍不定的光影中，基進者們遊吟而歌、浮萍而舞。基進者將忘卻眞理／虛假、光明／黑暗這些古老的童話」（傅大爲，1991：代序5）。倘若說基進主張的背後沒有絲毫成為「一個新的光明燈束」的企圖，那麼這不是「過分客氣」，就是「自欺欺人」（參見周慶華，1998：5-6）。因此，有心人無妨勇於嘗試，歷史永遠不會吝於騰出位置來容納有益文化新生的基進性的表現。而其實今人所有的這種基進的觀念，以傳統中國爲例，老早以來就斷斷續續的存在著。所謂「夫設文之體有常，變文之數無方，何以明其然耶？凡詩賦書記，名理相因，此有常之體也；文詞氣力，通變則久，此無方之數也。名理有常，體必資於故實；通變無方，數必酌於新聲。故能騁無窮之路，飲不竭之源。然綆短者銜渴，足疲者輟塗，非文理之數盡，乃通變之術疏耳」（劉勰《文心雕龍‧通變》，范文瀾，1971：519）、「作者須知復變之道：反古曰復，不滯曰變。若惟復不變，則陷於相似之格；其壯如駑驥同廐，非造父不能變，能知復變之手，亦詩人造父也。以此相似一類置於古集之中，能使弱手視

之，眩目何異」（皎然《詩評》，郭紹虞，1982a：211）、「夫文學不能立古人之前，猶之人類不能出社會之外。然而改革社會，豪傑之所能為；則變化古人，亦文學家之有事乎！變化如何？曰仍其義，變其例；仍其例，變其義」（金松岑〈文學觀〉，郭紹虞等主編，1982b：514）、「蓋文體通行既久，染指遂多，自成習套。豪傑之士亦難於其中自出新意，故遁而作他體以自解脫。一切文體，所以始盛終衰者，皆由於此」（王國維，1981：25）等等，都是一派「非基進不可」的口吻。此外，在西方近代各學科上也不乏這類的案例〔參見威廉斯三世（F. P. Williams III）等，1992；洪鎌德，1996；佟恩，1996〕。因此，凡是能夠突破既有的規範（按：如果後現代的解構作為和網路的超鏈結嘗試等也「常熟化」或「制式化」了，也算在內）的閱讀客體，都帶有起碼的基進性，也是一個求新求變的社會所渴盼來照亮某些退化或沉滯的心靈。

　　至於這類寓含基進特徵的閱讀客體的「發展」方向，則莫過於對「差異」構建的敏感和實踐。就以閱讀客體所見的語言使用所可能的「語言遊戲」策略來說（這裡姑且不採前現代、現代和後現代等分期指稱方式），它在「形式」上就有前後幾個階段的差異可以比較尋思：首先是在轉用語用學的語言遊戲觀方面，普遍把語言當作是一種交互影響的行為，是一種遊戲；在遊戲中，說者和聽者都直覺地領會到自己的語言團體的規則和雙方所使用的策略。因此，說者難免會利用語言遊戲來達成某些目的（如誘騙、說服、誇耀自己的才能、博取尊榮或敬重等）；而聽者也會尋覓可以遊戲的空間給予某些回應（如挖苦、諷刺、譴責說者的缺陷、瓦解對方的權威性或神聖性等），以至這種遊戲可以無止盡的進行下去〔參見法爾布（P. Farb），

1990：1-4〕。其次是在形構主義的別為發展語言遊戲觀方面（這裡暫且不採前現代、現代和後現代等分期指稱方式），它又經歷了結構主義、後結構主義和解構主義等三個階段的演變；而在整體上，這三種形構主義都把寫作看作一種語言遊戲。它基本上是襲自維根斯坦（L. Wittgenstein）的講法：「『語言遊戲』一詞是為了強調一個事實，就是說語言是一種活動的組成部分，或者一種生活形式的組成部分」（維根斯坦，1990：14）；但它的理論基礎還在於作者（主體）失去了對作品／文本的主宰權：第一，「一部作品固然是由某個作者執筆寫成，但在從事寫作時，作者的意識形態和社會成分都會寫入作品之中。那麼作者的個人性顯然遜於他的社會性。他的思想、信仰、價值觀等等都是屬於意識形態的範疇；而這些理念的表達也跟作者所處的社會架構和經濟狀況息息相關」；第二，「文學（其他領域可以比照）表現的風格和成規，進一步說明了作者並非信手拈來皆文章；事實上，文學成規主宰著作者觀念的表達模式。一個作家任他再怎麼前衛，總得依憑他的社群同僚所共知的成規，他的語言表現才可了解」；第三，「就詮釋學的觀點來看，閱讀行為隱含著作者和讀者的對話，而讀者的詮釋權宜性很大；也就是說，任何詮釋者都不宜武斷地宣揚他的權威，因為作者原始的意義已經不可得知」（並見蔡源煌，1988：249-250）。換句話說，「文本本身就具有多重空間、多種管道，並納入各式文體，它的繁瑣攻破了作品擁有作者單一聲音的說法。此外，一般文本由於受底層文化結構限制，無論是思想，或是用詞遣句，都是取決於預先依特定結構或思想意理編排好的文化大詞典。因此，每一篇『文章』不過是由無數引句堆砌而成罷了；作者也不過是剪貼匠或拼圖工，更不可能表達一個

有創意或一個特定絕對的信息。相反的，文章因爲不是封閉完
整單一的個體點，它的開放和多元性，爲讀者提供了無窮盡的
詮釋孔道」（呂正惠主編，1991：88-89）。更有甚者，「德希達
堅持認爲，作者寫作是一種製造『蹤跡』的活動……寫作具有
非復現性，它不是作者內心情思的語言表達。『寫作是撤退』，
是作者透過寫作中『撤退』。他不斷使文本和作者自身的言語疏
離，讓言語獨自說話，並從這裡獲得言說的全新生命」（王岳
川，1993：105）。這樣（文學）寫作就不只是「零度寫作」而
已（按：「零度寫作」是巴特早期的文學觀，它指的是一種
「直陳式寫作」或「新聞性寫作」或「中性寫作」或「純潔寫
作」。見巴特，1992），它已經變成純粹的「意符追蹤遊戲」。而
這又跟維根斯坦的講法有了天壤之別（維根斯坦所說的語言遊
戲，是指雙方根據某些完善的規則相互作用的言語活動，少不
了參與遊戲者的「意圖」；而這在德希達那裡幾乎全被否定掉
了），也跟語用學家的觀念大異其趣（參見周慶華，1996b：
157-259）。上述的（語言）遊戲觀，多少都帶有目的性或刻意
性（也就是嘗試要改變人使用語言或文學創作的觀念），語言仍
免除不了要有所「擔負」〔即使如形構主義可以否定作者對作品
的「意圖」，但仍無法否定作者對社會的「意圖」。因爲形構主
義的實踐處，就是要推翻政治上的權威宰制和解除形上的束
縛，以恢復人的自由（參見廖炳惠，1985：15-16；李永熾，
1993：282-284）；而它所承載的作者的權力意志也昭然明甚，
不是隨便「岔開話題」就可以掩飾得了（詳見本章第二節）〕；
只是在整個過程中彼此有形式上的難爲並比而已。而不論這些
理念的實際效應（也就是它們所能說服人的程度）如何，相關
的「演變」歷程都是沿著「發現差異」和「製造差異」的軌跡

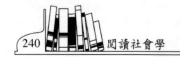

　　而著成事實的；以至大家只要肯用心，難保不會再出新意而開
啓另一波的語言遊戲熱潮。其餘的情況，可以依此類推。

第八章

結　論

第一節　主要內容的回顧

　　有關閱讀社會學的理論建構已經告一段落了，對於閱讀主體存在的非個別化、閱讀行為的非自主性以及閱讀活動的非單線性等現象而造成閱讀一事的「社會化」特徵這個課題，所給予的兼顧廣度和深度的討論，相信可以為閱讀領域開闢新的屬地以及能夠提供關心這個課題的人拓展視野時所需的資源。

　　本論述從閱讀社會學的界定開始到相關理論預設的提出以及整體建構方向的模塑等等，無不在鋪展一門學問所能窮盡的「幅」度。而具體的構設成果，則有「解釋閱讀行為的社會性」、「探討閱讀活動的社會化現象」、「強化閱讀主體的社會性認知」、「展望閱讀客體的社會化創新途徑」等閱讀社會學的範圍的框定和「閱讀的『性質』及其解釋的『普遍效應』」、「閱讀的『對象』及其確立過程的『互動關係』」、「閱讀的『目的』及其前提的『對話徵象』」、「閱讀的『方法』及其甄辨選定的『群落性格』」等閱讀的相關課題及其社會性特徵的總提以及實際的解釋閱讀行為的社會性（包括「閱讀行為的『前結構』制約」、「閱讀行為的『意識形態』徵候」、「閱讀行為的『權力關係』預設」、「閱讀行為的『傳播』欲求」等情況）、探討閱讀活動的社會化現象（包括「閱讀活動『選材』的典式約定」、「閱讀活動『理解』的求售心理」、「閱讀活動『評估』的環狀方法意識」、「閱讀活動『推廣』的教化取向」等事項）、強化閱讀主體的社會性認知（包括「閱讀主體存在的非個別化」、「閱讀主體活動的非單線性」、「閱讀主體發展的非自

屬主義」等層面)、展望閱讀客體的社會化創新途徑(包括「閱讀客體的後現代解構拾遺」、「閱讀客體的網路超鏈結續曲」、「閱讀客體的基進突躍全試」等方向)等等。

　　雖然如此,本論述並沒有專門爲閱讀作過定義(只約略以「理解」爲中介);這不是我的疏忽,也不是我不會這麼做,而是這是在建構一套「閱讀社會學」的理論(而不是在建構一套「閱讀」的理論)。因此,所作的不夠「明確」的定義(也就是所提及的「理解」還未賦予它比較精細的意涵),只是爲了給後續的閱讀理論的建構預留一個可以「塡補」的空間。換句話說,凡是涉及閱讀的課題都無法避開社會層面,而讓閱讀的意義「廣涵」正好可以容納不同的閱讀理論。在這種情況下,閱讀社會學就眞的是道地的「社會學」的分支;它所提供的看待閱讀的這個「另一隻眼」,終究要跟其他的分支社會學同秉一套「群性定質」的價值觀。此外,第三章第二節所提到的有關閱讀的性質在個別人的賦予上有歧異現象以及第四章第二節所提到的如果把閱讀的內涵限定在「理解」層次也難免會出現「眾志」紛紜或矛盾的問題等,諸如此類的不協調情況,所徵候的依然是背後各有各的意識形態及其權力意志。這只有單獨去看才能「條理」清楚;在本論述這種「總說」的情境中就只能這麼的「點到爲止」。

第二節　未來的展望

　　在晚近的傳播學上,有所謂的「第三者效果」研究。它的假設是人們傾向於高估大眾傳播信息對他人在態度及行爲層面

的影響。換句話說，當受眾接觸說服傳播信息時（不論信息來源是否具有說服意圖），會預期這些信息對他人所造成的影響大於信息對自己所造成的影響。當中被推為這類研究的創始人戴維森（W. P. Davison），還進一步解釋說：所謂第三者效果，其實可以從兩方面來界定。第一，從信息受播者的觀點來說，是指傳播信息的最大效果不會顯現在「你」或「我」身上，而是會對「他們」（也就是所謂的第三者）造成最大影響；第二，從宣傳人員或其他說服傳播者的觀點來說，是指宣傳人員或說服者表面上以某類受眾作為說服對象，實際上卻是為了引起其他人（也就是在說服傳播過程中的「第三者」）關心目標受眾被說服後，會在態度或行為上產生何種改變（換句話說，宣傳人員有時候會藉由表面上對某類受眾發出信息，而在實質上達到操控第三者行為的目的）（參見胡幼偉，1998：3-4）。所謂的閱讀社會學，也應該可以像這樣再延伸出去探討閱讀的第三者效果，看看它到底會不會改變整個閱讀的生態。由於這一點不便在內文中予以安插，所以就無妨寄望未來有機會再去處理，以便讓這套閱讀社會學的理論再添一分「立體」感。

另外，有一種「知識」觀是這樣說的：所謂「知識」，包括（一）你所知道的東西（由經驗得來的知識）；（二）你所學來的東西（由閱讀、聽講等方式得到的知識）；（三）你所知道的你不知道的東西；（四）你所不知道你不知道的東西；（五）你所「知道」的東西，事實並不是那個樣子；（六）「現在」還沒有人知道的東西；（七）你所深信不疑你覺得你「知道」的東西〔詳見姜森（K. G. Johnson），1986：79-83〕。當中所謂的「你所知道的你不知道的東西」、「你所不知道你不知道的東西」等論點如果成立的話，那麼我們也可以設想一種「閱讀神祕學」

的可能性。這是比照創作神祕學而作的思考：在第一章第二節
曾經提到靈感或潛意識、識見等一類東西，它們如果不是經由
「內蘊」，那麼就是來自「外鑠」；而這些外鑠也就是這裏所要
說的神啓或某一神祕力量的介入。這在過去通見於各傳統宗教
所傳一些經典的製作；而在當代的新興宗教如鸞堂所製作的
「善書」，全由扶鸞經神明降旨才完成也可以窺得一點祕辛（後
者可參見聖賢堂，1979；鄭志明，1988；宋光宇，1995）。我們
從宗教學的角度來看，現實界和神祕界（或超越界）是「循環
互進」的，以至由有創作能力的神（靈）啓示人而從事創作是
有可能的（參見周慶華，2002b）。所謂「對許多靈學研究者來
說，通靈藝術作品都碰到相同的問題：那些圖畫、詩作和音樂
究竟是超越死亡的藝術家亡靈所完成，還是純粹由靈媒利用自
己受壓抑的創作力創作出來的？或只是像通靈人所說的，這些
世界知名的音樂家、作家和藝術家只是想透過這種選擇特定知
覺者的方式，向我們證明他們至今依然活著？許多通靈藝術作
品不管是在風格的多樣性和質量的比例上，都令人嘖嘖稱奇」
（佚名，2001：50-51），裏頭所提及的「神成作家」（那些作家
亡靈都可以視同神），正好可以印證這一點。既然在創作方面有
這種情況，那麼在閱讀方面又何嘗不會有這種情況（雖然還沒
有人「指證歷歷」）？它理當可以自成一個領域而為閱讀社會學
所「衍生」（神祕界也有神祕社會的存在，相關的閱讀啓示依然
要在社會中得著定位）。而同樣的，倘若有機會集中力氣去作點
探索，也許會有一番新的發現；屆時說不定這一套閱讀社會學
會再被增補、甚至重新被改造。其餘如果還有「未盡其意」的
地方，將來一旦發現了，也可以依此類推而尋求必要的「彌
補」，這就不須多說了。

參考文獻

九歌，《主體論文藝學》，北京：中國社會科學，1989。

公仲等，《臺灣新文學史初稿》，南昌：江西人民，1989。

巴柏，《客觀知識——一個進化論的研究》（程實定譯），臺
　　北：結構群，1989。

巴特，《寫作的零度——結構主義文學理論文選》（李幼蒸
　　譯），臺北：時報，1992。

巴特，《一個解構主義的文本》（汪耀進等譯），上海：上海人
　　民，1997。

孔恩，《科學革命的結構》（王道還編譯），臺北：遠流，
　　1989。

孔穎達等，《禮記正義》，十三經注疏本，臺北：藝文，1982。

王弼，《老子道德經注》，新編諸子集成本，臺北：世界，
　　1978。

王一川，《意義的瞬間生成》，濟南：山東文藝，1988。

王世德主編，《美學辭典》，臺北：木鐸，1987。

王先霈等主編，《文學批評術語辭典》，上海：上海文藝，
　　1999。

王岳川，《後現代主義文化研究》，臺北：淑馨，1993。

王星拱，《科學方法論》，臺北：水牛，1988。

王建華，《語用學與語文教學》，杭州：浙江大學，2000。

王淑芬，《不一樣的教室——如何推展「班級讀書會」？》，臺
　　北：天衛，2001。

王國維，《人間詞話》，臺南：大夏，1981。

王道俊等主編，《教育學原理》，福州：福建教育，1998。

王福祥，《話語語言學概論》，北京：外語教學與研究，1994。

王萬清，《讀書治療》，臺北：心理，1999。

王潤華，《華文後殖民文學——本土多元文化的思考》，臺北：文史哲，2001。

王夢鷗，《文學概論》，臺北：藝文，1976a。

王夢鷗，《文藝美學》，臺北：遠行，1976b。

王德威，《從劉鶚到王禎和——中國現代寫實小說散論》，臺北：時報，1986。

王德威，《閱讀當代小說》，臺北：遠流，1991。

王鍾陵，《文學史新方法論》，常熟：蘇州大學，1996。

牛愛忠等，《俗文化》，北京：中國經濟，1995。

切克蘭德，《系統論的思想與實踐》（左曉斯等譯），北京：華夏，1990。

田納，《科技反撲》（蘇采禾譯），臺北：時報，1998。

包曼，《立法者與詮釋者》（王乾任譯），臺北：弘智，2002。

石之瑜，《後現代的國家認同》，臺北：世界，1995。

尼布爾，《基督教倫理學詮釋》（關勝渝等譯），臺北：桂冠，1992。

卡西勒，《人論》（結構群審譯），臺北：結構群，1989。

卡卡貝茲等，《權力、政治與組織》（蔡麟筆譯），臺北：巨流，1990。

史作檉，《哲學人類學序說》，新竹：仰哲，1988。

史美舍，《社會學》（陳光中等譯），臺北：桂冠，1991。

史馬特，《後現代性》（李衣雲等譯），臺北：巨流，1997。

史密士，《超越後現代心靈》（梁永安譯），臺北：立緒，
　　2000。

史都瑞，《文化消費與日常生活》（張君玫譯），臺北：巨流，
　　2002。

史粹斯等，《紮根理論研究方法》（吳芝儀等譯），嘉義：濤
　　石，2001。

史賓格勒，《西方的沒落》（陳曉林譯），臺北：桂冠，1985。

布洛克，《西方人文主義傳統》（董樂山譯），臺北：究竟，
　　2000。

布雷契，《當代詮釋學》（賴曉黎譯），臺北：使者，1990。

布睿格等，《亂中求序──混沌理論的永恆智慧》（姜靜繪
　　譯），臺北：先覺，2000。

布魯姆，《影響的焦慮──詩歌理論》（徐文博譯），臺北：久
　　大，1990。

布魯姆，《比較文學影響論──誤讀圖示》（朱立元等譯），臺
　　北：駱駝，1992。

布魯姆，《西方正典》（高志仁譯），臺北：立緒，1999。

布魯格，《西洋哲學辭典》（項退結編譯），臺北：華香園，
　　1989。

古添洪，《記號詩學》，臺北：東大，1984。

古德曼，《談閱讀》（洪月女譯），臺北：心理，2001。

考恩，《地圖師之夢──威尼斯修士筆記》（王瑞香譯），臺
　　北：雙月書屋，1998。

米勒，《詞的學問：發現語言的科學》（洪蘭譯），臺北：遠
　　流，2002。

米德，《心靈、自我與社會：從社會行為主義者的觀點出發》

（胡榮等譯），臺北：桂冠，1995。

米契爾，《位元城市》（陳瑞清譯），臺北：天下，1998。

向陽，《日與月相推》，臺北：聯合文學，2001。

西蒙，《垃圾文化──通俗文化與偉大傳統》（關山譯），北京：社會科學文獻，2001。

成有信主編，《教育學原理》，鄭州：大眾，2000。

朱光潛，《文藝心理學》，臺北：開明，1988。

朱崇儀，〈分裂的忠誠？：書寫／再現？：記號學／女性主義？〉，於《中外文學》第23卷第2期（129），1994。

朱耀偉編譯，《當代西方文學批評理論》，臺北：駱駝，1992。

朱耀偉，《後東方主義──中西文化批評論述策略》，臺北：駱駝，1994。

艾坡比等，《歷史的真相》（薛絢譯），臺北：正中，1996。

艾翠斯，《迷宮中的冥想──西方靈修傳統再發現》（趙閔文譯），臺北：商周，1999。

托佛勒等，《再造新文明》（白裕承譯），臺北：時報，1997。

托多洛夫，《批評的批評──教育小說》（王東亮等譯），臺北：久大等，1990。

伊格頓，《當代文學理論導論》（聶振雄等譯），香港：旭日，1987a。

伊格頓，《馬克思主義與文學批評》（文寶譯），臺北：南方，1987b。

伍振鷟主編，《教育哲學》，臺北：五南，1999。

安德森，《後現代性的起源》（王晶譯），臺北：聯經，1999。

安傑利斯，《科學辭典》（段德智等譯），臺北：貓頭鷹，2001。

池田大作，《二十一世紀文明與大乘佛教》（創價學會編譯），
　　臺北：正因，1998。

佚名，《特異功能》（劉清彥譯），臺北：林鬱，2001。

貝克，《全球化危機》（孫治本譯），臺北：商務，1999。

貝斯特等，《後現代理論：批判的質疑》（朱元鴻等譯），臺
　　北：巨流，1994。

希克，《宗教哲學》（錢永祥譯），臺北：三民，1991。

希爾斯，《論傳統》（傅鏗等譯），臺北：桂冠，1992。

沈怡，〈副刊宜速建構網路灘頭堡〉，於《聯合報》副刊，
　　1997.1.12。

沈小峰等，《耗散結構論》，上海：上海人民，1987。

沈清松，《解除世界魔咒——科技對文化的衝擊與展望》，臺
　　北：時報，1986。

沈清松編，《詮釋與創造》，臺北：聯經，1995。

沈國鈞，《人文學的知識基礎》，臺北：水牛，1987。

佛思等，《當代語藝觀點》（林靜伶譯），臺北：五南，1996。

佛克馬等，《二十世紀文學理論》（袁鶴翔等譯），臺北：書
　　林，1987。

佛克馬等，《走向後現代主義》（王寧等譯），北京：北京大
　　學，1991。

佛固生，《文藝復興史》（涂永清譯），臺北：水牛，1993。

佛洛姆，《夢的精神分析》（葉頌壽譯），臺北：志文，1988。

佛洛伊德，《夢的解析》（賴其萬等譯），臺北：志文，1988。

佟恩，《女性主義思潮》（刁筱華譯），臺北：時報，1996。

亨特，《新文化史》（江政寬譯），臺北：麥田，2002。

佘羅，《經濟探險》（楊雯琇譯），臺北：揚智，1999。

呂大吉主編，《宗教學通論》，臺北：博遠，1993。

呂正惠主編，《文學的後設思考──當代文學理論家》，臺北：
　　正中，1991。

杜加斯等，《當代社會心理學》（程實定譯），臺北：結構群，
　　1990。

李永熾，《世紀末的思想與社會》，臺北：萬象，1993。

李安宅，《意義學》，臺北：商務，1978。

李明燦，《社會科學方法論》，臺北：黎明，1986。

李英明，《網路社會學》，臺北：揚智，2000。

李亮恭主編，《中山自然科學大辭典（第七冊）》，臺北：商
　　務，1974。

李春泰，《文化方法論導論》，武漢：武漢，1996。

李順興，〈數位形式美學初探：以美國網路文學為例（1990-
　　1999）〉，中華民國比較文學學會等主辦「第23屆全國比較
　　文學會議」論文，1999。

李達三等主編，《中外比較文學研究（第一冊下）》，臺北：學
　　生，1990。

李德順，《價值論》，北京：中國人民大學，1987。

宋光宇，《宗教與社會》，臺北：東大，1995。

宋稚青等，《邏輯與科學方法》，臺北：大中國，1990。

何秀煌，《文化‧哲學與方法》，臺北：東大，1988。

何金蘭，《文學社會學》，臺北：桂冠，1989。

余英時，《內在超越之路》，北京：中國廣播電視，1993。

吳達芸，《女性閱讀與小說評論》，臺南：臺南市立文化中心，
　　1996。

吳潛誠，《詩人不撒謊》，臺北：圓神，1988。

伽達瑪，《理性・理論・啓蒙》（李曉萍譯），臺北：結構群，
　　1990。

克萊博，《當代社會理論》（廖立文譯），臺北：桂冠，1988。

求那跋陀羅譯，《雜阿含經》，《大正藏》卷2，臺北：新文
　　豐，1974。

林良，《淺語的藝術》，臺北：國語日報社，1997。

林芳玫，《解讀瓊瑤愛情王國》，臺北：時報，1994。

林美琴，《青少年讀書會DIY》，臺北：天衛，2001。

林建法等編，《文學藝術家智能結構》，桂林：漓江，1987。

林淇瀁，《書寫與拼圖——臺灣文學傳播現象研究》，臺北：麥
　　田，2001。

帕瑪，《詮釋學》（嚴平譯），臺北：桂冠，1992。

孟樊等編，《世紀末偏航——八〇年代臺灣文學論》，臺北：時
　　報，1990。

孟樊等編，《流行天下——當代臺灣通俗文學論》，臺北：時
　　報，1992。

孟樊，《當代臺灣新詩理論》，臺北：揚智，1995。

周安華，《幽默與言語藝術》，臺北：商鼎，1993。

周啓志等，《中國通俗小說理論綱要》，臺北：文津，1992。

周華山，《意義——詮釋學的啓迪》，臺北：商務，1993。

周陽山等主編，《西方思想家與中國》，臺北：正中，1993。

周惠玲主編，《夢穀子，在天空之海》，臺北：幼獅，2000。

周敦頤，《周子全書》，臺北：商務，1978。

周慶華，《詩話摘句批評研究》，臺北：文史哲，1993。

周慶華，《秩序的探索——當代文學論述的省察》，臺北：東
　　大，1994。

周慶華，《文學圖繪》，臺北：東大，1996a。

周慶華，《臺灣當代文學理論》，臺北：揚智，1996b。

周慶華，《臺灣文學與「臺灣文學」》，臺北：生智，1997a。

周慶華，《語言文化學》，臺北：生智，1997b。

周慶華，《佛學新視野》，臺北：東大，1997c。

周慶華，《兒童文學新論》，臺北：生智，1998。

周慶華，《新時代的宗教》，臺北：揚智，1999a。

周慶華，《思維與寫作》，臺北：五南，1999b。

周慶華，《佛教與文學的系譜》，臺北：里仁，1999c。

周慶華，《中國符號學》，臺北：商務，2000a。

周慶華，《文苑馳走》，臺北：文史哲，2000b。

周慶華，〈臺灣當前的文學思潮〉，於文訊雜誌社編，《1999臺灣文學年鑑》（20、21-22），臺北：行政院文化建設委員會，2000c。

周慶華，《作文指導》，臺北：五南，2001a。

周慶華，《後宗教學》，臺北：五南，2001b。

周慶華，《故事學》，臺北：五南，2002a。

周慶華，《死亡學》，臺北：五南，2002b。

邱奇郎，《物質與意識——當代心靈哲學導讀》（汪益譯），臺北：遠流，1994。

武長德，《科學哲學——科學的根源》，臺北：五南，1984。

杭亭頓，《文明的衝突與世界秩序的重建》（黃裕美譯），臺北：聯經，1998。

波寇克，《文化霸權》（田心渝譯），臺北：遠流，1991。

波斯納，《法律與文學》（楊惠君譯），臺北：商周，2002。

法爾布，《語言遊戲》（龔淑芳譯），臺北：遠流，1990。

阿德勒，《六大觀念》（劉遐齡譯），臺北：國立編譯館，
　　1986。

阿姆斯壯，《神的歷史》（蔡昌雄譯），臺北：立緒，1999。

亞歷山大等主編，《文化與社會》（吉佳艷等譯），臺北：立
　　緒，1997。

哈山，《後現代的轉向》（劉象愚譯），臺北：時報，1993。

胡平，《敘事文學感染力研究》，天津：百花文藝，1995。

胡幼偉，《傳播信息的第三者效果——理論探源與實證研究》，
　　臺北：五南，1998。

胡經之等主編，《西方二十世紀文論選》，北京：中國社會科
　　學，1989。

胡繼武，《現代閱讀學》，廣州：中山大學，1991。

韋伯，《新教倫理與資本主義精神》（于曉等譯），臺北：谷
　　風，1988。

韋伯，《支配的類型：韋伯選集（III)》（康樂等編譯），臺北：
　　遠流，1991。

韋伯，《社會學的基本概念》（顧忠華譯），臺北：遠流，
　　1993。

韋政通編，《中國思想史方法論文選集》，臺北：水牛，1987。

柏林，《自由四論》（陳曉林譯），臺北：聯經，1990。

柏格等，《知識社會學——社會實體的建構》（鄒理民譯），臺
　　北：巨流，1997。

柏拉圖，《柏拉圖文藝對話集》（朱光潛選譯），臺北：蒲公
　　英，1986。

郎恩，《權力——它的形式、基礎和作用》（高湘澤等譯），臺
　　北：桂冠，1994。

姜森，《語意學精華》（祝振華譯），臺北：黎明，1986。

施護譯，《初分說經》，《大正藏》卷14，臺北：新文豐，1974。

姚一葦，《藝術的奧祕》，臺北：開明，1985a。

姚一葦，《美的範疇論》，臺北：開明，1985b。

洪文瓊主編，《兒童文學童話選集》，臺北：幼獅，1989。

洪汎濤，《童話學》，臺北：富春，1989。

洪材章等主編，《閱讀學》，廣州：廣東教育，1992。

洪鎌德，《二十一世紀社會學》，臺北：揚智，1998。

范文瀾，《文心雕龍注》，臺北：明倫，1971。

柯司特，《網絡社會之崛起》（夏鑄九等譯），臺北：唐山，1998。

俞吾金，《意識形態論》，上海：上海人民，1993。

俞建章等，《符號：語言與藝術》，臺北：久大，1990。

威肯特，《當代意識形態》（羅愼平譯），臺北：五南，1999。

威爾伯，《靈性復興——科學與宗教的整合道路》（龔卓君譯），臺北：張老師，2000。

威廉斯三世等，《犯罪學理論》（周愫嫻譯），臺北：桂冠，1992。

格林等，《女性主義文學批評》（陳引馳譯），臺北：駱駝，1995。

格林兄弟，《初版格林童話集》（許嘉詳譯），臺北：旗品，2000。

格拉罕，《網路的哲學省思》（江淑琳譯），臺北：韋伯，2003。

徐岱，《小說敘事學》，北京：中國社會科學，1992。

徐崇溫，《結構主義與後結構主義》，臺北：谷風，1988。

徐道鄰，《語意學概要》，香港：友聯，1980。

唐納，《社會學理論的結構》（馬康莊譯），臺北：桂冠，
　　1989。

唐君毅，《中國文化之精神價值》，臺北：正中，1989。

孫奭，《孟子注疏》，十三經注疏本，臺北：藝文，1982。

孫小禮等，《新視野中的方法論》，宜蘭：佛光人文社會學院，
　　2002。

孫凱飛，《文化學——現代國富論》，北京：經濟管理，1997。

袁之琦等編譯，《心理學名詞辭典》，臺北：五南，1993。

涂公遂，《文學概論》，臺北：華正，1988。

浦安迪，《中國敘事學》，北京：北京大學，1996。

高辛勇，《形名學與敘事理論——結構主義的小說分析》，臺
　　北：聯經，1987。

高辛勇，《修辭學與文學閱讀》，北京：北京大學，1997。

高廣孚，《教育哲學》，臺北：五南，1995。

夏志清，《中國現代小說史》（劉紹銘譯），臺北：傳記文學，
　　1985。

殷海光，《中國文化的展望》，臺北：活泉，1979。

殷海光，《思想與方法》，臺北：水牛，1989。

烏克提茨，《惡為什麼這麼吸引我們？》（萬怡等譯），北京：
　　社會科學文獻，2001。

海野一隆，《地圖的文化史》（王妙發譯），香港：中華，
　　2002。

埃斯卡皮，《文學社會學》（葉淑燕譯），臺北：遠流，1990。

莫伊，《性別／文本政治：女性主義文學理論》（陳潔詩譯），

臺北：駱駝，1995。

陳來，《古代宗教與倫理——儒家思想的根源》，北京：三聯，
　　1996。

陳原，《語言與社會生活》，臺北：商務，2001。

陳正治，《童話寫作研究》，臺北：五南，1990。

陳平原，《中國小說敘事模式的轉變》，臺北：久大，1990。

陳秉璋等，《藝術社會學》，臺北：巨流，1993。

陳桂生，《教育原理》，上海：華東師範大學，2000。

陳迺臣，《教育哲學》，臺北：心理，2001。

陳啓新，《中國民俗學通論》，廣州：中山大學，1996。

陳傳才等，《文學理論新論》，北京：中國人民大學，1999。

陳義芝主編，《閱讀之旅》，臺北：聯經，1998。

陳義芝主編，《臺灣文學經典研討會論文集》，臺北：聯經，
　　1999。

陳鵬翔等編，《從影響研究到中國文學》，臺北：書林，1992。

康納，《後現代文化導論》（唐維敏譯），臺北：五南，1999。

康樂等主編，《歷史學與社會科學》，臺北：華世，1981。

張湛，《列子注》，新編諸子集成本，臺北：世界，1978。

張默等編，《新詩三百首》，臺北：九歌，1995。

張子樟主編，《俄羅斯鼠尾草——名家的少年小說1976-1997》，
　　臺北：幼獅，1998。

張文軍，《後現代教育》，臺北：揚智，1998。

張巨青等，《邏輯與歷史——現代科學方法論的嬗變》，臺北：
　　淑馨，1994。

張必隱，《閱讀心理學》，北京：北京師範大學，1992。

張永聲主編，《思維方法大全》，海門：江蘇科學技術，1991。

張汝倫，《意義的探究——當代西方釋義學》，臺北：谷風，
　　1988。

張京媛主編，《當代女性主義文學批評》，北京：北京大學，
　　1992。

張建邦等，《未來學》，臺北：書華，1996。

張政偉，〈文學「惘」路——對網路文學前景的憂慮〉，元培科
　　學技術學院國文組主辦「主題文學學術研討會」論文，
　　2002。

張春興，《心理學》，臺北：東華，1989。

張春興，《張氏心理學辭典》，臺北：東華，1998。

張家銘，《社會學理論的歷史反思》，臺北：圓神，1987。

張華葆，《社會心理學理論》，臺北：三民，1989。

張漢良，《比較文學理論與實踐》，臺北：東大，1986。

張漢良，《文學的迷思》，臺北：正中，1992。

張嘉驊，《怪物童話》，臺北：民生報社，1996。

崔默，《宗教學導論》（賴妙淨譯），臺北：桂冠，2000。

曼德，《網路大衰退》（曾郁惠譯），臺北：聯經，2001。

曼紐什，《懷疑論美學》（古城里譯），臺北：商鼎，1992。

曼古埃爾，《閱讀地圖》（吳昌杰譯），臺北：商務，1999。

曼古埃爾，《意象地圖》（薛絢譯），臺北：商務，2002。

淨慧主編，《佛教與現代文明》，北京：中國佛教協會，1991。

尉天驄編，《鄉土文學討論集》，臺北：遠景，1978。

曹正文，《女性文學與文學女性》，上海：上海書店，1991。

勒比格，《危機管理》（于鳳娟譯），臺北：五南，2001。

勒范恩，《時間地圖》（馮克芸等譯），臺北：商務，1997。

郭強生，《閱讀文化流行閱讀》，臺北：九歌，2000。

郭強生，《在文學徬徨的年代》，臺北：立緒，2002。

郭紹虞，《中國文學批評史》，臺北：文史哲，1982a。

郭紹虞等主編，《中國近代文學論著精選》，臺北：華正，
　　　1982b。

荷曼斯，《社會科學的本質》（楊念祖譯），臺北：桂冠，
　　　1987。

開普樓，《權力遊戲——人類三角關係》（章英華等譯），臺
　　　北：桂冠，1986。

許慧貞，《上閱讀課囉！》，臺北：天衛，2001。

梁濃剛，《回歸佛洛伊德——拉康的精神分析學》，臺北：遠
　　　流，1992。

麥克里蘭，《意識形態》（施忠連譯），臺北：桂冠，1991。

麥克唐納，《言說的理論》（陳墇津譯），臺北：遠流，1990。

商務印書館編審部，《哲學辭典》，臺北：商務，1971。

萊昂等，《未來的省思》（馮建三等譯），臺北：駱駝，1988。

萊斯理，《世界末日》（賈士蘅譯），臺北：揚智，2001。

傅柯，《知識的考掘》（王德威譯），臺北：麥田，1993。

傅大為，《知識與權力的空間——對文化、學術、教育的基進
　　　反省》，臺北：桂冠，1991。

傅大為，《基進筆記》，臺北：桂冠，1994。

費根，《聖嬰與文明興衰》（董更生譯），臺北：聯經，1999。

費雪，《第一性》（莊安祺譯），臺北：先覺，2000。

游喚，〈「現代詩導讀」導讀些什麼——臺灣現代詩批評考察系
　　　列之三〉，於《臺灣文學觀察雜誌》第3期（91-92），
　　　1991。

喬登，《網際權力——網際空間與網際網路的文化與政治》（江

靜之譯），臺北：韋伯，2001。

喬姆斯基，《變換律語法理論》（王士元等編譯），臺北：虹橋，1966。

黃葵等，《閱讀學基礎》，武漢：武漢大學，1996。

黃文山，《文化學體系》，臺北：中華，1986。

黃修己，《中國現代文學發展史》，北京：中國青年，1997。

黃俊傑編譯，《史學方法論叢》，臺北：學生，1984。

黃偉宗等，《中華新文學史》，廣州：廣東高等教育，1998。

渥德，《地圖權力學》（王志弘等譯），臺北：時報，1996。

曾仰如，《形上學》，臺北：商務，1987。

曾仰如，《宗教哲學》，臺北：商務，1993。

曾祖蔭，《中國古代美學範疇》，臺北：丹青，1987。

曾祥芹等主編，《閱讀學原理》，洛陽：河南教育，1992a。

曾祥芹主編，《閱讀技法系統》，洛陽：河南教育，1992b。

曾祥芹等主編，《文體閱讀法》，洛陽：河南教育，1992c。

曾祥芹主編，《閱讀學新論》，北京：語文，2000。

須文蔚，〈網路詩創作的破與立〉，於《創世紀詩雜誌》第117期（80-95），1998。

須文蔚，〈文學上網的觀察〉，於文訊雜誌社編，《1998臺灣文學年鑑》，臺北：行政院文化建設委員會，1999a。

須文蔚，〈新瓶中舊釀與新醅的纏綿——淺談本土網路文學的現況與隱憂〉，於《文訊雜誌》第171期（38），1999b。

須文蔚，〈新世代詩人的活動場域——從商業傳播市場轉向公共傳播環境的變貌〉，於《臺灣詩學季刊》第32期（68-75），2000a。

須文蔚，〈文學上網的觀察〉，於文訊雜誌社編，《1999臺灣文

學年鑑》，臺北：行政院文化建設委員會，2000b。

須文蔚，〈數位科技衝擊下的現代詩教學〉，彰化師範大學國文
學系主辦「第五屆現代詩學研討會」論文，2001。

須文蔚，〈數位文學的發展與蛻變〉，於行政院文化建設委員會
主編，《2000臺灣文學年鑑》，臺北：行政院文化建設委員
會，2002。

彭品光編，《當前文學問題總批判》，臺北：青溪新文藝學會，
1977。

彭瑞金，《臺灣新文學運動四〇年》，臺北：自立晚報社，
1991。

湯林森，《文化帝國主義》（馮建三譯），臺北：時報，1994。

湯林森，《文化全球化》（鄭棨元等譯），臺北：韋伯，2003。

凱許頓，《客體關係治療——關係的運用》（林秀惠等譯），臺
北：心理，2001a。

凱許頓，《巫婆一定得死——童話如何形塑我們的性格》（李淑
珺譯），臺北：張老師，2001b。

博藍尼，《意義》（彭淮棟譯），臺北：聯經，1986。

路況，《後／現代及其不滿》，臺北：唐山，1990。

路況，《虛無主義書簡——歷史終結的遊牧思考》，臺北：唐
山，1993。

楊容，《解構思考》，臺北：商鼎，2002。

楊義，《中國敘事學》，北京：人民，1997。

楊大春，《解構理論》，臺北：揚智，1994。

福勒，《現代西方文學批評術語》（袁德成譯），成都：四川人
民，1987。

雷夫金，《能趨疲：新世界觀——二十一世紀人類文明的新曙

光（蔡伸章譯），臺北：志文，1988。

雷夫金，《第二個創世紀──揭開生物科技的面紗》（李文昭
　　譯），臺北：晨星，1999。

雷席格，《網路自由與法律》（劉靜怡譯），臺北：商周，
　　2002。

葉石濤，《臺灣文學史綱》，高雄：文學界雜誌社，1987。

葉維廉主編，《中國現代文學批評選集》，臺北：聯經，1979。

葉維廉，《比較詩學》，臺北：東大，1983。

葉維廉，《歷史、傳釋與美學》，臺北：東大，1988。

詹宏志編，《七十七年短篇小說選》，臺北：爾雅，1990a。

詹宏志，《閱讀的反叛》，臺北：遠流，1990b。

詹宏志等，《小說之旅》，臺北：幼獅，1993。

詹京斯，《歷史的再思考》（賈士蘅譯），臺北：麥田，1996。

詹棟樑，《現代教育哲學》，臺北：五南，1999。

奧利佛，《生物科技大未來》（曹國維譯），臺北：麥格羅‧希
　　爾，2000。

董崇選等，《電子媒體對文學創作的影響》，國科會專題研究計
　　劃成果報告，1999。

聖賢堂，《鸞堂聖典》，臺中：聖賢堂，1979。

鳩摩羅什譯，《中論》，《大正藏》卷30，臺北：新文豐，
　　1974。

榮格，《尋求靈魂的現代人》（黃奇銘譯），臺北：志文，
　　1986。

廖卓成，《童話析論》，臺北：大安，2002。

廖咸浩，〈悲嘉未若世紀末：九〇年代的臺灣後現代詩〉，輔仁
　　大學外語學院等主辦「兩岸後現代文學研討會」論文，

1998。

廖炳惠，《解構批評論集》，臺北：東大，1985。

廖炳惠，《回顧現代：後現代與後殖民論文集》，臺北：麥田，1994。

赫基斯，《佛教的世界》（陳乃綺譯），臺北：貓頭鷹，1999。

赫緒曼，《反動的修辭》（吳介民譯），臺北：新新聞，2002。

漢普生，《啓蒙運動》（李豐斌譯），臺北：聯經，1984。

趙遐秋等主編，《臺灣新文學思潮史綱》，臺北：人間，2002。

趙毅衡，《當說者被說的時候——比較敘述學導論》，北京：中國人民大學，1998。

維根斯坦，《哲學探討》（范光棣等譯），臺北：水牛，1990。

輕部征夫，《惡魔的科學》（宋昭儀譯），臺北：新雨，2000。

摩倫，《佛洛伊德與僞記憶症候群》（江淑媛譯），臺北：貓頭鷹，2002。

潘恩，《閱讀理論——拉康、德希達與克莉絲特娃導讀》（李奭學譯），臺北：書林，1996。

潘世墨等，《現代社會中的科學》，臺北：淑馨，1995。

潘智彪，《審美社會學》，廣州：中山大學，1996。

劉康，《對話的喧聲——巴赫汀文化理論述評》，臺北：麥田，1995。

劉霓，《西方女性學：起源、內涵與發展》，北京：社會科學文獻，2001。

劉大杰，《中國文學發展史》，臺北：華正，1979。

劉介民，《比較文學方法論》，臺北：時報，1990。

劉元亮等，《科學認識論與方法論》，臺北：曉園，1990。

劉仲容等，《宗教哲學》，臺北：空中大學，1996。

劉光能，〈文學公器與文學詮釋：法國近百年之變動與互動舉
　　要〉，於《中外文學》第23卷第2期（62、62-63），1994。

劉昌元，《西方美學導論》，臺北：聯經，1987。

劉軍寧，《權力現象》，臺北：商務，1992。

劉登翰等，《臺灣文學史》，福州：海峽文藝，1993。

劉福增主編，《羅素論中西文化》（胡品清譯），臺北：水牛，
　　1988。

滕守堯，《藝術社會學描述》，臺北：生智，1997。

蔣成瑀，《閱讀藝術系統》，杭州：浙江教育，1989。

鄭志明，《中國善書與宗教》，臺北：學生，1988。

鄭明娳等，《時代之風——當代文學入門》，臺北：幼獅，
　　1991。

鄭明娳主編，《當代臺灣女性文學論》，臺北：時報，1993a。

鄭明娳，《通俗文學》，臺北：揚智，1993b。

鄭明萱，《多向文本》，臺北：揚智，1997。

鄭貞銘主編，《人類傳播》，臺北：正中，1989。

鄭振鐸，《插圖本中國文學史》，北京：北京，1999。

鄭壽華，《西方寫作理論教學與實踐》，上海：上海外語教育，
　　2000。

黎活仁主編，《臺灣後設小說研究》，臺北：文史哲，1998。

蔡信健，《認識與奧祕》，臺北：桂冠，1994。

蔡淑瑛，《從聽故事到閱讀》，臺北：富春，2001。

蔡源煌，《當代文學論集》，臺北：書林，1986。

蔡源煌，《從浪漫主義到後現代主義》，臺北：雅典，1988。

廚川白村，《苦悶的象徵》（林文瑞譯），臺北：志文，1989。

霍伊，《批評的循環》（陳玉蓉譯），臺北：南方，1988。

錢伯斯，《說來聽聽——兒童閱讀與討論》（蔡宜容譯），臺
　　北：天衛，2001a。

錢伯斯，《打造兒童閱讀環境》（許慧貞譯），臺北：天衛，
　　2001b。

龍冠海，《社會學》，臺北：三民，1987。

龍協濤，《文學解讀與美的再創造》，臺北：時報，1993。

龍應台，《龍應台評小說》，臺北：爾雅，1985。

盧羨文，《閱讀理解》，臺北：書林，1998。

諾德曼，《閱讀兒童文學的樂趣》（劉鳳芯譯），臺北：天衛，
　　2000。

歐蘇利文等，《傳播及文化研究主要概念》（楊祖珺譯），臺
　　北：遠流，1997。

簡克斯，《文化》（俞智敏等譯），臺北：巨流，1998。

鍾明德，《從寫實主義到後現代主義》，臺北：書林，1995。

謝國平，《語言學概論》，臺北：三民，1986。

韓雪屏，《中國當代閱讀理論與閱讀教學》，成都：四川教育，
　　2000。

賽爾維爾，《意識形態》（吳永昌譯），臺北：遠流，1989。

薩伊德，《文化與帝國主義》（蔡源林譯），臺北：立緒，
　　2001。

顏忠賢，《影像地誌學——邁向電影空間理論的建構》，臺北：
　　萬象，1996。

魏特罕，《空間地圖——從但丁的空間到網路的空間》（薛絢
　　譯），臺北：商務，2000。

懷特，《文化科學——人和文明的研究》（曹錦清等譯），臺
　　北：遠流，1990。

譚宇權，《科學的思辨方法論》，臺北：商務，1988。

譚國根，《主體建構政治與現代中國文學》，香港：牛津大學，
　　2000。

譚學純等，《接受修辭學》，合肥：安徽大學，2000。

羅賓遜，《美學地圖》（薛絢譯），臺北：商務，1999。

蘇光文等，《二十世紀中國文學發展史》，重慶：西南師範大
　　學，1996。

蘭特利奇等編，《文學批評術語》（張京媛等譯），香港：牛津
　　大學，1994。

顧燕翎主編，《女性主義理論與派別》，臺北：女書，1996。

顧燕翎主編，《女性主義經典》，臺北：女書，1999。

閱讀社會學　　　　　　　　　　　　　　社會叢書 26

著　　　者／周慶華
出 版 者／揚智文化事業股份有限公司
發 行 人／葉忠賢
總 編 輯／林新倫
執行編輯／晏華璞
登 記 證／局版北市業字第 1117 號
地　　　址／台北市新生南路三段 88 號 5 樓之 6
電　　　話／(02)2366-0309
傳　　　真／(02)2366-0310
E－m a i l／book3@ycrc.com.tw
網　　　址／http://www.ycrc.com.tw
郵撥帳號／19735365
戶　　　名／葉忠賢
印　　　刷／偉勵彩色印刷股份有限公司
法律顧問／北辰著作權事務所　蕭雄淋律師
初版一刷／2003 年 7 月
定　　　價／新台幣 300 元
Ｉ Ｓ Ｂ Ｎ／957-818-510-3

國家圖書館出版品預行編目資料

閱讀社會學 / 周慶華著. -- 初版. -- 台北市：揚智
文化, 2003[民 92]
　　　面；　公分. -- （社會叢書；26）
參考書目：面
ISBN　957-818-510-3（平裝）

1. 讀書

521.19　　　　　　　　　　　　92007057